U0527951

国家出版基金项目

上海高校服务国家重大战略出版工程

秦汉六朝字形谱

第三卷

臧克和　郭　瑞　主编

华东师范大学出版社

㗊部

【㗊】

《說文》：㗊，眾口也。从四口。凡㗊之屬皆从㗊。讀若戢。又讀若呶。

【囂】

《說文》：囂，語聲也。从㗊臣聲。

【𠾅】

《說文》：𠾅，古文囂。

【囂】

《說文》：囂，聲也。气出頭上。从㗊从頁。頁，首也。

【嚻】

《說文》：嚻，囂或省。

春中·仲滋鼎
○囂（鐈）良鈇黃

馬壹247_5下
○乙當莫囂（敖）

馬壹261_16上
○痺病囂（夭）死□

馬貳69_25/25
○囂（熬）令焦黑

銀貳2140
○蓋囂（傲）然唯道之親

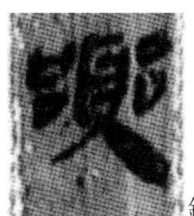

銀貳1418
○孫叔囂（敖）曰

漢印文字徵
○宋囂之印

1009

漢印文字徵

○囂成里附城

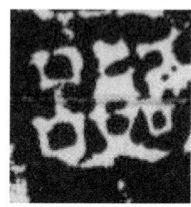

十六國前秦·鄧艾祠堂碑

○軍主簿寧戎雷樹進囂。

北魏·元瞻誌

○途絕囂躓

北魏·元演誌

○囂言莫亂

北周·安伽誌

○不雜囂塵

北周·祁令和造像

○界昏囂六遠

【㗊】

《説文》：㗊，高聲也。一曰大呼也。從㗊丩聲。《春秋公羊傳》曰："魯昭公叫然而哭。"

【嚻】

《説文》：嚻，呼也。從㗊莧聲。讀若讙。

【器】

《説文》：器，皿也。象器之口，犬所以守之。

春晚·秦公簋

漢銘·三斗一升半鍾

漢銘·董氏洗二

漢銘·董氏洗一

睡・秦律十八種 77

睡・日甲《盜者》71

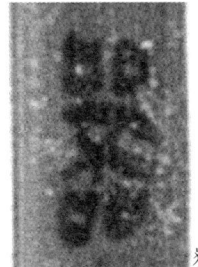

獄・為吏 10

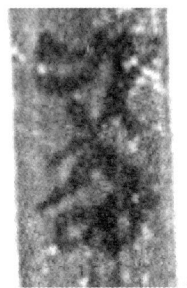

獄・占夢書 26

獄・猩敞案 54

里・第八層 435

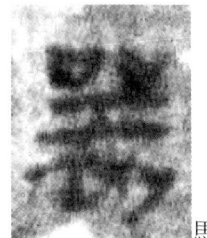

馬壹 96_41

馬壹 149_77/251 下

馬貳 225_51

張・錢律 208

張·奏讞書 215

銀壹 840

銀貳 1056

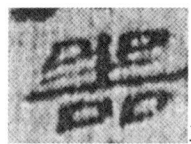

敦煌簡 2147A
○守御器簿

敦煌簡 2147A
○守御器簿

關沮·蕭·遣冊 31
○器巾小大六枚

金關 T23:807
○來毋器物

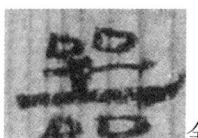

金關 T24:247A
○人舍器物

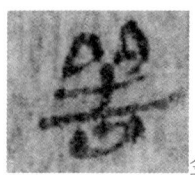

金關 T21:131B
○一器

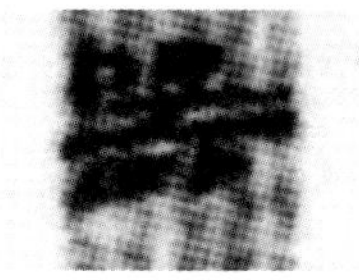

武·甲《泰射》41
○納射器

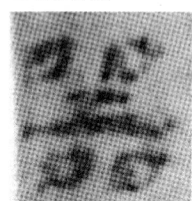

東牌樓 019
○樂器什物

廿世紀璽印二-SP
○咸亭富柳昌器

歷代印匋封泥
○咸亭當柳恚器

1012

○市器

秦代印風

○咸亭陽里駵器

廿世紀璽印三-SP

○共器

廿世紀璽印三-GP

○器府

漢晉南北朝印風

○器府之印

漢晉南北朝印風

○器府

漢晉南北朝印風

○器府

廿世紀璽印三-SY

○器印

廿世紀璽印三-GY

○器府

漢印文字徵

○器助

漢印文字徵

○器府

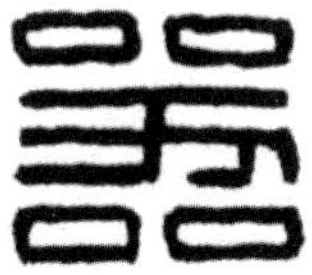

漢印文字徵

○器府

東漢・夏承碑

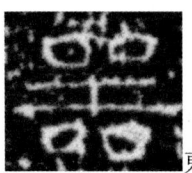

東漢・張遷碑陽

○利器不覿

北魏・元子正誌

○器宇淵凝

北魏・穆亮誌

○才高器遠

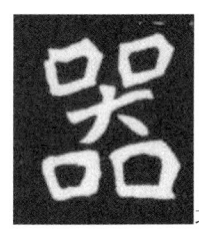

北魏・王遺女誌

北魏・元悌誌

北魏・元寶月誌

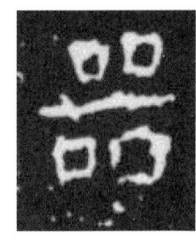

○屬乎成器

北魏・孟元華誌

○器量淵博

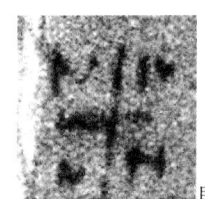

【噐】

馬貳 29_40

○聞言噐=

東漢・楊德安題記

○聞噐耗

舌部

【舌】

《説文》：舌，在口，所以言也、別味也。从干从口，干亦聲。凡舌之屬皆从舌。

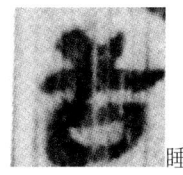

睡・封診式 69

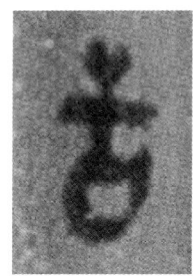

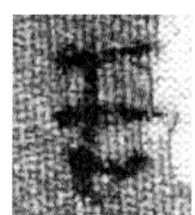

獄・數 64

馬貳 66_3/86

張·脈書 39

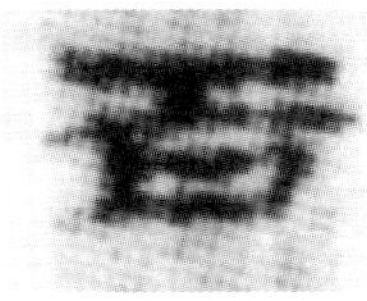

武·甲《特牲》49

武·甲《特牲》48

漢印文字徵

○羊舌毋故

漢印文字徵

○處羊舌

北魏·王誦誌

北齊·無量義經二

【𦧇】

《說文》：𦧇，歠也。从舌沓聲。

【舓】

《說文》：舓，以舌取食也。从舌易聲。

【䑒】

《說文》：䑒，舓或从也。

干部

【干】

《說文》：干，犯也。从反入，从一。凡干之屬皆从干。

漢銘·干章銅漏壺

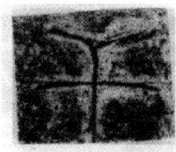

漢銘·干章銅漏壺

睡·秦律十八種 172

○禾若干石

睡·效律 27

○禾若干石

睡·日甲《盜者》77

○貉豺干都寅

馬壹13_2上\95上

○弗干曰龍

張·算數書164

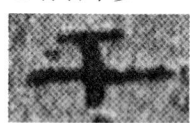

○有若干步

敦煌簡1784

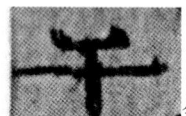

金關T10:120A

○令掾干將

金關T23:731B

廿世紀璽印二-SY

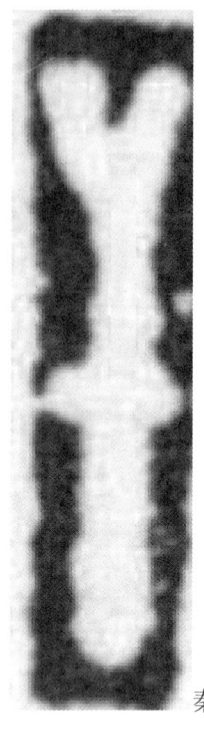

○干口

秦代印風

○干欺

廿世紀璽印三-SY

○干常驪印

漢晉南北朝印風

○蘭干左尉

漢印文字徵

○蘭右干尉

○江印比干　漢印文字徵

○干被　漢印文字徵

○干印博　漢印文字徵

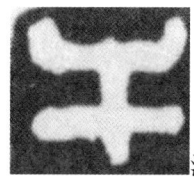

○張干將　漢晉南北朝印風

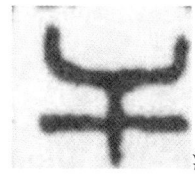

○范干將印　漢晉南北朝印風

○龐比干　漢晉南北朝印風

○干長私印　漢晉南北朝印風

○干莫　東漢・殷比干墓前刻石

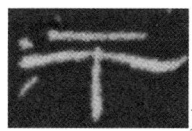

東漢・曹全碑陽

○皇帝吊殷比干文　北魏・弔比干文

○糾紛不能干其操　北魏・邸元明碑

北魏・奚真誌

北魏·奚真誌

北周·若干雲誌蓋

【羊】

《說文》：羊，撖也。从干。入一爲干，入二爲羊。讀若飪。言稍甚也。

【屰】

《說文》：屰，不順也。从干下屮。屰之也。

谷部

【谷】

《說文》：谷，口上阿也。从口，上象其理。凡谷之屬皆从谷。

【臄】

《說文》：臄，或从肉从豦。

【噱】

《說文》：噱，谷或如此。

【㕚】

《說文》：㕚，舌皃。从谷省。象形。

【㕚】

《說文》：㕚，古文㕚。讀若三年導服之導。一曰竹上皮。讀若沾。一曰讀若誓。弼字从此。

只部

【只】

《說文》：只，語已詞也。从口，象气下引之形。凡只之屬皆从只。

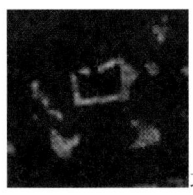

北魏·高衡造像

○只以掇拾藝

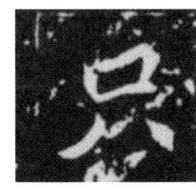

北魏·王禎誌

○只族王家

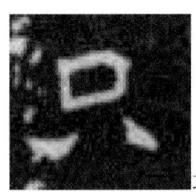

北齊·元賢誌

【䩾】

《說文》：䩾，聲也。从只甹聲。讀若聲。

㕯部

【㕯】

《說文》：㕯，言之訥也。从口从内。凡㕯之屬皆从㕯。

【喬】

《說文》：矞，以錐有所穿也。从矛从冏。一曰滿有所出也。

馬貳37_60下

○風矞（穴）然動飛（蜚）

【商】

《說文》：商，从外知內也。从冏，章省聲。

【𠹹】

《說文》：𠹹，古文商。

【𠻖】

《說文》：𠻖，亦古文商。

【𥅈】

《說文》：𥅈，籀文商。

漢銘·商鼎蓋

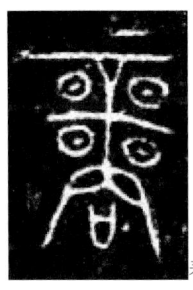

春早·秦公鎛

○受天令商（賞）宅

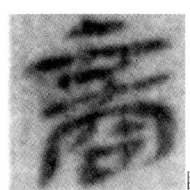

睡·日甲《生子》145

睡·日甲《詰》47

嶽·質日3528

馬壹82_55

○商闟（奄）齊將不出

馬壹12_77下

馬壹48_13下

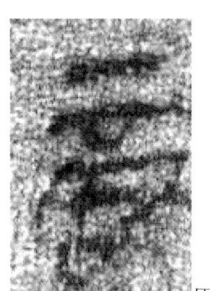

馬貳82_287/274

○取商（商）牢漬醢中

張·秩律 451

銀壹 686

○殷商

銀貳 2004

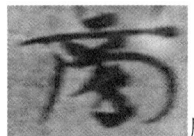

○華商尉史

居·EPF22.4

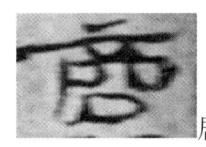

居·EPF22.22

金關 T32:048

金關 T10:206

○爰書士吏商

北壹·倉頡篇 48

秦代印風

○商忌

廿世紀璽印三-GP

○商丞之印

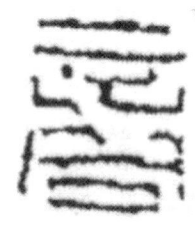

歷代印匋封泥

○商丞之印

秦代印風

○商庫

歷代印匋封泥

○咸商里若

漢印文字徵

漢印文字徵

漢印文字徵

漢印文字徵

○鞠商之印

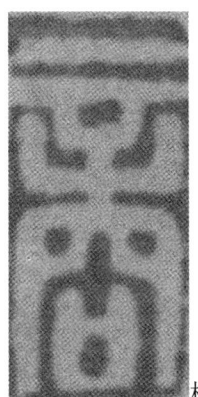

柿葉齋兩漢印萃

漢印文字徵

漢晉南北朝印風

○商胡

漢晉南北朝印風

○張商

東漢・尚博殘碑

東漢・趙寬碑

東漢・曹全碑陽

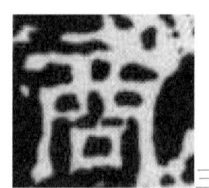

三國魏·孔羨碑

○含夏苞商

三國魏·三體石經尚書·古文

○兄若時不商不叔（敢）含怒

三國魏·三體石經尚書·隸書

○兄若時不商不叔（敢）含怒

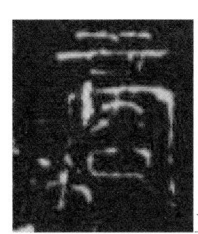

三國魏·三體石經尚書·篆文

○兄若時不商不叔（敢）含怒

北魏·趙謐誌

○族興夏商

北魏·皇甫驎誌

○懷商洛焉

北魏·王基誌

○周武王剋商

北魏·元纂誌

東魏·元悰誌

○商人罷市

秦公大墓石磬

○久商百樂咸奏

句部

【句】

《說文》：句，曲也。从口丩聲。凡句之屬皆从句。

睡·為吏51

○不取句（苟）免

馬壹 128_3 上\80 上

○吾句（苟）能親

馬壹 46_63 下

○句賤（踐）

馬貳 213_19/120

○四曰側句（鉤）

張·引書 59

○左手句左足

銀貳 1725

○二繩繩四句（鉤）分

敦煌簡 1147

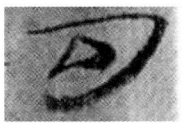

金關 T21:269

○冤句庠復里

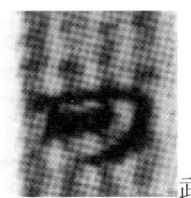

武·甲《泰射》41

○右鉅（巨）指句（鉤）弦

廿世紀璽印三-GP

○句莫鄉印

漢印文字徵

○句陽令印

漢印文字徵

○呂句

歷代印匋封泥
○句莫鄉印

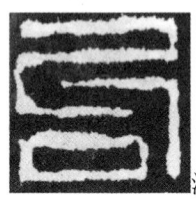

漢代官印選
○宛句邑令

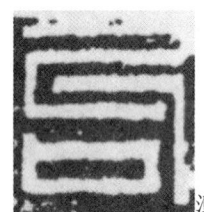

漢晉南北朝印風
○句陽令印

廿世紀璽印四-GY
○晉高句驪率善佰長

漢晉南北朝印風
○晉高句驪率善仟長

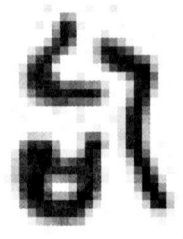

秦駰玉版
○句（后）余𡭞（小子）

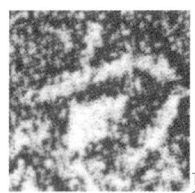

東漢・爲父通作封記刻石
○丁君章句

東漢・營陵置社碑
○曰句龍

東晉・高句麗好太王碑
○句牟城

北魏・高廣誌
○不專章句

北魏・元鷙誌
○章句小術

北魏・高衡造像
○一句一字

【拘】

《說文》：拘，止也。从句从手，句

亦聲。

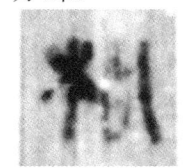

睡·秦律十八種 147

○甗枸櫝欙杕之仗

馬貳 30_51

○拘執於兩禺

張·引書 32

○力拘毋息

敦煌簡 0226

○到拘校敦德泉穀

金關 T01:001

○隋面拘頤

東牌樓 146

○不拘慮度

詛楚文·沈湫

○拘圍其叔父

北魏·元斌誌

○雖名拘朝員

北魏·元嵩誌

【笱】

《說文》：笱，曲竹捕魚笱也。从竹从句，句亦聲。

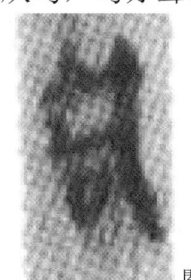

關·病方 349

○先農笱（苟）令

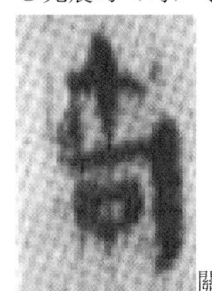

關·病方 326

○齲齒笱（苟）令

獄·為吏 59

○不取笱（苟）富

馬壹 105_66\235

○者而笱（後）能說

馬壹 37_39 下

○君子笱（苟）得其

馬貳 294_401/54

○堯笱二

北壹‧倉頡篇 29

○罟笱罘罝

秦代印風

○笱康

秦代印風

○丙笱

秦代印風

○笱競

廿世紀璽印三-SY

○笱田印

漢印文字徵
○康筍

漢印文字徵
○筍譚

漢印文字徵
○筍遮多

漢印文字徵
○筍印安樂

漢印文字徵
○筍安

漢印文字徵
○筍

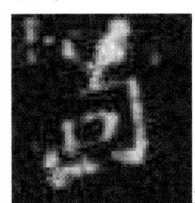

北魏·四十一人等造像
○吳奴王標儀延韓筍

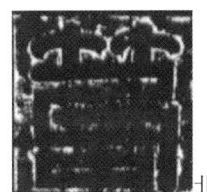

北魏·筍景誌蓋
○魏故儀同筍使君墓銘

【鉤】

《說文》：鉤，曲也。从金从句，句亦聲。

漢銘·君高遷鉤

漢銘・丙午鈎
○弦鐵鈎一

嶽・占夢書 26
○鈎帶

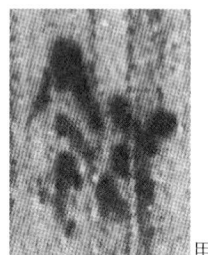

里・第八層 218
○七鈎

馬貳 109_17/17
○氣鈎□印（仰）之

張・引書 16
○而反鈎之

銀貳 1533
○鈎行之陳

敦煌簡 2231
○弦鐵鈎一

東漢・史晨前碑
○鈎河摘（擿）锥

北魏・元繼誌
○不設鈎矩

北魏・辛穆誌
○不藉鈎距

北魏・盧令媛誌
○玉鈎曜室

東魏・元寶建誌
○釋耒捐鈎而已

北齊・唐邕刻經記
○命銀鈎之迹

丩部

【丩】

《説文》：丩，相糾繚也。一曰瓜瓠結丩起。象形。凡丩之屬皆从丩。

【丵】

《説文》：丵，艸之相丩者。从丵从丩，丩亦聲。

【糾】

《説文》：糾，繩三合也。从糸、丩。

漢銘・平都犂斛

里・第八層 746

○鄉守糾

馬貳 34_42 上

○及糾如相

北壹・倉頡篇 71

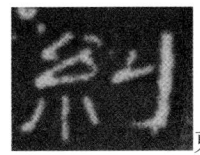

○緱糾絣

東漢・曹全碑陽

東漢・夏承碑

○彈繩糾柱（枉）

東漢・從事馮君碑

北魏・元液誌

北魏・元暐誌

北魏・席盛誌

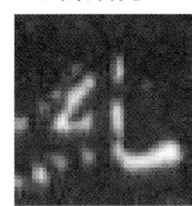

○糾察明允

東魏・李希宗誌

○糾策蘭臺

東魏・蕭正表誌

○糾姦猶聖

東魏・房悅誌

○糾紛變化

古部

【古】

《說文》：古，故也。从十、口。識前言者也。凡古之屬皆从古。

【𦣻】

《說文》：𦣻，古文古。

戰晚・信宮罍

○古西共左今左般

睡・法律答問 192

馬壹 111_6\357

銀壹 694

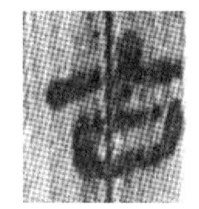

○古者聚人

銀貳 1782

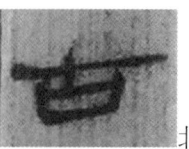

北貳・老子 219

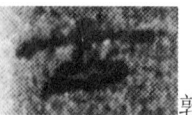

敦煌簡 1721

○傷右古一所

金關 T09:253

○淮陽郡古始大安

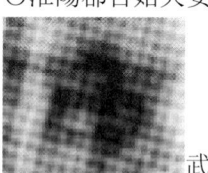

武・乙本《服傳》6

○冠者古（沽）功

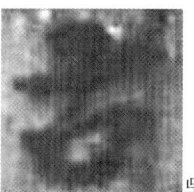

吳簡嘉禾・五・九四九

○吏鄧古佃田

廿世紀璽印三-SP

漢印文字徵

漢印文字徵

柿葉齋兩漢印萃

漢晉南北朝印風

漢晉南北朝印風

石鼓·而師

東漢·乙瑛碑

三國魏·曹真殘碑

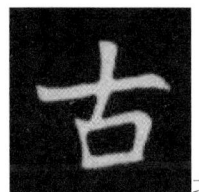

北魏·元暐誌

北魏·元始和誌

【嘏】

《說文》：嘏，大遠也。从古叚聲。

東漢·孔宙碑陽
〇天姿醇嘏

北魏·元楨誌
〇旻不錫嘏

十部

【十】

《說文》：十，數之具也。一爲東西，｜爲南北，則四方中央備矣。凡十之屬皆从十。

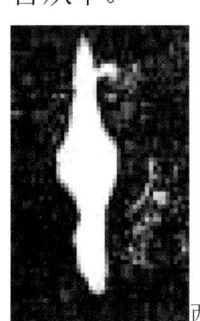

西晚·不其簋

戰晚·新鄭虎符

春晚・秦公簋

戰中・大良造鞅鐓

春晚・秦公鎛

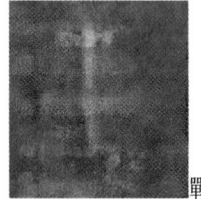

戰晚・咸陽四斗方壺

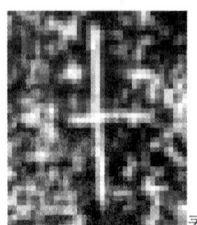

秦代・麗山園鐘

漢銘・壽成室鼎一

漢銘・扶侯鍾

漢銘・祝阿侯鍾

漢銘・大賈壺

漢銘・大司農平斛

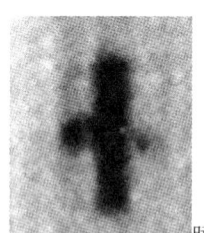

睡・編年記10
○十年

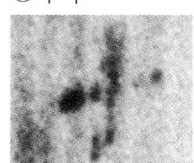

睡・編年記2
○五十五年

睡・秦律十八種14
○寸十

睡·效律 3

〇十六兩

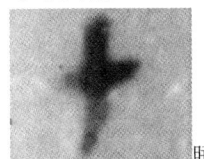

睡·秦律雜抄 31

〇大牝十其六

睡·法律答問 38

睡·封診式 59

睡·為吏 22

〇閏再十二月

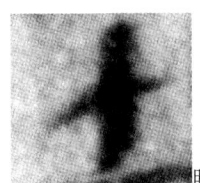

睡·日甲《歲》67

〇十一夕

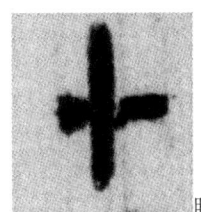

睡·日乙 21

〇日十夕六

關·日書 135

〇十月

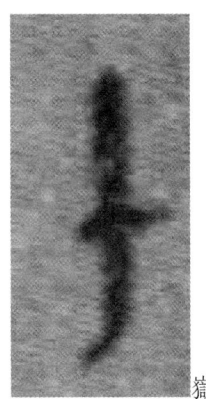

獄·數 43

〇令十一步

里·第五層 18

〇數六十五

里·第八層 59

〇春五十九人

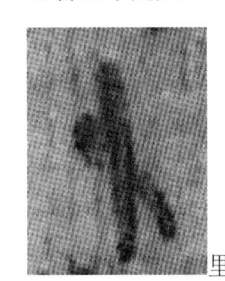

里·第八層背 62

〇丑水十一刻

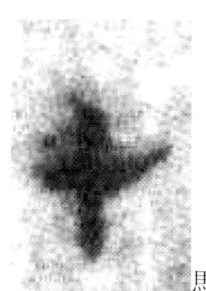

馬壹 145_30/204 下
〇使有十百人器

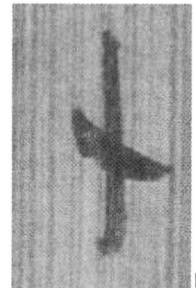

馬貳 279_236/35
〇弩矢十二

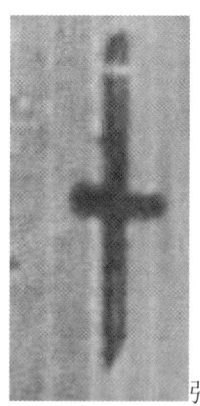

張・蓋盧 49
〇此十者救民道也

張・算數書 111
〇九之十而一

銀壹 809
〇毋過十五步

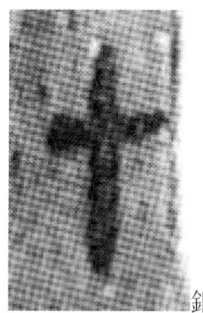

銀貳 994
〇十五曰緩

敦煌簡 0040
〇十月

金關 T07:088
〇拓奴十月

東牌樓 077 正
〇十二月

北壹・倉頡篇 37
〇百一十二

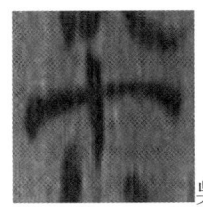

吳簡嘉禾・四・三七四
〇町凡十八畝

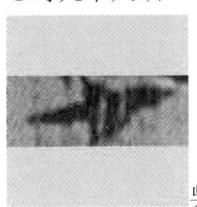

吳簡嘉禾・五・一〇
〇町凡十畝

漢晉南北朝印風
〇執法直二十二

廿世紀璽印三-GP
〇大十五

漢印文字徵
〇執法直二十二

秦駰玉版

詛楚文・沈湫
〇而兼倍十八世之盟

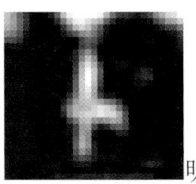

明瓊

東漢・馮緄碑
〇降者十萬人

東漢・白石神君碑
〇正月十日

東漢・圉令趙君碑
〇年六十有八

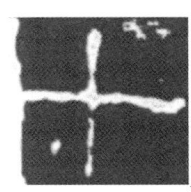

東漢・圉令趙君碑
〇十二月

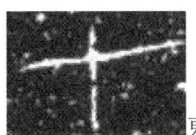

東漢・洛陽刑徒磚
〇六月十八日

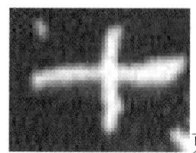

東漢·營陵置社碑

〇十月

東漢·毗上等字殘碑

〇年十二月廿

三國魏·三體石經尚書·隸書

〇國五十年

西晉·石定誌

〇七月十九日

東晉·王丹虎誌

〇年五十八

北魏·元汎略誌

〇孝昌三年六月十三日銘記

北魏·王蕃誌

〇十月廿七日

【丈】

《說文》：丈，十尺也。从又持十。

睡·法律答問6

〇丈高六尺七寸

睡·日甲《詰》33

〇心爲丈（杖）鬼

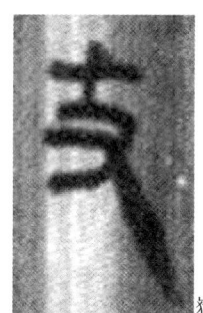

獄·占夢書6

〇偽丈勞心

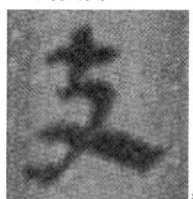

獄·數189

〇方四丈上三丈高三

獄·綰等案242

〇垣高丈忌

里·第八層1751

〇繒一丈五尺八寸

里·第八層 455
○畝高丈二尺

馬壹 92_296
○以萬丈之城

馬貳 247_287
○長丈

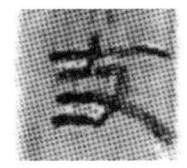

張·賜律 282
○襦二丈二尺

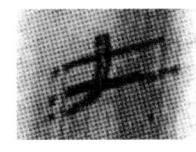

張·田律 246
○廣二丈

張·算數書 149
○周三丈

張·引書 67

○其高丈

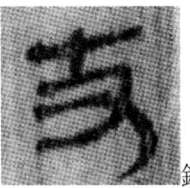

銀貳 1763
○爲百丈

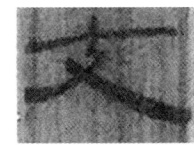

北貳·老子 4
○以大丈夫居

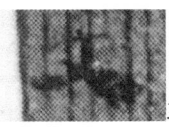

敦煌簡 1035B
○深十丈五尺

金關 T01:041
○板長丈

金關 T32:010
○各皁丈尺十二

武·儀禮甲《服傳》31
○丈人

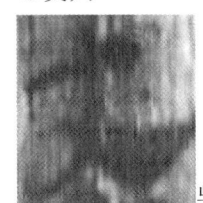

吳簡嘉禾·五·一〇〇二
○匹三丈六尺

吳簡嘉禾·五·一一三
○布一丈六尺

廿世紀璽印四-GP

○二丈一

東漢・佐孟機崖墓題記

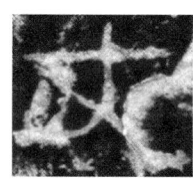

○九丈

東漢・何君閣道銘

○閣袤五十五丈

北魏・薛慧命誌

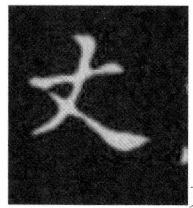

東魏・元顯誌

【千】

《說文》：千，十百也。从十从人。

漢銘・二千石大壺

漢銘・千万熨斗

漢銘・千秋壺

漢銘・千万鑊

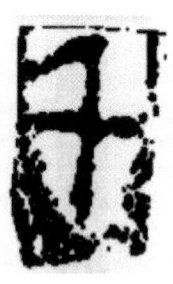

漢銘・日入千合符鉤

漢銘・千秋合符鉤

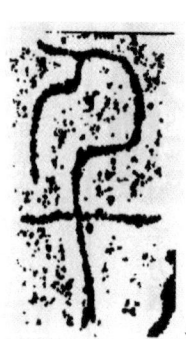

漢銘・大利千萬泉範

1038

睡・秦律十八種 64

睡・效律 15

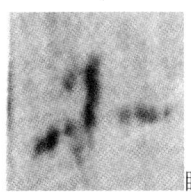

睡・日甲《病》87

獄・數 182

獄・芮盜案 63

里・第六層 5

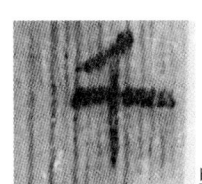

里・第八層 1716

馬壹 88_209

馬壹 77_86

馬貳 245_266

張・傳食律 232

張・奏讞書 174

張・奏讞書 198

張·算數書 11

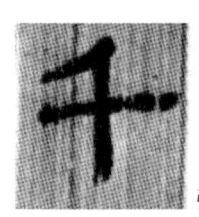

張·引書 41

銀壹 522

銀貳 1028

北貳·老子 221

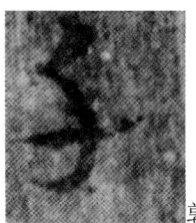

敦煌簡 0086

敦煌簡 1151

〇伐茭千五百石

金關 T25:112

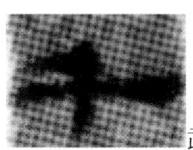

武·儀禮甲《士相見之禮》16

武·日忌木簡甲 1

東牌樓 113

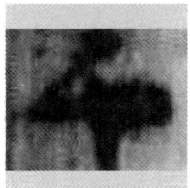

吳簡嘉禾·五·一一一〇

吳簡嘉禾·四·一六五

秦代印風

〇千歲

廿世紀璽印三-SY

廿世紀璽印三-SY

廿世紀璽印三-GY

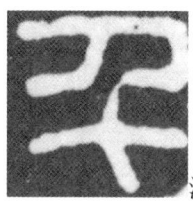

漢晉南北朝印風

漢晉南北朝印風

漢晉南北朝印風

歷代印匋封泥

○七國千仕

廿世紀璽印三-SP

○長樂千万

漢晉南北朝印風

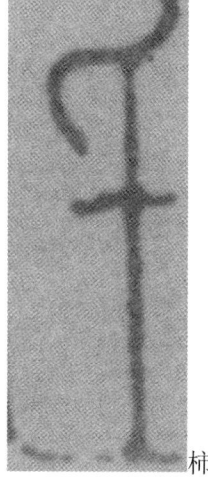

柿葉齋兩漢印萃

○芋千

漢代官印選

歷代印匋封泥

漢印文字徵

漢印文字徵

○大潘千万

漢印文字徵

漢印文字徵

歷代印匋封泥

歷代印匋封泥

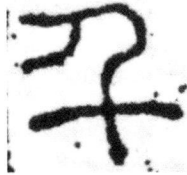

歷代印匋封泥

漢印文字徵

柿葉齋兩漢印萃

○千萬

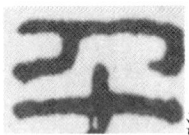

漢晉南北朝印風

漢晉南北朝印風

○杜卿印日內千金

漢晉南北朝印風

○巨董千萬

漢晉南北朝印風

○巨漚千萬

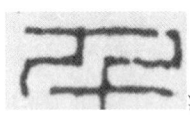

漢晉南北朝印風

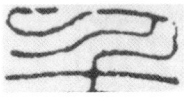

漢晉南北朝印風

○巨蔡千萬

漢晉南北朝印風

○蘇千乘

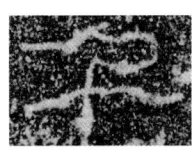

新莽・馮孺人題記

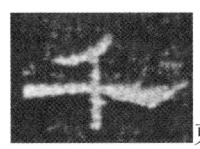

東漢・禮器碑陰

○任城呂育季華三千

東漢・史晨前碑

東漢・東漢・婁壽碑陽

東漢・簿書殘碑

東漢・肥致碑

東漢・永平四年畫像石題記

東漢・西岳華山廟碑陽

東漢・禮器碑側

○東海傅河東臨汾敬謙字季松千

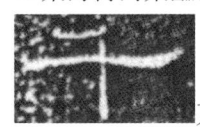

東漢・禮器碑陰

○處士魯劉靜子著千

東漢・禮器碑陰

○故穎陽令文陽鮑宮元威千

東漢・石堂畫像石題記

○五千

東漢・開母廟石闕銘

東漢・張遷碑陽

北魏・劉氏誌

北魏・元愔誌

東魏・元季聰誌蓋

○司徒千乘

東魏・元鷙誌

○食邑一千戶

北齊・范粹誌

○爰自千里超擬

【肸】

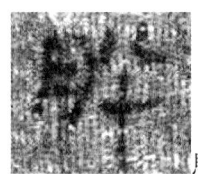

《説文》：肸，響，布也。从十从𠂆。

馬貳 84_318/308

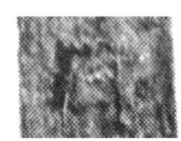

○由曰肸=

敦煌簡 0481A

○響應食肸

北壹・倉頡篇 26

○肸䕫尼晼

歷代印匋封泥

○左宮肸

漢印文字徵

○尚肸

北周・華岳廟碑

○眾神之所肸響

【甚】

《説文》：甚，甚甚，盛也。从十从甚。汝南名蠶盛曰甚。

【博】

《説文》：博，大通也。从十从尃。尃，布也。

漢銘・桂宮鴈足鐙

漢銘・上林鼎一

漢銘・臨虞宮高鐙四

漢銘・中宮鴈足鐙

漢銘・建昭鴈足鐙一

漢銘・上林銅鑒四

漢銘・綏和鴈足鐙

獄・質日 3511
○博望鄉

馬壹 43_41 上
○道精博以尚（上）

馬貳 285_305/305
○赤綟博席長五尺廣

馬貳 34_26 上
○能博長呈（裎）

張・秩律 458
○博陵

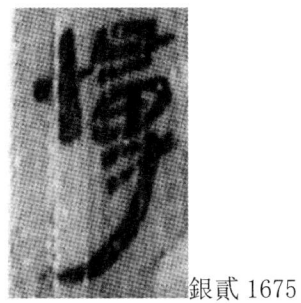

銀貳 1675
○四時博之可

北貳・老子 121
○博者不智

敦煌簡 1392B

1045

○博望

金關 T03：068

○佐蘇博

廿世紀璽印三-GP

○博昌

漢晉南北朝印風

○博山侯家丞

廿世紀璽印三-GP

○博丞之印

廿世紀璽印三-GP

○博昌丞印

廿世紀璽印三-SY

○博貞君印

柿葉齋兩漢印萃

○徐博

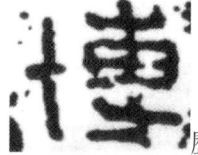

歷代印匋封泥

○博昌

歷代印匋封泥

○博昌

漢代官印選

○博陽侯印

漢代官印選

○博望侯印

漢代官印選

○博陸侯印

漢印文字徵
○趙博私印

漢印文字徵
○博昌

漢印文字徵
○杜博士私印

漢印文字徵
○邵博德印

漢印文字徵
○博昌丞印

漢印文字徵
○張博德

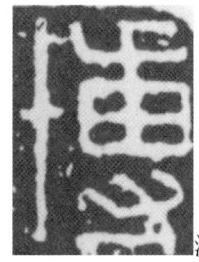

漢晉南北朝印風
○博平家印

漢晉南北朝印風
○楊博

漢晉南北朝印風
○橋博

漢晉南北朝印風

○王博之印

漢晉南北朝印風

○杜博私印

漢晉南北朝印風

○郝博私印

漢晉南北朝印風

○趙博私印

漢晉南北朝印風

○叔博私印

東漢·曹全碑陰

○徵博士

東漢·趙寬碑

○字文博

東漢·趙寬碑

○博貫史略

東漢·西狹頌

○先之以博愛

東漢·尚博殘碑

○□諱博

東漢·曹全碑陰

○安平邸博季長

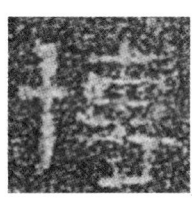

東漢·劉君殘碑

○博覽

東漢·東漢·魯峻碑陽

○博覽群書

東漢·陶洛殘碑陰

○博陵北新城

三國魏・張君殘碑
〇寬裕博敏

北魏・元秀誌
〇博觀簡牒

北魏・元悌誌
〇博覽文史

【劦】

《說文》：劦，材十人也。从十力聲。

【廿】

《說文》：廿，二十并也。古文省。

戰晚・上造但車耒

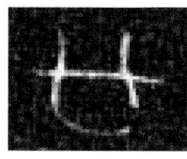

戰晚・廿二年臨汾守戈

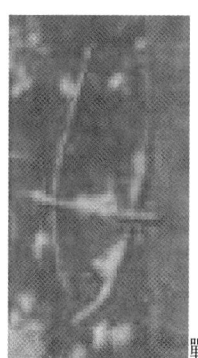

戰晚・廿一年音戜戈

戰晚・王二十三年秦戈

戰晚・邵宮和

戰晚・二十六年始皇詔書銅權

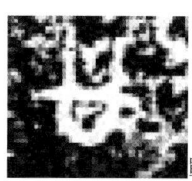

戰中・商鞅量

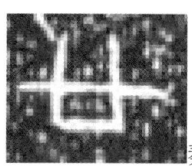

秦代・北私府銅橢量

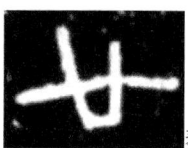

秦代・始皇詔銅橢量四

秦代・始皇詔銅權九

漢銘・長安鍋

漢銘・螯屋鼎

漢銘・重廿八斤鼎

漢銘・西朱鍾

漢銘・莒川鼎二

睡・編年記 25

睡・效律 7

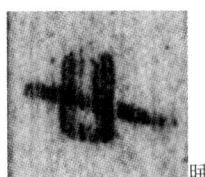

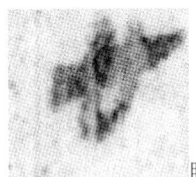

睡・封診式 91

睡・日甲 107

關・日書 135

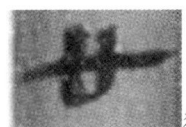

嶽・數 22

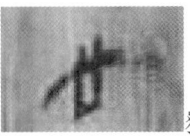

嶽・識劫案 133

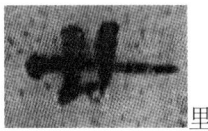

里・第八層 124

馬壹 173_34 上

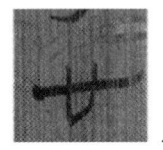

馬貳 212_11/112

張・賜律 293

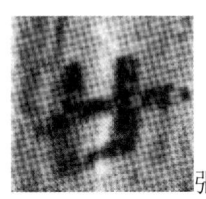

張・奏讞書 125

張・算數書 177

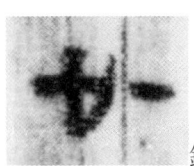

銀壹 808
○道廣廿尺廿步

敦煌簡 1676

1050

金關 T09:229
東牌樓 056 背 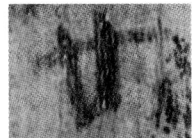
北壹・倉頡篇 26 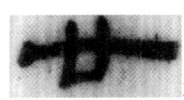
吳簡嘉禾・五・一〇四八 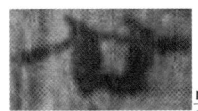
廿世紀璽印三-GP 
廿世紀璽印三-GP 
漢印文字徵
泰山刻石 
東漢・向壽碑 
東漢・洛陽刑徒磚 
東漢・洛陽刑徒磚 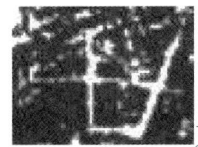

東漢・東漢・魯峻碑陽
東漢・公乘田魴畫像石墓題記 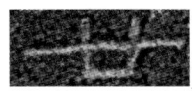
東漢・姚孝經墓磚 
東漢・李冰石像銘 
東漢・西岳華山廟碑陽 
東漢・張景造土牛碑 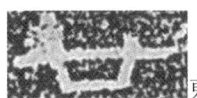
東漢・石祠堂石柱題記 
東漢・陽嘉殘碑陽 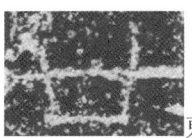
三國魏・孔羨碑 
北魏・張正子父母鎮石 
北魏・元理誌 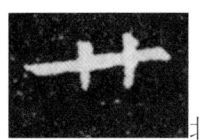

〇申朔廿七日

北魏·韓顯宗誌

○太和廿三年

北魏·韓顯宗誌

○二月廿六日

北魏·元新成妃李氏誌

○廿八日

東魏·員光造像

○廿三日

【甹】

《說文》：甹，詞之甹矣。从十昌聲。

卅部

【卅】

《說文》：卅，三十并也。古文省。凡卅之屬皆从卅。

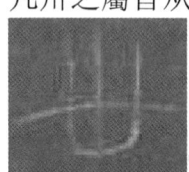

戰晚·卅年詔事戈

戰晚或秦代·梡陽鼎

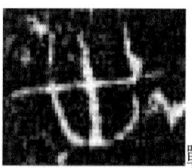

戰晚·卅六年私官鼎

漢銘·壽成室鼎二

漢銘·苖川鼎二

漢銘·呂鼎

漢銘·薁陽鼎

漢銘·中山內府鍾二

漢銘·椒林明堂銅錠三

睡·編年記35

睡·秦律十八種95

○卅三錢

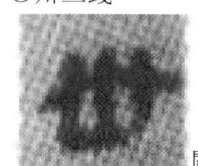

關·日書136

○卅日

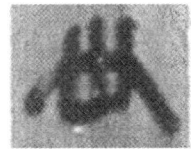

　　嶽・質日 341

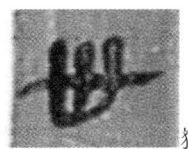

○卅四年

　　嶽・數 14

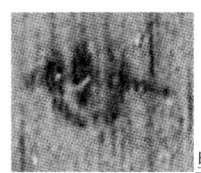

○卅六

　　里・第五層 1

○當騰期卅日

　　里・第八層 906

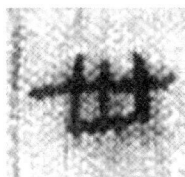

○卅四年

　　馬壹 171_5 上

○卅日而晨出東方

　　馬壹 85_141

○不下卅萬

　　馬貳 237_187

○酒杯卅枚

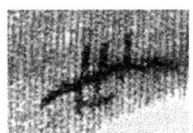

　　馬貳 74_131/131

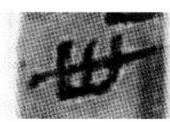

○卅日而止

　　張・捕律 141

○二歲卅日

　　張・算數書 40

○卅八

　　銀貳 1006

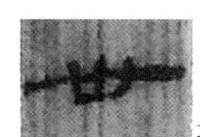

○卅二日

　　北貳・老子 148

○卅輻同一轂

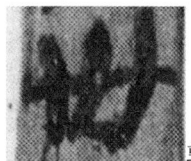

　　敦煌簡 0004

○八百卅五

　　敦煌簡 2010

○建武卅一年

　　金關 T08:004

○相年卅五

　　武・王杖 1

○第卅三御史令

　　東牌樓 081

○年卅筭

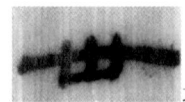

北壹・倉頡篇 52

○百卅六

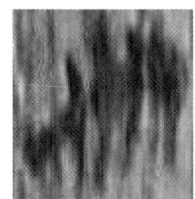

吳簡嘉禾・五・一〇一四

○二月卅日

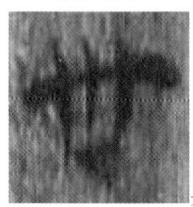

吳簡嘉禾・五・一〇一三

○町凡卅一畞

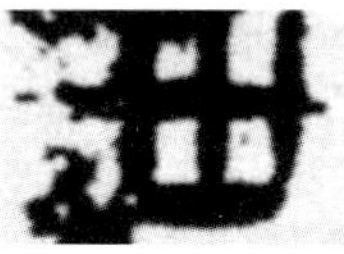

廿世紀璽印三-GP

○宮卅一

東漢・馮緄碑

○布卅萬匹

東漢・韓仁銘

○會月卅日

東漢・孫仲隱墓刻石

○年卅

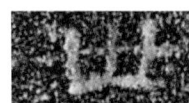

東漢・簿書殘碑

○賈卅一萬

東漢・開通褒斜道摩崖刻石

○餘人，瓦卅六萬九千八百四

三國魏・三體石經春秋・古文

○卅年春

三國魏・三體石經春秋・篆文

○重耳卒卅

三國魏・三體石經春秋・隸書

○卅年春

北魏・元嵩誌

○年卅九

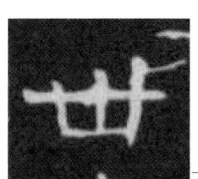

北魏・元誘誌

○春秋卅七

北魏・元彬誌

○春秋卅有六

北齊・盧脩娥誌

○春秋卅七

北齊・許儁卅人造像

○田野祿法義卅人等

【世】

《說文》：世，三十年爲一世。从卅而曳長之。亦取其聲也。

漢銘・右丞宮鼎

漢銘・承安宮鼎二

漢銘・承安宮行鐙

漢銘・元延乘輿鼎二

馬壹 88_205

○除萬世之害

馬壹 15_12 上\105 上

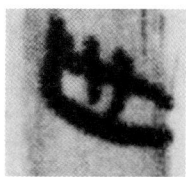

○安世者也

銀壹 899

○聞今世捶（垂）

敦煌簡 1219A

○候長世亭

金關 T01:007

○里孫世

金關 T04:053

○奉世年卅七

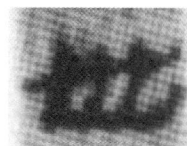

武・儀禮甲《服傳》27

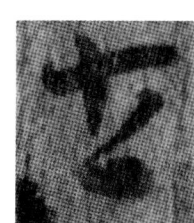

○爲世父母

東牌樓 066 正

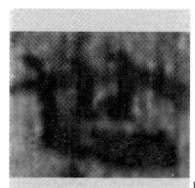

○經世不悉

吳簡嘉禾・五・二五六

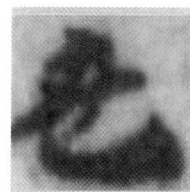

○高世佃田

魏晉殘紙

○惟念世人

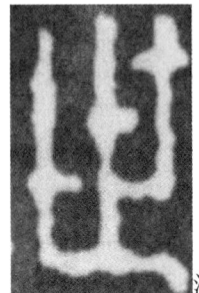

漢晉南北朝印風

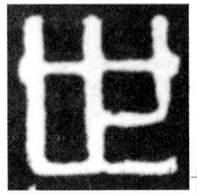

廿世紀璽印三-SY

○張安世印

廿世紀璽印三-SP

○臣克世

廿世紀璽印三-SY

○王奉世印

廿世紀璽印三-SY

歷代印匋封泥

○蘇世

漢晉南北朝印風

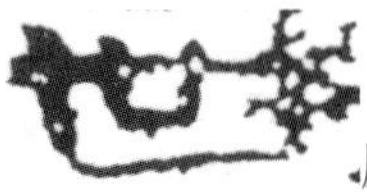

歷代印匋封泥

○九三王世

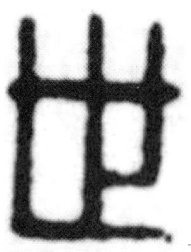

廿世紀璽印三-SY

○戴樂世印

柿葉齋兩漢印萃

○尹世

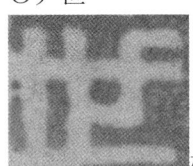

柿葉齋兩漢印萃

○李安世印

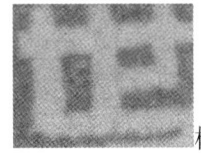

柿葉齋兩漢印萃

○青世私印

漢印文字徵

○地世之印 漢印文字徵

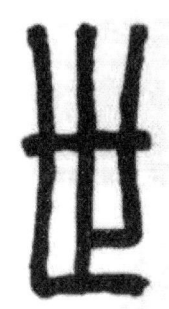

○段世 漢印文字徵

○張印安世 漢印文字徵

○孫世中 漢印文字徵

○張壽世 漢印文字徵

漢印文字徵

漢印文字徵

○范萬世印

廿世紀璽印四-SY

○世

漢晉南北朝印風

○永世侯印

漢晉南北朝印風

○平原劉世曾印

漢晉南北朝印風

○虞安世

○郭世之印　漢晉南北朝印風

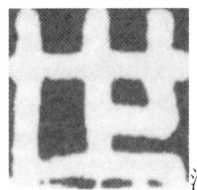

漢晉南北朝印風

○張廣世印　漢晉南北朝印風

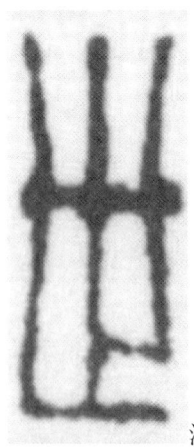

○當世　漢晉南北朝印風

○世起　漢晉南北朝印風

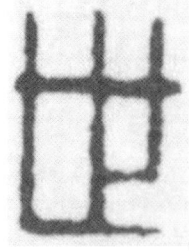

○戴樂世印　漢晉南北朝印風

○倍十八世之盟率者之　詛楚文・巫咸

秦駰玉版

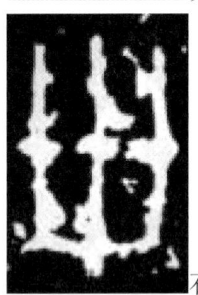

石鼓・作原

○時皇漢之世　東漢・永壽元年畫像石墓記

○世稱　東漢・從事馮君碑

東漢·從事馮君碑

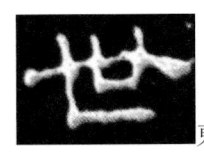

東漢·楊震碑

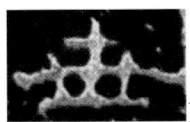

東漢·楊震碑

東漢·佐孟機崖墓題記
○八尺當穴□萬世中出

西晉·臨辟雍碑
○今遇不世之運

西晉·郭槐柩記
○遇世多難

東晉·宋和之誌
○字世俊

北魏·孫秋生造像
○元世父母

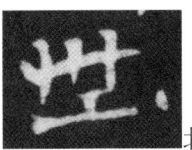

北齊·張康張雙造像
○觀世音象

〖卅〗

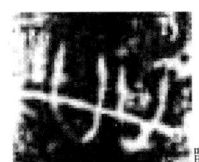

戰晚·三年詔事鼎

漢銘·中山內府銅銷二

漢銘·陽信家銅鍾

漢銘·一石鍾

漢銘·中私府鍾

漢銘·安陵鼎蓋

睡·秦律十八種 95

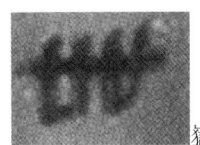

嶽·數 160

里·第八層 964

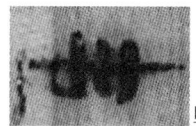

里・第八層背 529

馬壹 179_99 上

張・奏讞書 128

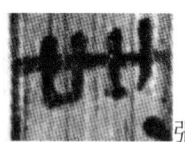

張・算數書 179

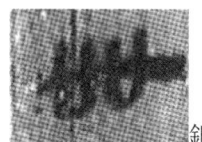

銀貳 1881

敦煌簡 2117

敦煌簡 1784

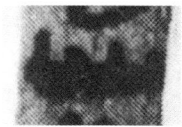

敦煌簡 1693

敦煌簡 1183

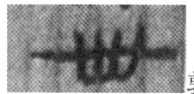

敦煌簡 0543

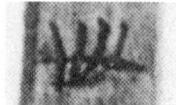

敦煌簡 0276

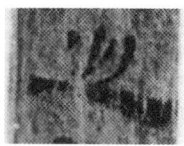

敦煌簡 0776

金關 T01:043

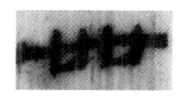

北壹・倉頡篇 45

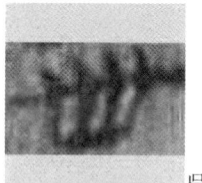

○未旬絫氏百卌四

吳簡嘉禾・五・六〇一

廿世紀璽印三-GP

○宮冊

廿世紀璽印三-GP

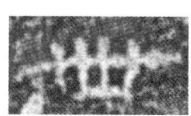

○工卌四

東漢・孔彪碑陽

東漢・簿書殘碑

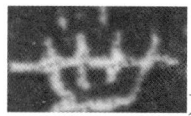

東漢・石祠堂石柱題記

東漢・郎中鄭固碑

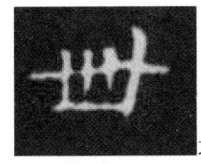

北魏·處士元誕誌

北魏·元弼誌

北魏·元簡誌

北魏·元思誌

北魏·鄯乾誌

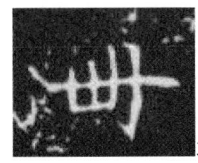

北魏·常季繁誌

北魏·元瓚誌

北魏·元乂誌

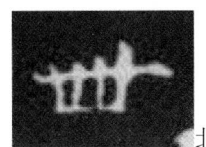

北魏·元順誌

北魏·長孫盛誌

北魏·寇偘誌

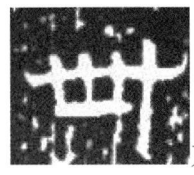

東魏·鄭氏誌

言部

【言】

《説文》：言，直言曰言，論難曰語。从口辛聲。凡言之屬皆从言。

漢銘·建安元年鐵

睡·法律答問77

睡·封診式91

睡・為吏 48

關・日書 211

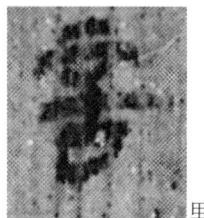

獄・為吏 33

獄・暨過案 99

里・第六層 28

里・第八層 60

馬壹 137_59 下/136 下

馬壹 16_5 下\98 下

馬壹 85_130

〇言請毋至三月

馬壹 107_94\263

馬貳 36_51 上

馬貳 33_4 下

張・捕律 146

張·奏讞書 116

張·奏讞書 118

銀貳 1035

北貳·老子 207

敦煌簡 0484

金關 T23:410

金關 T06:183

金關 T10:120A

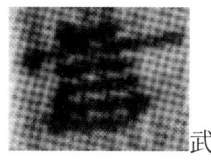

武·儀禮甲《士相見之禮》11

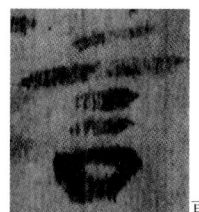

東牌樓 074

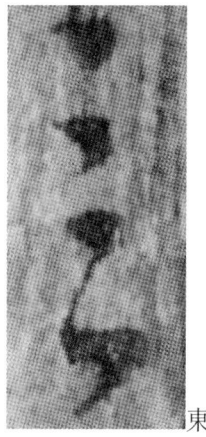

東牌樓 015 正

○許言者

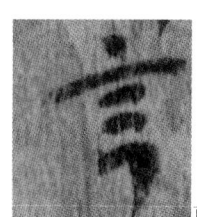

東牌樓 046 正

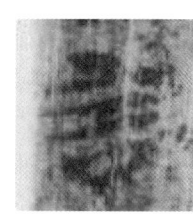

吳簡嘉禾·一一四六

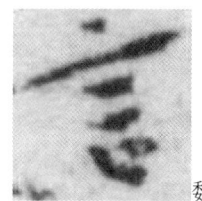

魏晉殘紙

魏晉殘紙

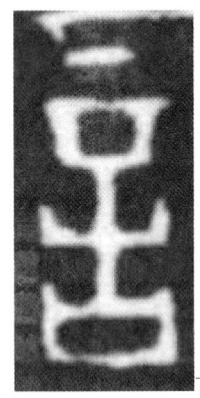

廿世紀璽印二-SY

秦代印風

秦代印風

秦代印風

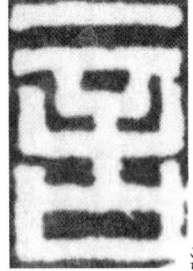

漢晉南北朝印風

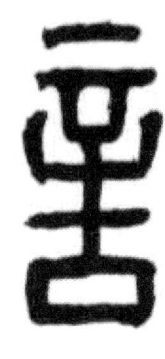

漢印文字徵

漢印文字徵

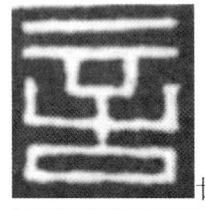

廿世紀璽印四-SY

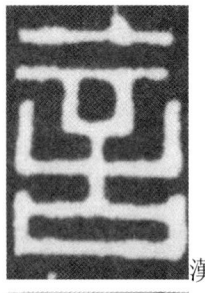

漢晉南北朝印風

漢晉南北朝印風

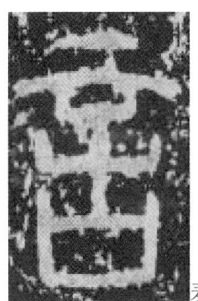

泰山刻石

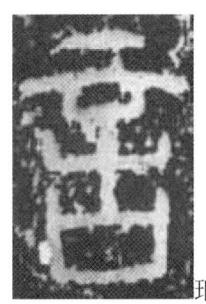

琅琊刻石

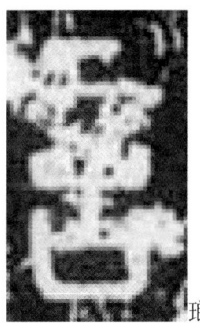

琅琊刻石

東漢・尚博殘碑

東漢・乙瑛碑

西晉・成晃碑

北魏・元詳造像

東魏・嵩陽寺碑

【䛾】

《說文》：䛾，聲也。从言䛾聲。

【謦】

《說文》：謦，欬也。从言殸聲。殸，籀文磬字。

【語】

《說文》：語，論也。从言吾聲。

睡・語書 15

睡・為吏 2

睡・日甲《吏》165

關・日書 255

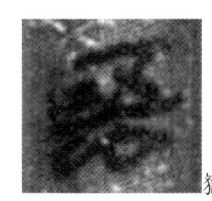

嶽・占夢書 4

馬壹 80_11

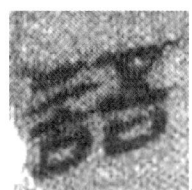

馬壹 40_8 下

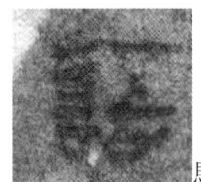

馬貳 119_206/205

北貳・老子 181

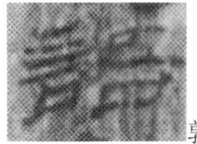

敦煌簡 0792

敦煌簡 0502
○語爲云坷

金關 T06:187
○泄成語

金關 T22:051
○可幸語之

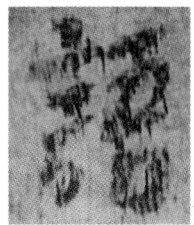

東牌樓 062 背

漢印文字徵

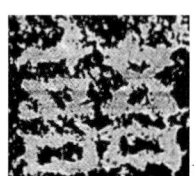

東漢・祀三公山碑

北魏・元斌誌

北魏・李端誌

東魏・李顯族造像

東魏・慧光誌

【談】

《説文》：談，語也。从言炎聲。

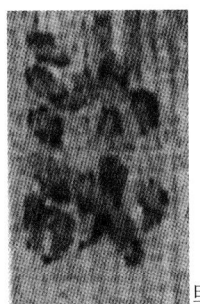

里·第八層 2215

馬壹 44_33 下

張·引書 52

銀壹 899

○倚立談語

東牌樓 035 背

○相從談讀

廿世紀鉨印三-SY

○談不涎

漢印文字徵

漢印文字徵

漢印文字徵

東漢·行事渡君碑

○身雖歿兮談不□

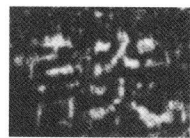

東漢・史晨前碑

北魏・元崇業誌

北魏・李伯欽誌

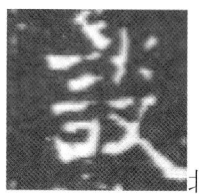

北魏・崔隆誌

北魏・寇憑誌

○美談笑

北魏・元崇業誌

北魏・高廣誌

○不好劇談

北魏・元顯俊誌

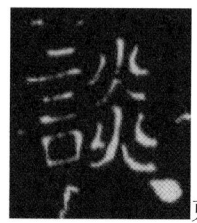

東魏・侯海誌

北齊・天柱山銘

【謂】

《說文》：謂，報也。从言胃聲。

睡・法律答問 95

關・日書 132

獄・猩敝案 52

里·第八層 1560

馬壹 81_34

馬壹 91_272

馬貳 8_20 中\24

張·賊律 18

張·奏讞書 207

銀貳 1277

北貳·老子 44

北貳·老子 138

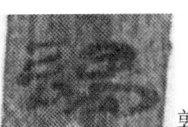

敦煌簡 1368

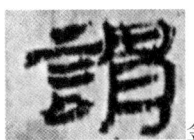

金關 T05:076

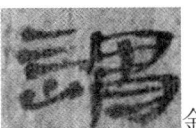

金關 T21:042A

○行事謂士吏平候行

金關 T24:267A

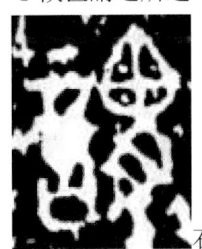

○候世謂過所遣

石鼓·吾水

東漢・譙敏碑

北魏・穆紹誌

北魏・寇演誌

北魏・司馬悅誌

東魏・趙氏妻姜氏誌

北齊・雲榮誌

北齊・高百年誌

北齊・妻黑女誌

【諒】

《說文》：諒，信也。从言京聲。

睡・封診式 1
○治（笞）諒（掠）爲下

獄・田與市和奸案 194
○弗治（笞）諒（掠）田

馬壹 86_149
○而諒（竟）逐之

張・奏讞書 120

北壹・倉頡篇 52
○捕獄問諒

漢印文字徵

○諒福

東漢·北海相景君碑陰

○諒闇沈思

北朝·千佛造像碑

北魏·王誦妻元妃誌

○諒唯恭己

北魏·王紹誌

○君諒兼之矣

【詵】

《說文》：詵，致言也。从言从先，先亦聲。《詩》曰："螽斯羽詵詵兮。"

秦文字編 357

漢印文字徵

○□詵

北魏·元恩誌

○室家詵詵

北魏·鮮于仲兒誌

北齊·赫連子悅誌

【請】

《說文》：請，謁也。从言青聲。

睡·秦律十八種 188

睡・為吏 13

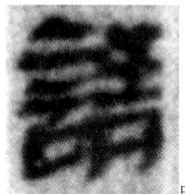

睡・日甲《吏》160

關・日書 231

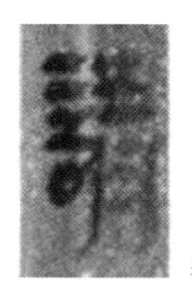

獄・為吏 78

獄・魏盜案 160

里・第八層 200

馬壹 36_39 上

馬壹 80_16

馬貳 33_4 下

張・置吏律 219

張・奏讞書 117

銀壹 270

銀貳 1459

北貳・老子 177

敦煌簡 1612B

金關 T05:007

金關 T30:028A

○財罪請少

金關 T30:109

北壹・倉頡篇 27

○帛羞獻請謁任

魏晉殘紙

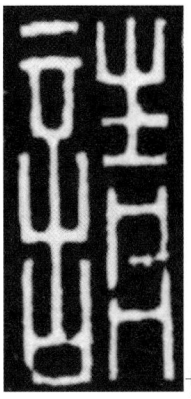

廿世紀璽印三-SY

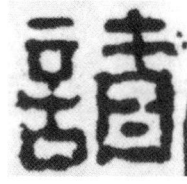

歷代印匋封泥

○請郭邑丞

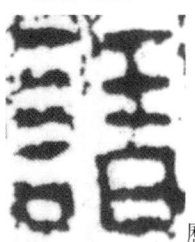

歷代印匋封泥

○丁請侯印

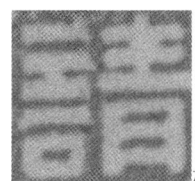

柿葉齋兩漢印萃

漢印文字徵

漢印文字徵

漢印文字徵

漢印文字徵

漢晉南北朝印風

漢晉南北朝印風

秦駰玉版

琅琊刻石

琅琊刻石

泰山刻石

瑯琊刻石

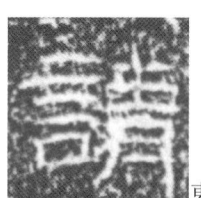

東漢・石門頌

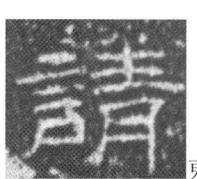

東漢・乙瑛碑

東漢・乙瑛碑

東漢・西岳華山廟碑陽

北魏·元子直誌

北魏·尉遲氏造像

【謁】

《說文》：謁，白也。从言曷聲。

漢銘·薔川宦謁右般北宮豆

睡·秦律十八種 105

睡·爲吏 1

○爲固謁（遏）私

關·日書 189

○請謁事也

關·日書 231

嶽·質日 345

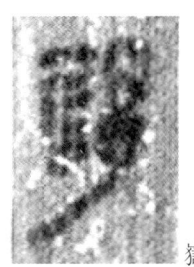

嶽·占夢書 20

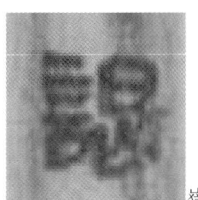

嶽·田與案 199

○田謁

里·第八層 1060

○寫上謁以臨夬（決）

里·第八層 42

馬壹 80_10

○使辛謁大（去）之

馬壹 90_237

馬貳 258_4/4

○謁者四人

張・戶律 305

張・奏讞書 228

金關 T10:134

○乘謁

金關 T24:023A

北壹・倉頡篇 27

○請謁任辜

歷代印匋封泥

○中謁者

廿世紀璽印三-GP

○西方謁者

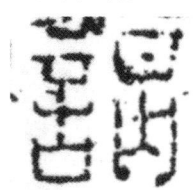

歷代印匋封泥

○謁者之印

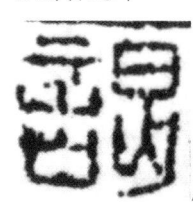

歷代印匋封泥

○西中謁府

第三卷

廿世紀璽印三-GY
○廣陵宦謁

漢印文字徵

漢印文字徵

漢代官印選

漢代官印選

漢印文字徵

東漢·析里橋郙閣頌
○休謁往還

東漢·司徒袁安碑

東漢·簿書殘碑

東漢·許阿瞿畫像石題記
○謁見先祖

東漢·鮮於璜碑陽
○謁者

東漢·鮮於璜碑陰
○謁者

東漢·史晨前碑
○拜謁神坐

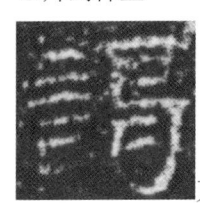

東漢·趙寬碑

東漢・曹全碑陽

○謁者

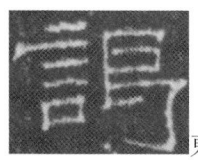

東漢・沈府君神道闕

○漢謁者

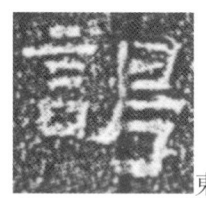

東漢・鮮於璜碑陰

○灌謁者

西晉・荀岳誌

北魏・元廣誌

北魏・孟元華誌

北魏・郭顯誌

北魏・于纂誌

北魏・司馬悅誌

東魏・叔孫固誌

東魏・元賰誌

北周・華岳廟碑

【許】

《説文》：䚦，聽也。从言午聲。

睡・秦律十八種 61

睡・日甲《吏》161

關·日書 251

獄·芮盜案 66

馬壹 106_87\256

馬壹 86_159

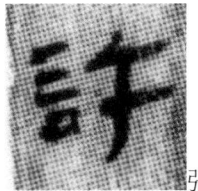

張·具律 115

敦煌簡 0780A

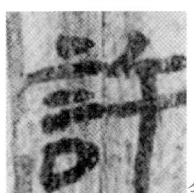

金關 T23:788B

武·甲《特牲》43

武·甲《泰射》38

東牌樓 055 正
○足手許十月中

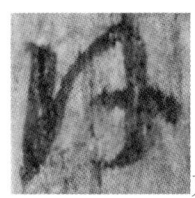

東牌樓 015 正
○許言者在求史

北壹·倉頡篇 47
○吳邗許莊

吳簡嘉禾·五·一〇〇

吳簡嘉禾·五六三
○上丘謝許關丞行塋

○許才

廿世紀璽印二-SY

○許昌

秦代印風

○許市

歷代印匋封泥

廿世紀璽印三-SY

漢印文字徵

○許生之印

漢印文字徵

○許初私印

漢印文字徵

○許光之印

柿葉齋兩漢印萃

○許章私印

漢印文字徵

○許己

漢晉南北朝印風

○許負

漢晉南北朝印風

○許何

漢晉南北朝印風

○許賞

東漢・北海太守爲盧氏婦刻石

東漢・向壽碑

東漢・肥致碑

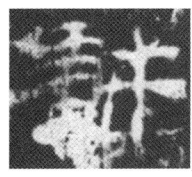

東漢・封龍山頌

○應時聽許

東漢・許安國墓祠題記

○惟許卒史安國

東漢・乙瑛碑

○可許臣請

三國魏・上尊號碑

三國魏・三體石經春秋・古文

○許曹白(伯)襄

三國魏・三體石經春秋・篆文

○許曹伯襄

三國魏・三體石經春秋・隸書

○許曹伯襄復歸于曹

北魏・元珍誌

北魏・楊順誌

○誠邁許褚

北魏・昭玄法師誌

○終不見許

北魏・楊範誌

北齊·雲榮誌

○比魏武之許侯

【諾】

《說文》：諾，䜕也。从言若聲。

武·甲《燕禮》33

東牌樓 040 正

○□諾白□

漢印文字徵

○田擇諾

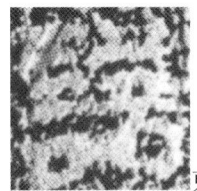

東漢·昭覺石表

東漢·孔彪碑陽

北魏·元曄誌

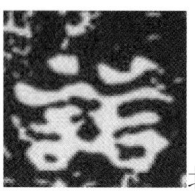

北魏·王紹誌

○由布之諾

北齊·狄湛誌

○信諾存于朋友

【䜕】

《說文》：䜕，以言對也。从言雁聲。

【雔】

《說文》：雔，猶䜕也。从言雔聲。

獄·同顯案 143

里·第八層 412

馬壹 88_205

馬貳 260_27/43

張・戶律 333

銀貳 2078

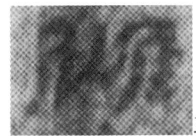

敦煌簡 0215

○能常雠者

金關 T24:765

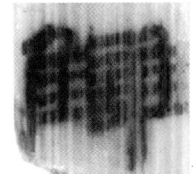

北壹・倉頡篇 17

○冉(冄)愁焦雠

廿世紀璽印三-SP

○轅雠

漢印文字徵

漢印文字徵

漢印文字徵

漢印文字徵

漢印文字徵

漢印文字徵

柿葉齋兩漢印萃

漢印文字徵

〇讎

北魏·元壽安誌

【諸】

《說文》：讁，辯也。从言者聲。

戰晚·左樂兩詔鈞權

戰晚·二十六年始皇詔書銅權

秦代·武城銅橢量

秦代·大騩銅權

秦代·始皇十六斤銅權三

秦代·兩詔銅橢量一

漢銘·大司農權

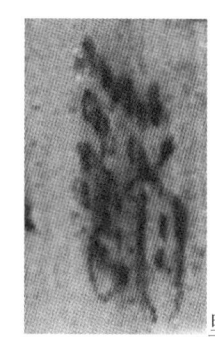

里·第八層 130

馬壹 110_172\341

馬壹 39_14 下

○賜聞諸夫子

馬壹 15_10 上\103 上

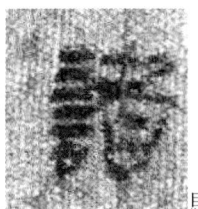

馬貳 62_8

張·田律 249

張·奏讞書 25

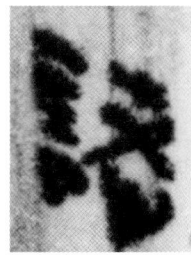

銀壹 898

○除害諸周（雕）

銀貳 1572

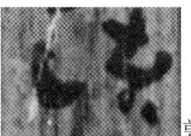

敦煌簡 0072

○諸侯

金關 T30:202

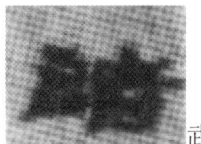

武·儀禮甲《服傳》20

○祖矣諸侯

武·甲《少牢》34

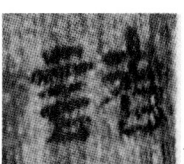

東牌樓 063 正

魏晉殘紙

廿世紀璽印三-SY

○彭合諸

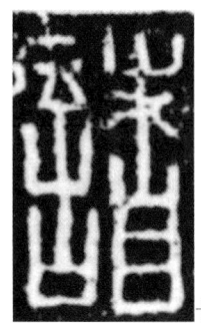

○諸佗　廿世紀鉨印三-SY

○諸國侯印　廿世紀鉨印三-GY

○諸葛武　漢印文字徵

○諸吏　漢代官印選

○諸邑長印　漢代官印選

○諸界邑丞　歷代印匋封泥

○□縣諸印　柿葉齋兩漢印萃

○諸界邑丞　漢印文字徵

○諸誤　漢印文字徵

○諸克　漢印文字徵

○意諸□　漢印文字徵

漢印文字徵

○諸葛買得

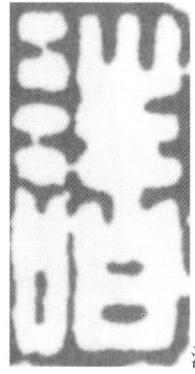

漢晉南北朝印風

○諸長卿

漢晉南北朝印風

○諸葛小孫

新莽·瀼盜刻石

○諸敢發我丘

東漢·元嘉元年畫像石題記一

東漢·曹全碑陽

西晉·臨辟雍碑

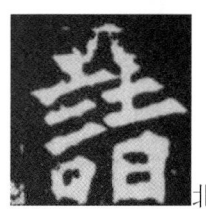

北魏·元定誌

○諸軍事

北齊·傅華誌蓋

○齊故使持節都督齊袞南青諸軍事齊州刺史尚書左僕射司空趙公墓誌銘

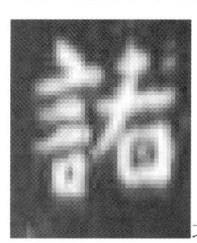

北齊·崔幼妃誌

○遺諸後來

【詩】

《説文》：䛥，志也。从言寺聲。

【訨】

《説文》：訨，古文詩省。

漢銘·永元六年弩䥖

馬壹 103_10\179

馬壹 88_206

馬壹 37_39 下

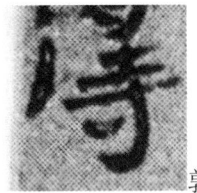

敦煌簡 2180

○卒趙詩

金關 T31:102A

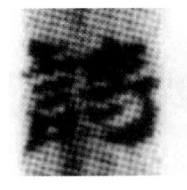

武・甲《少牢》33

武・甲《泰射》45

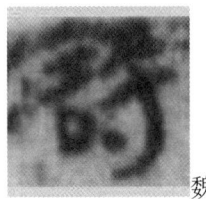

魏晉殘紙

漢印文字徵

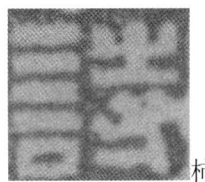

柿葉齋兩漢印萃

漢印文字徵

○鉏詩私印

漢晉南北朝印風

○段詩

東漢・少室石闕銘

東漢・譙敏碑

東漢・張遷碑陽

東漢・西狹頌

東漢・夏承碑

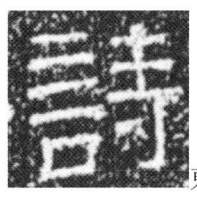

東漢・北海相景君碑陰

○故午朱虛戻詩

北魏・元彥誌

北魏・石婉誌

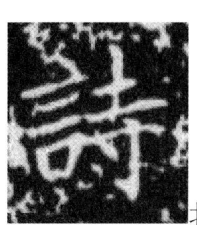

北魏・常季繁誌

北魏・元弼誌

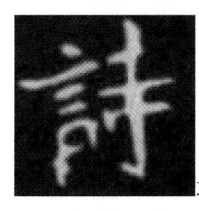

北魏・赫連悅誌

北魏・穆亮誌

【讖】

《說文》：讖，驗也。從言韱聲。

歷代印匋封泥

○敦讖里附城

漢印文字徵

○敦讖里附城

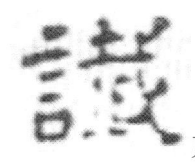

東漢・譙敏碑

○讖錄（録）圖緯

東漢·禮器碑

○二陰出讖

北齊·爾朱元靜誌

○擬蹤讖錄

北齊·徐之才誌

○名參圖讖

【諷】

《說文》：諷，誦也。从言風聲。

敦煌簡 1459A

○承諷謹慎

北魏·元誘誌

北魏·王遺女誌

北魏·楊氏誌

【誦】

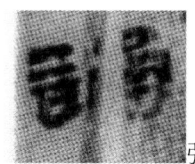

《說文》：誦，諷也。从言甬聲。

張·史律 475

○誦課

敦煌簡 1557

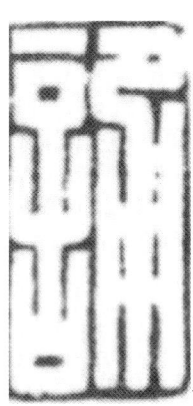

廿世紀璽印三-SY

○誦富

東漢·鮮於璜碑陽

○民誦其惠

東漢·石門頌

北魏·鄭黑誌

北魏·張玄誌

○傅光以作誦曰

北魏·寇憑誌

北魏·王誦妻元妃誌

【讀】

《說文》：讀，誦書也。从言賣聲。

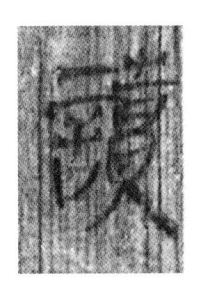

里·第八層 775

○其贖讀論之

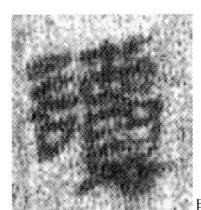

馬壹 41_30 上

銀貳 1224

○其所讀（獨）貴

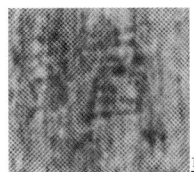

敦煌簡 0217

○卿明讀爰書約京令

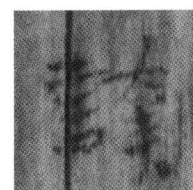

東牌樓 035 背

○從談讀客

北壹·倉頡篇 39

○讀飾枲璽

三國魏·上尊號碑

北魏·寇霄誌

北魏·青州元湛誌

【訡】

《說文》：訡，快也。从言从今。

【訓】

《說文》：訓，說教也。从言川聲。

吳簡嘉禾·五九三

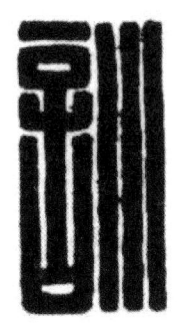

漢印文字徵
〇訓延年

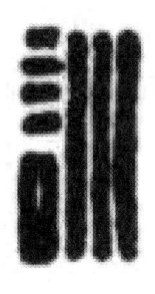

漢印文字徵
〇唐訓

漢印文字徵
〇任訓

泰山刻石
〇長利塼訓

東漢·冠軍城石柱題名
〇故吏軍謀掾汝南蔡訓起宗

東漢·楊震碑

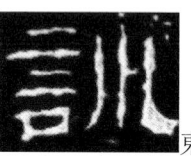

東漢·楊震碑

東漢·趙寬碑

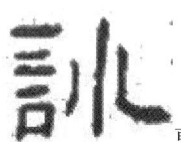

東漢·成陽靈臺碑

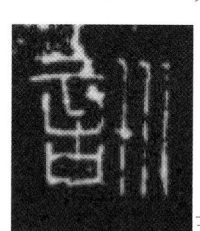

三國魏·三體石經尚書·篆文
〇聽人乃訓之乃口亂先

三國魏·三體石經尚書·隸書
〇聽（聖）人乃訓之

三國魏·三體石經尚書·古文

○聑(聖)人乃訓之

十六國北涼·沮渠安周造像

北魏·司馬顯姿誌

北魏·元宥誌

北周·寇嶠妻誌

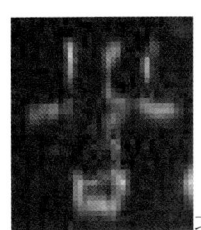

北周·賀蘭祥誌

○篤訓倍常

【誨】

《說文》：誨，曉教也。从言每聲。

西晚·不其簋

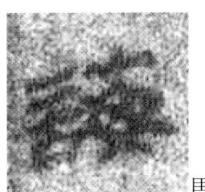

馬壹 38_11 上

馬貳 109_12/12

東漢·孔宙碑陰

○蕭誨字伯謀

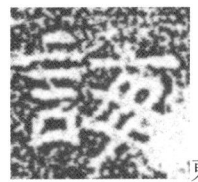

東漢·郎中鄭固碑

北魏·元誘妻馮氏誌

東魏·程哲碑

○遺以後誨願命

【譔】

《說文》：譔，專教也。从言巽聲。

馬壹 107_94\263

銀壹 869

○蓄積譔（選）勇士

敦煌簡 639C

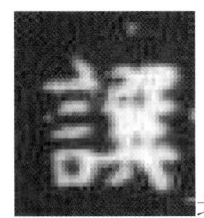

○沓譔黃文

北朝・千佛造像碑

東魏・李祈年誌

【䜾】

《說文》：䜾，諭也。从言辟聲。

北魏・王誦誌

北魏・元譚妻司馬氏誌

○䜾蘭始馥

北魏・元孟輝誌

○䜾仁若山

北齊・高百年誌

北齊・石信誌

北周・安伽誌

○䜾驥齊征

【諑】

《說文》：諑，徐語也。从言原聲。《孟子》曰："故諑諑而來。"

【詇】

《說文》：詇，早知也。从言央聲。

銀貳 1276

○甾（災）詇（殃）所謂溺國

【諭】

《説文》：諭，告也。从言俞聲。

馬壹 81_38

馬壹 43_35 上

馬壹 8_34 下

漢印文字徵

〇諭輔之印

北魏・蘇屯誌

【詖】

《説文》：詖，辯論也。古文以爲頗字。从言皮聲。

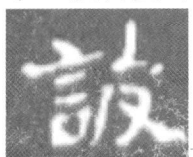

北魏・楊順誌

【詙】

東魏・馮令華誌

【諄】

《説文》：諄，告曉之孰也。从言䜱聲。讀若庉。

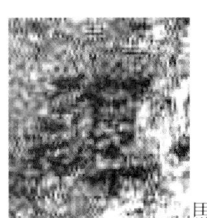

馬貳 98_8

〇諈=諄=

【䏾】

《説文》：䏾，語諄諄也。从言犀聲。

【詻】

《説文》：詻，論訟也。《傳》曰："詻詻孔子容。"从言各聲。

【閵】

《説文》：閵，和說而諍也。从言門聲。

漢印文字徵

1095

○陽闉

漢印文字徵

○郲印闉

【謀】

《說文》：䛴，慮難曰謀。从言某聲。

【𢜳】

《說文》：𢜳，古文謀。

【𧥤】

《說文》：𧥤，亦古文。

睡·法律答問 15

獄·芮盜案 69

里·第八層 2364

○等謀以□

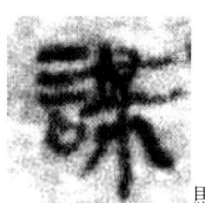

馬壹 80_7

馬壹 36_31 上

○入於謀朕（勝）

張·盜律 71

張·奏讞書 108

張·奏讞書 94

銀壹 679

○可以謀

銀貳 1713
○謀聰明

北貳・老子 74

敦煌簡 0497
○紹等謀反

歷代印匋封泥
○匋攻謀

漢印文字徵
○伯謀

東漢・石門頌
○謀合朝情

東漢・孔宙碑陰
○字榮謀

東漢・曹全碑陽
○謀若涌泉

東漢・冠軍城石柱題名
○故吏軍謀掾梁國丁隆仕宗

東漢・成陽靈臺碑
○帝納其謀

北魏・乞伏寶誌

北魏・奚智誌

北魏・司馬悅誌

北魏・楊舒誌

北魏・元壽安誌

北魏・元誨誌

北魏・薛孝通敘家世券

○桓温署軍謀祭酒

東魏・公孫略誌

【謨】

《説文》：，議謀也。从言莫聲。《虞書》曰："咎繇謨。"

【暮】

《説文》：，古文謨从口。

東漢・譙敏碑

東漢・張遷碑陽

○建忠弼之謨

東漢・楊著碑額

○綱紀典謩（謨）

晉・鄭舒妻劉氏殘誌

○守謨之孫

十六國北涼・沮渠安周造像

北魏・元周安誌

北魏・寇演誌

北魏・元珍誌

北魏・韓顯宗誌

○立式存謨

【訪】

《説文》：訪，汎謀曰訪。从言方聲。

東漢·曹全碑陰
○守丞馬訪子謀

東漢·曹全碑陽

東漢·陽嘉殘碑陰
○故吏趙訪

北魏·馮邕妻元氏誌

北齊·常文貴誌

【諏】

《説文》：諏，聚謀也。从言取聲。

東漢·劉熊碑
○諏詢

東漢·曹全碑陽
○諮諏

北魏·淨悟浮圖記
○爰諏神瑞元年

【論】

《説文》：論，議也。从言侖聲。

睡·秦律十八種 183
○以律論之行書

睡·效律 39

睡·法律答問 11

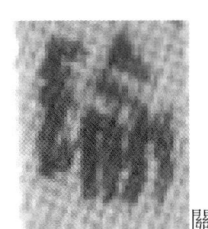

關·曆譜 53

獄・為吏 64

○吏弗論治

獄・魏盜案 166

獄・暨過案 99

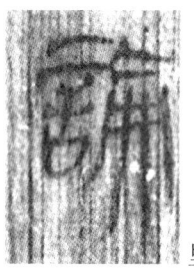

里・第八層 775

馬壹 127_57 下

張・具律 104

張・奏讞書 193

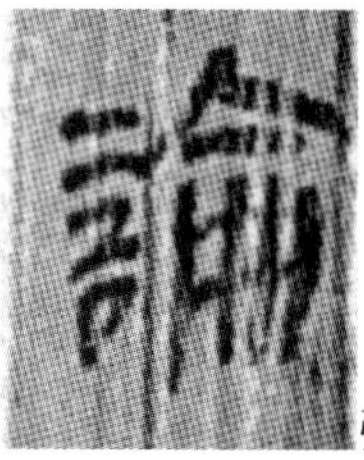

張・脈書 64

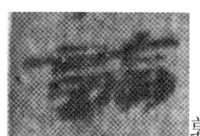

敦煌簡 1365

○案論尉丞令

金關 T03:053

金關 T10:372

○知駕論

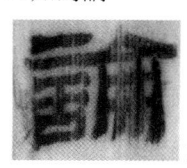

北壹・倉頡篇 51

○因束縛論訊既

漢印文字徵

○長孫論

東漢・東漢・婁壽碑陽

東漢・尹宙碑

北魏・元文誌

北魏・馮會誌

北魏・王口奴誌

西魏・鄧子詢誌

【議】

《說文》：議，語也。从言義聲。

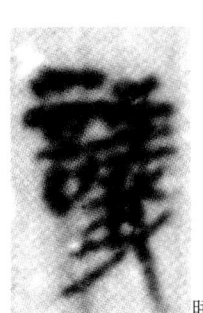

睡・秦律十八種 39

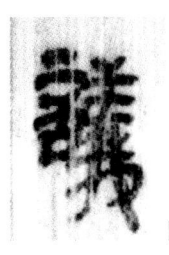

睡・為吏 11

○下勿議彼邦

獄・多小案 94

○吏議

馬壹 95_14

張・奏讞書 189

○尉當議曰

銀貳 1040

○五議有國

敦煌簡 0058

○議遣君威

金關 T06:024

○若方議不忍

北壹・倉頡篇 44

○決議篇稽

漢印文字徵

○孫議之印

東漢・曹全碑陰

○故門下議掾王

東漢・王舍人碑

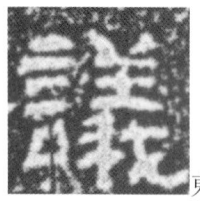

東漢・趙寬碑

東漢・衛尉卿衡方碑

東漢・李固殘碑

○□詔除議郎

東漢・北海相景君碑陰

○故門下議史平昌蔡規字中舉

東漢・石門頌

北魏・山徽誌

北魏・元弼誌

○魏故元諧議墓誌銘

北魏・元弼誌

○諮議參軍

北魏・寇憑誌

北魏·元略誌

北魏·乞伏寶誌

北魏·元玭誌

北齊·張海翼誌

○祖諫議大夫

北齊·無量義經二

【訂】

《說文》：訂，平議也。从言丁聲。

【詳】

《說文》：詳，審議也。从言羊聲。

張·奏讞書17

○冠詳（佯）病

銀貳1557

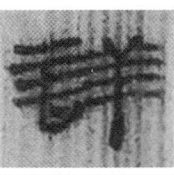

北貳·老子50

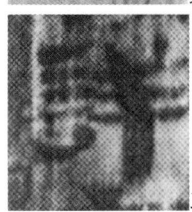

敦煌簡0481A

金關T27:101

○明力詳察諸

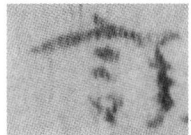

東牌樓003背

○詳死罪

北壹·倉頡篇51

○論訊既詳

吳簡嘉禾·五·三○六

新莽·禳盜刻石

○後疾設不詳

1103

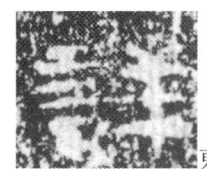

東漢・元嘉元年畫像石題記二

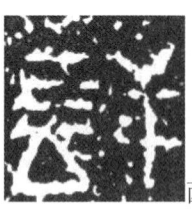

○龍非詳

西漢・山東金鄉漢墓鎮墓文

○後疾設不詳

三國魏・曹真殘碑

西晉・臨辟雍碑

北魏・元繼誌

○詳兼四德

北魏・塔基石函銘刻

北魏・趙光誌

北魏・元朗誌

北魏・于纂誌

北齊・□弘誌

【諟】

《説文》：諟，理也。从言是聲。

【諦】

《説文》：諦，審也。从言帝聲。

武・雜占木簡8

○之有諦（啼）泣

北齊・無量義經二

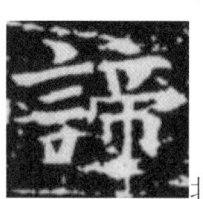

北齊・劉僧信造像

【識】

1104

《說文》：識，常也。一曰知也。从言戠聲。

睡·秦律十八種 86
○有久識者

獄·識劫案 130
○識實弗當得上以

里·第八層 1882
○不識日

馬壹 142_2/176 上
○前識者道之華也

馬壹 83_74
○未之識雖

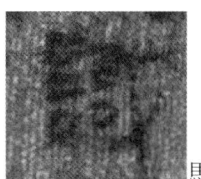

馬貳 86_367/357
○以識（臌）膏□

北貳·老子 159
○不可識夫

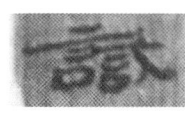

敦煌簡 1191
○脾有識

金關 T24:844

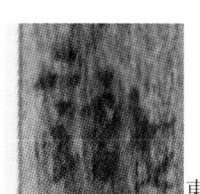

東牌樓 117 背
○不易識超

北壹·倉頡篇 1
○宗幽不識寂肆

秦代印風

1105

○李不識

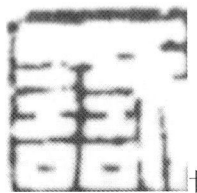

廿世紀鉨印三-SY

○陳識信印

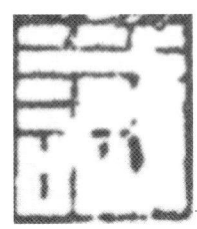

廿世紀鉨印三-SY

○丁識信印

漢印文字徵

○柲不識

漢印文字徵

○陽成不識

漢印文字徵

○不識印

漢印文字徵

○兒識私印

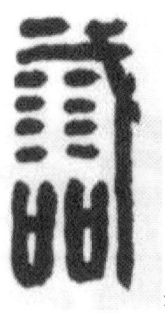

漢印文字徵

○視識

漢印文字徵

○中所識

漢印文字徵

漢印文字徵

○賈不識

漢晉南北朝印風

○鄭不識

漢晉南北朝印風

東漢・石門頌

東漢・肥致碑

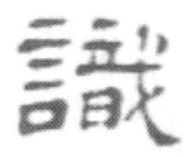

東漢・譙敏碑

西晉・郭槐柩記

東晉・劉媚子誌

○二男未識

北魏・元仙誌

北魏・元願平妻王氏誌

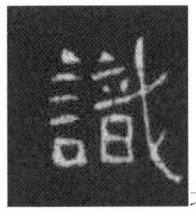

北魏・元颺妻王氏誌

北魏・元廣誌

北魏・李謀誌

北魏・宋虎誌

北魏・元思誌

北魏・元廣誌

東魏・高歸彥造像

○不識過去

東魏・司馬韶及妻侯氏誌

東魏・廣陽元湛誌

東魏・元仲英誌

北齊・元洪敬誌

〇長而敏識

北齊・劉碑造像

北周・僧和造像

北周・神通之力摩崖

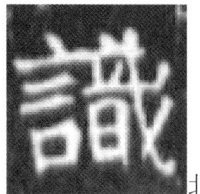

北周・李府君妻祖氏誌

【訊】

《說文》：訊，問也。从言卂聲。

【誐】

《說文》：誐，古文訊从卤。

睡・封診式38

獄・田與案202

里・第八層918

馬壹78_87

〇有疾訊公子牙

張・奏讞書71

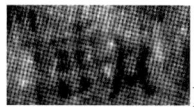

東牌樓005

〇昔訊建父升辭皆

北壹・倉頡篇51

〇論訊既詳

漢印文字徵

○訊林之印

東漢·李孟初神祠碑

○更訊治立碑復祠下

【詧】

《說文》：詧，言微親詧也。从言，察省聲。

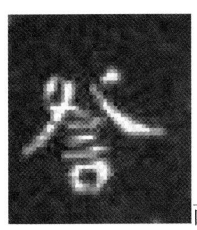

西魏·趙超宗妻誌

○詧言觀色

【謹】

《說文》：謹，慎也。从言堇聲。

睡·為吏34

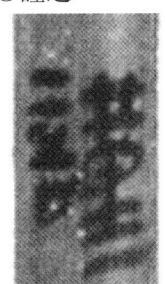

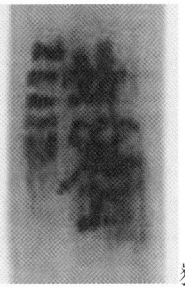

○謹之

獄·為吏43

獄·學為偽書案236

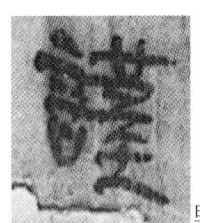

○一盾謹窮

里·第八層138

馬壹129_74下

○虛靜謹聽

馬壹80_15

張·賊律18

張·奏讞書166

○甚謹張帷幕

銀貳 1550

敦煌簡 1459A

○承諷謹慎

敦煌簡 0844

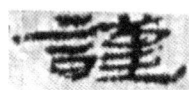

金關 T09:092A

武・王杖 6

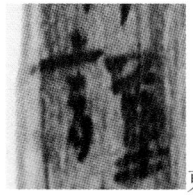

東牌樓 117 正

○謹遣小史

吳簡嘉禾・三七五

歷代印匋封泥

○謹

漢印文字徵

○摯謹

漢印文字徵

○郭謹中

東漢・成陽靈臺碑

○謹慎犧牲

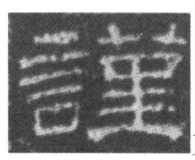

東漢・肥致碑

東漢・乙瑛碑

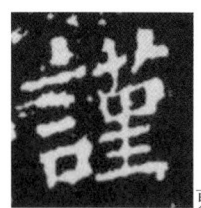

東晉・黃庭經

北魏·元廠誌

○操執端謹

北魏·于纂誌

○君意懷和謹

北魏·馮邕妻元氏誌

○覿伯姬之謹重

北魏·楊氏誌

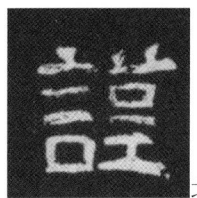

北魏·元偃誌

○敏以敬謹曰順侯

東魏·元季聰誌

北周·寇嶠妻誌

○其事姑也謹

【訒】

《說文》：訒，厚也。从言乃聲。

【諶】

《說文》：諶，誠諦也。从言甚聲。《詩》曰："天難諶斯。"

馬壹130_9上\86上

○爭不諶不定凡諶之

東漢·孔彪碑陽

○上帝棐諶

北魏·元煥誌

○父諶

北魏·元楨誌

○孝性諶越

【信】

《說文》：信，誠也。从人从言。會意。

【訫】

《說文》：訫，古文信。

1111

【伵】

《說文》：伵，古文从言省。

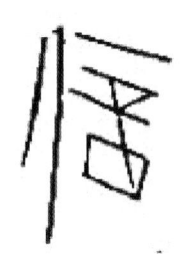

戰晚·信宮壘

漢銘·陽信家銅二斗鼎

漢銘·陽信家銅提鏈鑪

漢銘·陽信家銅錠

漢銘·陽信家溫酒器一

漢銘·陽信溫酒樽

漢銘·陽信家銅鍾

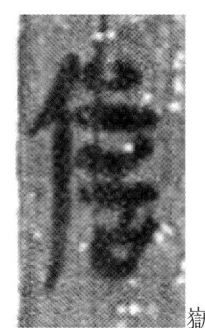

漢銘·陽信家銅鐪

獄·為吏 28

○曰忠信敬上

里·第八層 677

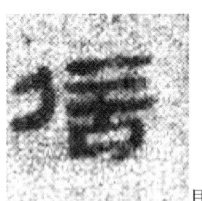

馬壹 129_70 下

○言而信見於度之外

馬壹 82_49

○參信如犀（尾）

馬壹 36_43 上

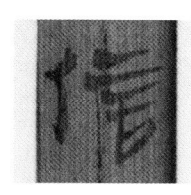

馬貳 213_19/120

張·賊律 9

○皇帝信璽

張·奏讞書 83

張·奏讞書 80

張·奏讞書 92

張·引書 104

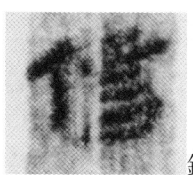

銀壹 322

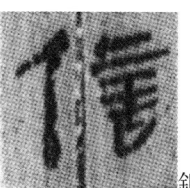

銀貳 1196

北貳·老子 121

○信言不美

敦煌簡 0970

金關 T09:232A

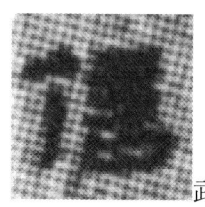

武·儀禮甲《士相見之禮》11

○言忠信慈諹（祥）

魏晉殘紙

秦代印風

秦代印風

秦代印風

秦代印風

廿世紀璽印三-SY

○賈建信印

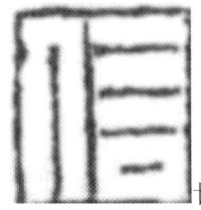

廿世紀璽印三-SY

廿世紀璽印三-SY

廿世紀璽印三-SP

○王扶印信

廿世紀璽印三-SY

廿世紀璽印三-SY

廿世紀璽印三-SY

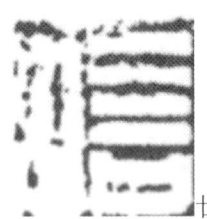

廿世紀璽印三-SY

歷代印匋封泥

○長信私官

漢代官印選

漢印文字徵

歷代印匋封泥

○皇帝信璽

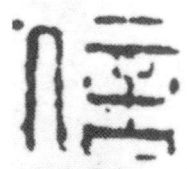

歷代印匋封泥

○紀信邑丞

歷代印匋封泥

○郭音私印信

歷代印匋封泥

○馮常私印信

柿葉齋兩漢印萃

○宮護信印

柿葉齋兩漢印萃

柿葉齋兩漢印萃

柿葉齋兩漢印萃

柿葉齋兩漢印萃

漢印文字徵

漢印文字徵

○皇帝信璽

漢代官印選

漢印文字徵

漢印文字徵

漢印文字徵

○宋翔印信

漢印文字徵

○□信

廿世紀璽印四-SY

廿世紀璽印四-SY

廿世紀璽印四-SY

漢晉南北朝印風

○霍衡信印

漢晉南北朝印風

漢晉南北朝印風

漢晉南北朝印風

漢晉南北朝印風

○李信

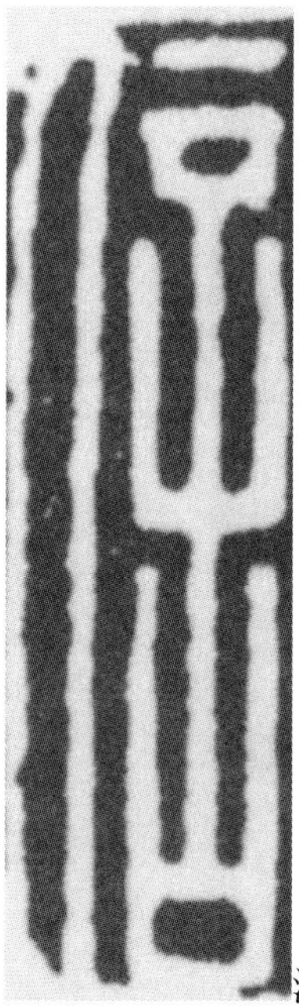

漢晉南北朝印風

○王崇之印信

漢晉南北朝印風

○信印

漢晉南北朝印風

○宋翔印信

漢晉南北朝印風

漢晉南北朝印風

○王逡信印

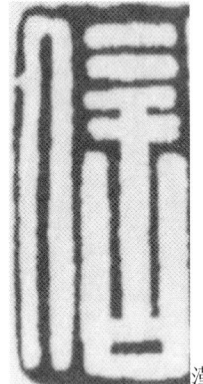

漢晉南北朝印風

○董信

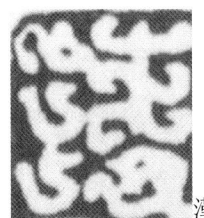

漢晉南北朝印風

○主乂信印

漢晉南北朝印風

○宋遷印信

漢晉南北朝印風

漢晉南北朝印風

漢晉南北朝印風

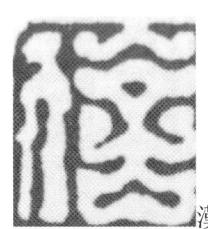

漢晉南北朝印風

○王氏信印

石鼓・而師

○具夔信复

東漢・西岳華山廟碑陽

東漢・建寧三年殘碑

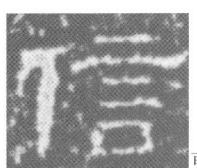

東漢・趙寬碑

東漢・王景信崖墓題記

東漢・禮器碑側

東漢・北海相景君碑陽

三國魏・三體石經尚書・古文
〇天不可信

三國魏・三體石經尚書・篆文
〇天不可信

西晉・成晃碑

北朝・趙阿令造像

北魏・慈慶誌

東魏・元悰誌

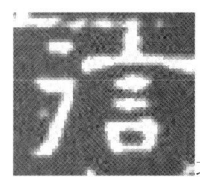

北齊・狄湛誌

〇信諾

【訫】

《說文》：訫，燕、代、東齊謂信訫。从言仧聲。

馬壹5_21上
〇有訫（險）求小

馬壹5_21上

○坎（贛）有訧（險）求小（少）得

【誠】

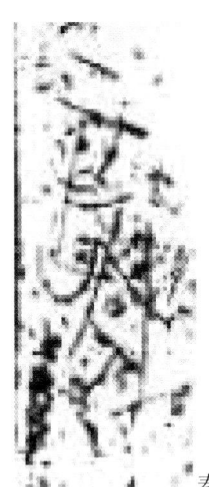

《說文》：誠，信也。从言成聲。

秦代·元年相邦疾戈

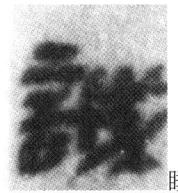

睡·封診式 38

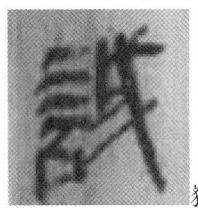

獄·識劫案 129

里·第八層 1354

馬壹 88_208

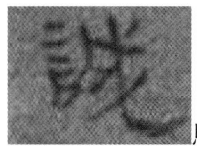

馬貳 144_1

張·奏讞書 28

北貳·老子 181

敦煌簡 1990B

金關 T21:153

○金誠里

金關 T23:014

東牌樓 048 正

○誠與

秦代印風

○中精外誠

漢印文字徵

○王誠邪

東漢・從事馮君碑

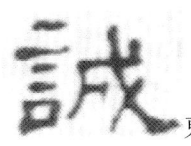

東漢・譙敏碑

東漢・成陽靈臺碑

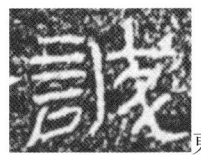

東漢・石門頌

北魏・王誦誌

北魏・元壽安誌

北魏・常季繁誌

北魏・封魔奴誌

○誠勤允著

北魏・鄭長猷造像

北魏・塔基石函銘刻

東魏・苑貴妻造像

北周・王榮及妻誌

北周・僧妙等造像

【誡】

《説文》：誡，敕也。从言戒聲。

金關 T24:731

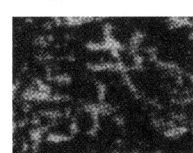

○誡之

東漢・太室石闕銘

○庶所尊齋誡奉祀

北魏・馮邕妻元氏誌

○家誡女傳

北魏·楊無醜誌

○遵斑氏之祕誡

北魏·石婉誌

○宜輟機垂誡

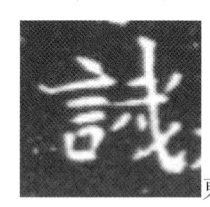

東魏·張玉憐誌

○齋誡不爽

北周·李府君妻祖氏誌

○自然弘誡

【諲】

《說文》：諲，誠也。从言㫃聲。

漢印文字徵

○顏諲

【諱】

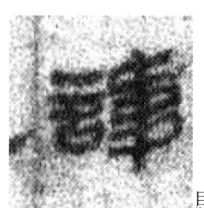

《說文》：諱，誋也。从言韋聲。

馬壹 126_54 上

○不失諱非

馬壹 78_91

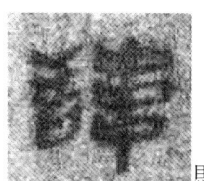

○于武諱

馬壹 15_4 上\97 上

○而不諱

馬貳 216_2/13

○亟傷諱其

馬貳 206_44
○弗使諱亓（其）名

北貳・老子 54
○多忌諱而民

漢印文字徵

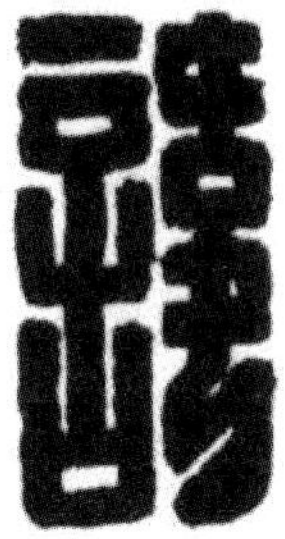

漢印文字徵
○李諱

漢印文字徵

○吳諱

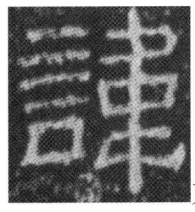

東漢・肥致碑

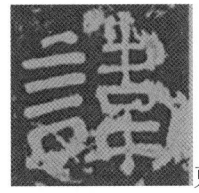

東漢・夏承碑

東漢・西狹頌

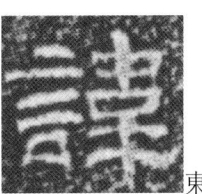

東漢・趙寬碑

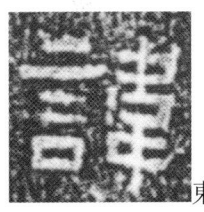

東漢・鮮於璜碑陰

東漢・向壽碑
○許昌向令子諱壽

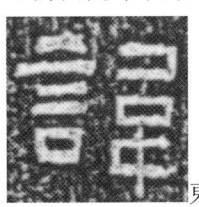

東漢・鮮於璜碑陰

東漢・成陽靈臺碑
○君諱晃

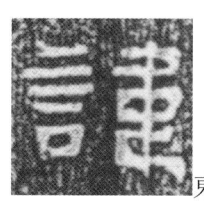

東漢・鮮於璜碑陰

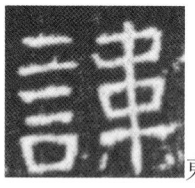

東漢・張遷碑陽

○君諱遷

東漢・鮮於璜碑陰

東漢・孔宙碑陽

東漢・三老諱字忌日刻石

○邯及所識祖諱

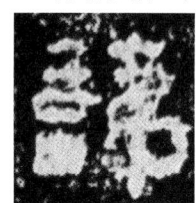

東漢・三老諱字忌日刻石

○掾諱忽

東漢・三老諱字忌日刻石

○祖母失諱

東漢・三老諱字忌日刻石

○三老諱通

東漢・鮮於璜碑陰

西晉・郭槐柩記

東晉・李緝陳氏誌

○李府君諱緝

北魏・王悅及妻郭氏誌

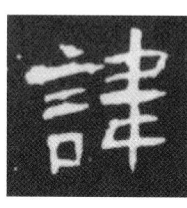

北魏・孟元華誌

○夫人諱元華

北魏・李謀誌

北魏・秦洪誌

北魏・伏君妻昝雙仁誌

北魏・于纂誌

北魏・元廞誌

北魏・寇猛誌

○父諱儶

北魏・元定誌

○諱定君

北魏・元瑗誌

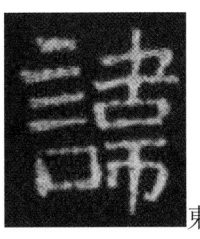

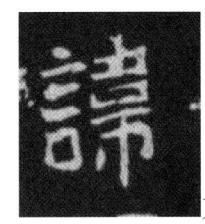

東魏・長孫囧碑

○□諱囧

東魏・元鷙妃公孫甗生誌

○父諱遐

東魏・元仲英誌

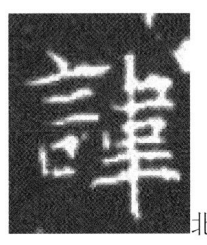

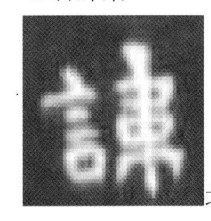

北齊・路粲及妻誌

○君諱粲

北周・叱羅協誌

○公諱協

北周・寇熾誌

北周・賀屯植誌

【誥】

《說文》：誥，告也。从言告聲。

【𢒧】

《說文》：𢒧，古文誥。

馬壹138_10上/152上
○有牡誥＝

北魏・于纂誌

北魏・元璨誌

北魏・元秀誌

北魏・李慶容誌

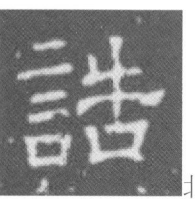

北齊・暴誕誌

【詔】

《說文》：詔，告也。从言从召，召亦聲。

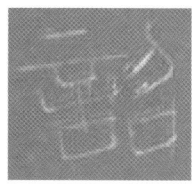

戰晚・卅年詔事戈

秦代・始皇詔版一

秦代・始皇二十六年殘詔版

秦代・美陽銅權

秦代・元年詔版二

1126

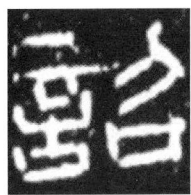

秦代·始皇詔銅橢量四

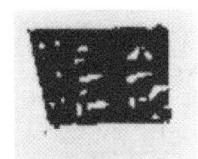

漢銘·永壽二年鐶

漢銘·大司農權

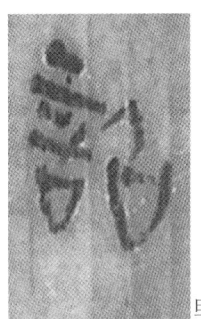

里·第八層 138

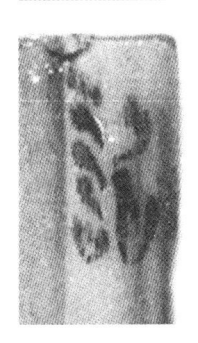

里·第八層背 703

馬壹 81_44

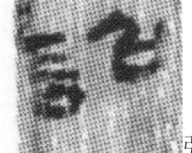

張·津關令 492

張·奏讞書 147

敦煌簡 0844

○子承詔謹慎

金關 T22:020

金關 T30:068

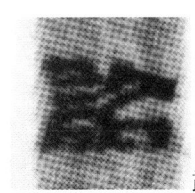

○如詔書

武·甲《泰射》9

○臣師詔撝諸公卿

武·王杖 4

○制詔

廿世紀璽印三-GP

秦代印風

歷代印匋封泥	 漢晉南北朝印風
○詔事丞印	○詔假司馬
 漢晉南北朝印風	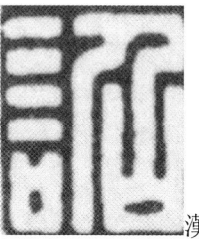 漢晉南北朝印風
○詔假司馬	○郭恩詔印
廿世紀璽印三-GY	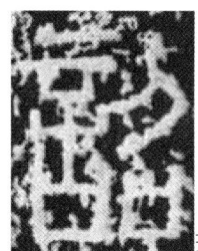 琅琊刻石
○詔假司馬	
廿世紀璽印三-GY	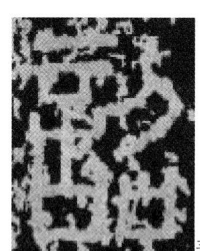 泰山刻石
○詔假司馬	
柿葉齋兩漢印萃	琅琊刻石
○詔假司馬	
漢印文字徵	 東漢・石門頌
○詔假司馬	

東漢·司徒袁安碑

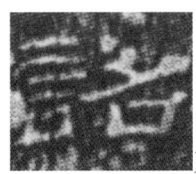

東漢·乙瑛碑

東漢·肥致碑

東漢·成陽靈臺碑

東漢·開通褒斜道摩崖刻石
○詔書受廣漢

三國魏·孔羨碑
○制詔三公

西晉·管洛誌蓋
○晉待詔中郎將

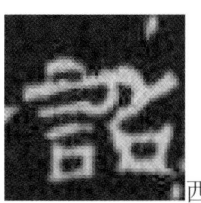

西晉·臨辟雍碑
○奉詔詣學

北魏·塔基石函銘刻
○而詔群臣曰

北魏·元偃誌
○除制詔

北魏·堯遵誌

北魏·元敷誌

北魏·鄭黑誌

【誓】

《說文》：誓，約束也。从言折聲。

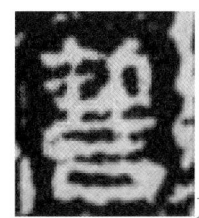

東晉·高句麗好太王碑

北魏·元繼誌

○控熊羆以誓禦侮

北魏·元順誌

○誓捐七尺以奉上

北魏·元華光誌

○還宗自誓

北魏·四十一人等造像

北魏·廣陽元湛誌

○誓河疏流

北周·王通誌

【諂】

《說文》：諂，問也。从言僉聲。《周書》曰："勿以諂人。"

【詁】

《說文》：詁，訓故言也。从言古聲。《詩》曰詁訓。

北魏·王僧男誌

【藹】

《說文》：藹，臣盡力之美。从言葛聲。《詩》曰："藹藹王多吉士。"

漢印文字徵

○陸藹

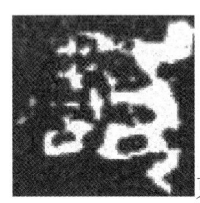

東漢·東漢·婁壽碑額

○甘山林之杳藹

北魏·元譚誌

○綿基雲藹

北魏·元誘誌

○霧藹寒松

北魏·馮邕妻元氏誌

○宗柯菴藹

北魏·元彥誌

○省譽藹藹

【諫】

《說文》：諫，餔旋促也。从言束聲。

【諝】

《說文》：諝，知也。从言胥聲。

敦煌簡1448

○必聚諝士

【証】

《說文》：証，諫也。从言正聲。

【諫】

《說文》：諫，証也。从言束聲。

北壹·倉頡篇39

○宓普諫（諫）讀

魏晉殘紙

漢印文字徵

○詘諫私印

漢印文字徵

○孟諫將印

漢代官印選

漢代官印選

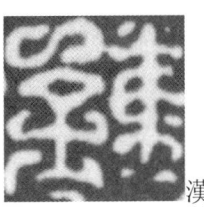

漢晉南北朝印風

○郭諫信印

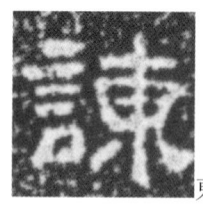

東漢・趙寬碑
○爲諫議大夫

北魏・元煥誌蓋
○諫議大夫

北魏・胡屯進誌
○諫議大夫

北魏・元煥誌
○諫議大夫

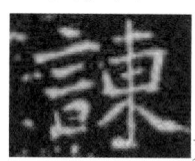

東魏・王僧誌

北齊・張海翼誌

【諗】

《說文》：諗，深諫也。从言念聲。《春秋傳》曰："辛伯諗周桓公。"

【課】

《說文》：課，試也。从言果聲。

睡・秦律雜抄 30
○馬勞課殿

獄・為吏 87

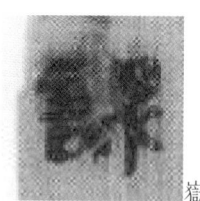

獄・魏盜案 170
○課以補卒

里・第八層 454

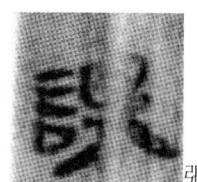

張・史律 475
○課大史

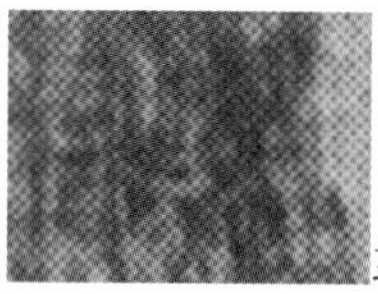

敦煌簡 1301
○畸利課告

金關 T30:194
○郵書課

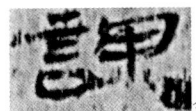

金關 T10:127
○入界課

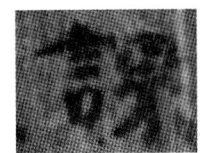

東牌樓 012
○布督課鄉

漢印文字徵
○課丘延印

東漢·耿勳碑

北魏·元壽安誌

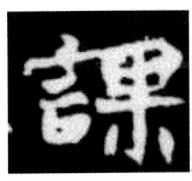

北魏·楊氏誌

北魏·楊氏誌

【試】

《說文》：試，用也。从言式聲。《虞書》曰："明試以功。"

睡·秦律十八種 100
○爲正叚（假）試即正

睡·效律 46
○到官試之飲水

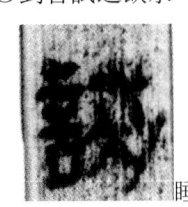

睡·封診式 70
○道索終所試脫頭

獄·為吏 25
○秋肄試

馬壹 114_13\416
○弗敢試也

馬壹 86_150

○王弗試（識）則不

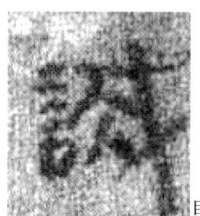

馬貳 141_22

張・史律 474

○朔日試之

銀壹 900

○足嘗試使三人一歲

敦煌簡 0226

○中軍試士

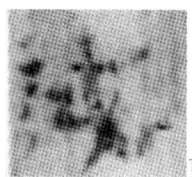

東牌樓 019

○不試

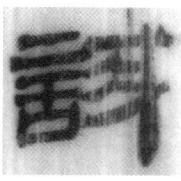

北壹・倉頡篇 11

○固奪侵試

漢印文字徵

○試守陰密令印

漢晉南北朝印風

○試守陰密令印

漢晉南北朝印風

○試守蓮勺令印

東漢・熹平石經殘石四

東漢・乙瑛碑

北魏・楊舒誌

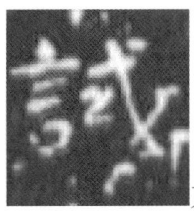

東魏·崔景播誌

北齊·報德像碑

【諴】

《説文》：諴，和也。从言咸聲。《周書》曰："不能諴于小民。"

【咅】

《説文》：咅，徒歌。从言、肉。

【詮】

《説文》：詮，具也。从言全聲。

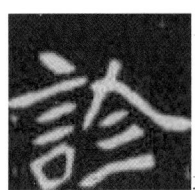

北魏·元詮誌

○王諱詮

北魏·司馬悅誌

○綱詮望首

北魏·元鑒誌

○乃詮宗睿

北魏·暉福寺碑

○非名相之所詮

【訢】

《説文》：訢，喜也。从言斤聲。

漢銘·汝陰侯鼎

秦文字編 375

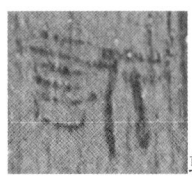

敦煌簡 0771

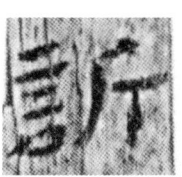

金關 T10:343A

廿世紀璽印三-SY

○訢

廿世紀璽印三-SY

○橋訢之印

漢印文字徵

○巫訢私印

漢印文字徵

○訢相得印

漢印文字徵

○閔訢私印

漢印文字徵

○左奉翊掾王訢印

東漢·成陽靈臺碑

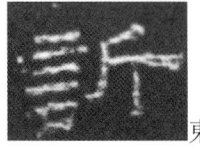

東漢·桐柏淮源廟碑

東漢·禮器碑

東漢·北海相景君碑陰

○淳于逢訢

【說】

《説文》：說，說，釋也。从言、兌。一曰談說。

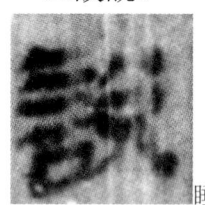

睡·日甲《吏》162

關·日書254

嶽·為吏50

里·第八層2027

馬壹 85_132

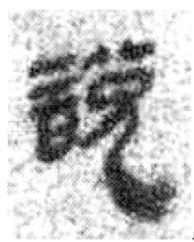

馬壹 13_84 上

馬壹 149_77/251 下

○不可說（脫）於淵

馬貳 212_4/105

張・奏讞書 163

銀壹 155

北貳・老子 219

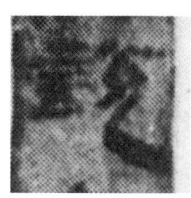

敦煌簡 2094

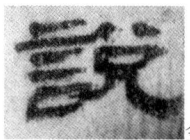

金關 T31:086

東牌樓 029 背

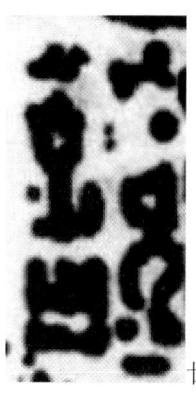

廿世紀璽印三-SP

○臣說

漢印文字徵

○臣說

漢印文字徵

○荊說

○芥說之印

漢印文字徵

漢晉南北朝印風

○衛說

漢晉南北朝印風

○劉說

東漢・七言摩崖題記

○詩說七言

東漢・熹平石經殘石四

西晉・徐義誌

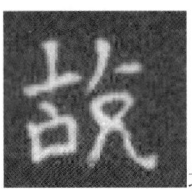

北魏・趙廣者誌

北魏・元尚之誌

東魏・杜文雅造像

北齊・道明誌

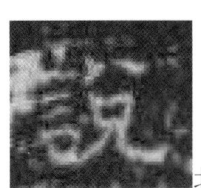

北齊・司馬遵業誌

北齊・法懃塔銘

○說辯八音

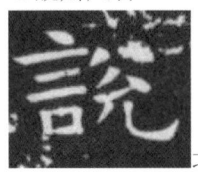

北齊・唐邕刻經記

○一音所說

北齊·石佛寺迦葉經碑

【計】

《說文》：計，會也。筭也。从言从十。

漢銘·熹平鍾

睡·秦律十八種 124

睡·效律 54

里·第八層 1773

張·收律 179

張·算數書 64

銀壹 325

銀貳 1070

北貳·老子 58

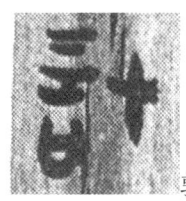

敦煌簡 1459B

〇成史計會

金關 T23:279A

金關 T10:210A

○彊上計大守

廿世紀璽印三-GP

○計斤丞印

漢印文字徵

○計斤丞印

東漢・夏承碑

東漢・石祠堂石柱題記

○獨教兒子書計

北魏・寇猛誌

【諧】

《說文》：諧，詥也。从言皆聲。

東漢・史晨後碑

北魏・元誨誌

北魏・元暉誌

北魏・元璨誌

北魏・元珍誌

北魏・元始和誌

北魏・元澄妃誌

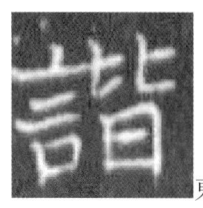

東魏・劉幼妃誌

北齊·婁黑女誌

○鐃管諧音

【詥】

《說文》：詥，諧也。从言合聲。

【調】

《說文》：調，和也。从言周聲。

漢銘·青羊畢少郎葆調

馬壹 129_75 下

張·史律 482

張·奏讞書 156

○傳調

敦煌簡 0244B

○須以調代

金關 T24:532A

○守丞調衆

金關 T22:026

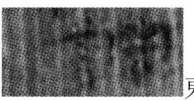

東牌樓 005

○復證調盡

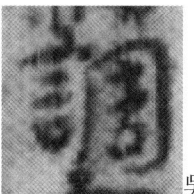

吳簡嘉禾·八三二七

廿世紀璽印三-SY

廿世紀璽印三-SY

漢印文字徵

漢印文字徵

漢印文字徵

漢印文字徵

漢印文字徵

漢印文字徵

歷代印匋封泥

○公孫調

漢印文字徵

○調官

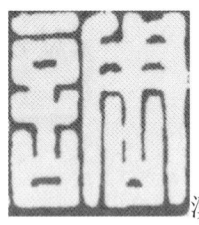

漢晉南北朝印風

○馬調之印

漢晉南北朝印風

○李調

漢晉南北朝印風

○馬于調印

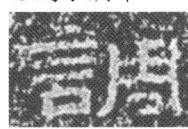

東漢·張景造土牛碑

北魏·劉氏誌

北魏·劇市誌

北魏·元襲誌

北魏·元始和誌

北齊·張海翼誌

北周·馬龜誌

【話】

《說文》：話，合會善言也。從言昏聲。《傳》曰："告之話言。"

【譮】

《說文》：譮，籀文話從會。

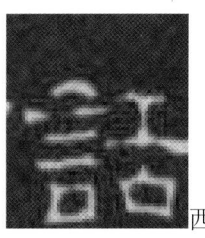

西晉·臨辟雍碑

○敷納話言

北魏·李謀誌

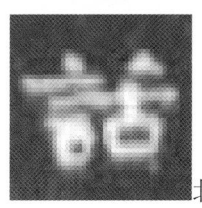

北周·尉遲運誌

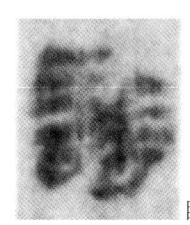

【誣】

《說文》：誣，誣諼，譾也。從言巠聲。

睡·日甲《盜者》82

○疾齊誣

【諉】

《說文》：諉，譾也。從言委聲。

秦文字編 377

【警】

《說文》：警，戒也。從言從敬，敬亦聲。

敦煌簡 0069

○知審警當備者

北魏·元徽誌

北魏·爾朱襲誌

北魏·元珍誌

北魏·司馬悅誌

北齊·鄭子尚誌

北齊·暴誕誌

【謐】

《說文》：謐，靜語也。从言謐聲。一曰無聲也。

北魏·元謐誌

○君諱謐

北魏·尉氏誌

○德容溫謐

北魏·趙謐誌

○趙謐墓誌銘

【謙】

《說文》：謙，敬也。从言兼聲。

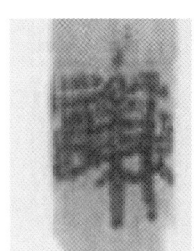

獄·同顯案 148

張・奏讞書 228

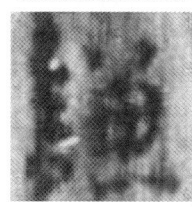

吳簡嘉禾・四・二七八

○丁謙佃田

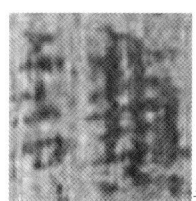

吳簡嘉禾・五・三六一

○馬謙佃田

漢印文字徵

○孫謙印信

漢印文字徵

○邵謙之印

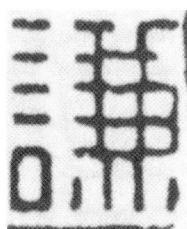

漢晉南北朝印風

○孫謙印信

漢晉南北朝印風

○邵謙之印

東漢・史晨後碑

○李謙敬讓

東漢・禮器碑側

○敬謙字季松

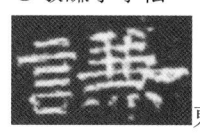

東漢・桐柏淮源廟碑

○功曹史酈周謙

東晉・顏謙妻劉氏誌

○琅琊顏謙婦劉氏

北魏・元仙誌

○謙虛接物

北魏・王誦誌

○謙光彌至

北魏・趙充華誌

○謙光柔順

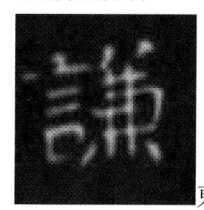

東魏・廣陽元湛誌

【誼】

《說文》：誼，人所宜也。从言从宜，宜亦聲。

漢銘·永始高鐙

金關 T21:059

金關 T06:190

〇都尉誼丞

金關 T03:001

吳簡嘉禾·四·三二〇

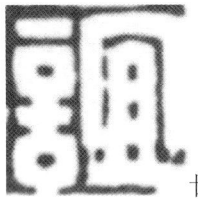

廿世紀璽印三-SY

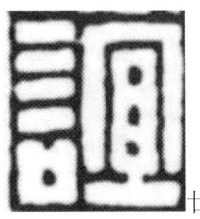

廿世紀璽印三-SY

漢印文字徵

漢印文字徵

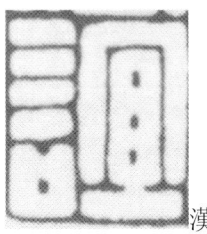

漢晉南北朝印風

〇曹丞誼

漢晉南北朝印風

三國魏·曹真殘碑

北周·趙富洛等造像

【詡】

《說文》：詡，大言也。从言羽聲。

敦煌簡 0252

金關 T24:611

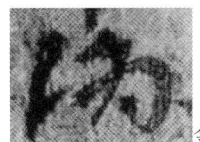

金關 T23:917A

○小半詡願子徑時取

秦代印風

○詡

漢印文字徵

○臣詡

漢印文字徵

○王詡私印

漢晉南北朝印風

○趙詡私印

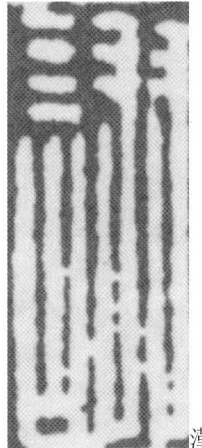

漢晉南北朝印風

○丁詡印

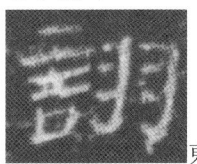

東漢·曹全碑陰

○故功曹王詡子弘

北魏·元靈曜誌

北魏·元定誌

【諓】

《說文》：諓，善言也。从言戔聲。一曰謔也。

【誐】

《說文》：誐，嘉善也。从言我聲。《詩》曰：“誐以溢我。”

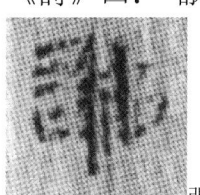

張·奏讞書184

○卅人詤（議）當

【詷】

《説文》：詷，共也。一曰諴也。从言同聲。《周書》曰："在夏后之詷。"

睡·日甲《馬禖》157

○筍屏詷馬厩

張·亡律 172

【設】

《説文》：設，施陳也。从言从殳。殳，使人也。

馬壹 104_43\212

馬壹 43_36 上

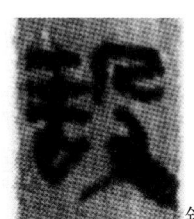

銀貳 1576

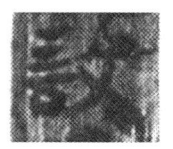

敦煌簡 0481A

武·甲《少牢》43

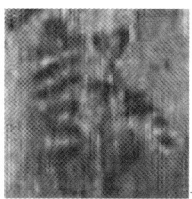

吳簡嘉禾·四·二二

○張設佃田

吳簡嘉禾·五·一四

○張設佃田

漢晉南北朝印風

○設屏農尉章

漢印文字徵

○設屏農尉章

泰山刻石

○夜寐建設

東漢・肥致碑

○孝萇爲君設便坐

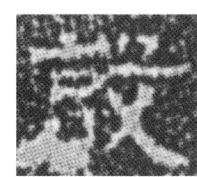

東漢・白石神君碑

○脩設壇屏

三國魏・曹真殘碑

○設穽陷之坑

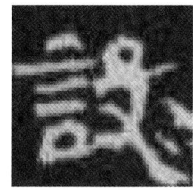

西晉・臨辟雍碑

○設汴縣

北魏・元誨誌

○福善徒設

北魏・元斌誌

○與善徒設

北魏・李媛華誌

○爰初設帨

北魏・陳天寶造像

○圖侍備設

北魏・元襲誌

○廣設方略

北魏・元煥誌

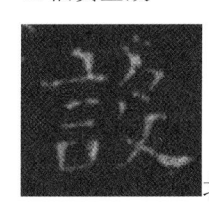

○福賢空設

北齊・是連公妻誌

○施設俎豆

北齊・張忻誌

○芬蘭徒設

【護】

《說文》：護，救視也。从言蒦聲。

漢銘・桂宮鴈足鐙

漢銘・元延乘輿鼎一

漢銘・臨虞宮高鐙二

漢銘・中宮鴈足鐙

漢銘・林光宮行鐙

漢銘・元康鴈足鐙

漢銘・永平十八年鐵

漢銘・昭臺宮扁

漢銘・杜陵東園壺

漢銘・陽朔四年鍾

漢銘・綏和鴈足鐙

漢銘・陽朔四年鍾

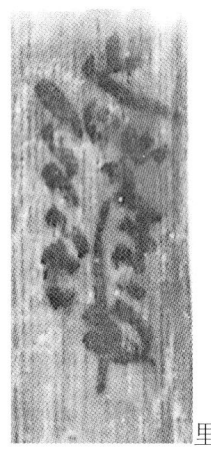

里・第八層 1692
○護圀

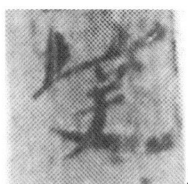

敦煌簡 0497
○袒自護書

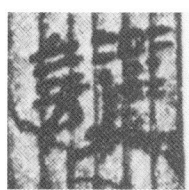

敦煌簡 1922
○都尉護衆謂千人尚

金關 T02:017
○護衆子男霸成

金關 T04:102
○大守護長史

金關 T24:401
○擊殺護其

武·甲《泰射》49
○止授護（獲）者

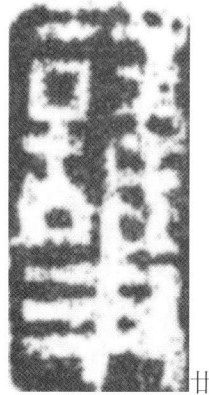

廿世紀璽印三-SY
○杜護

廿世紀璽印三-SY
○馬護

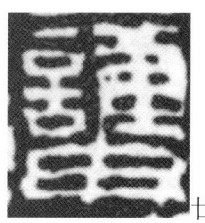

廿世紀璽印三-SY
○王護私印

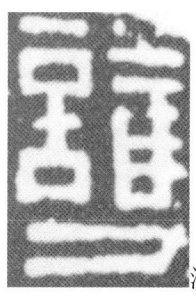

漢晉南北朝印風
○護軍之印章

漢晉南北朝印風
○護軍印章

漢印文字徵
○護軍印章

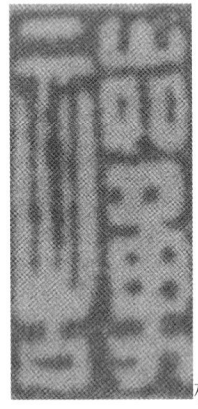

○護軍將軍印章　漢代官印選

○抱旱護軍長史　漢印文字徵

○郭護　柿葉齋兩漢印萃

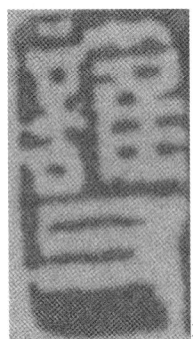

○莊護　柿葉齋兩漢印萃

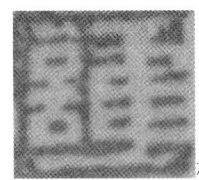

○宮護信印　漢代官印選

○護羌校尉章　漢印文字徵

○王護　柿葉齋兩漢印萃

○都護軍印　漢印文字徵

○趙印護綏　漢印文字徵

○謝護私印

漢印文字徵
〇賈護

漢印文字徵
〇張護

漢印文字徵
〇呂護私印

漢印文字徵
〇王護

漢印文字徵
〇劉護私印

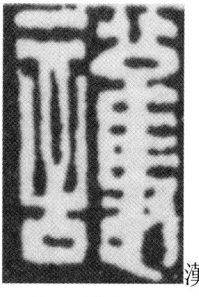

漢晉南北朝印風
〇抱罕護軍長史

漢晉南北朝印風
〇護軍印章

漢晉南北朝印風
〇王護印

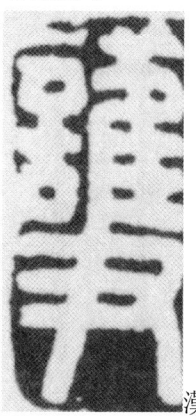

漢晉南北朝印風
〇張護

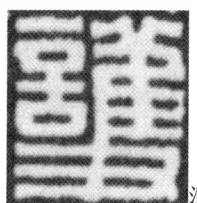

漢晉南北朝印風
〇成護印信

漢晉南北朝印風

○賈護

廿世紀璽印四-GY

○安戎護軍章

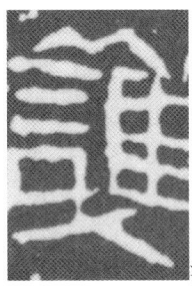

漢晉南北朝印風

○安平護軍章

漢晉南北朝印風

○宛川護軍章

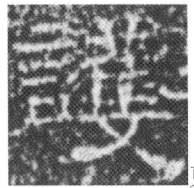

東漢・趙寬碑

○護羌假司馬

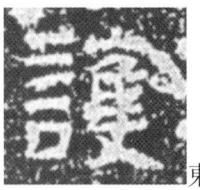

東漢・北海相景君碑陰

○字護宗

東漢・延光四年殘碑

○護□□□

三國魏・曹真殘碑

○護羌長史

三國魏・曹真殘碑

○異令趙護

北魏・元倪誌

北魏・法香等建塔記

○皆蒙保護

北魏・元肅誌

北魏·青州元湛誌

北魏·寇倡誌

○督護舞陰太守

北魏·慈慶誌

北魏·元始和誌

○領護西域校尉

北魏·元秀誌

北魏·鄭長猷造像

○護軍長史

北魏·寇憑誌

○領護南蠻校尉

北魏·吳高黎誌

○子聖世兗州城局參督護高平

東魏·叔孫固誌

○處都護之官

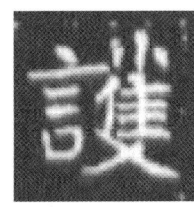

東魏·元季聰誌

北齊·許儁卅人造像

○現存護□

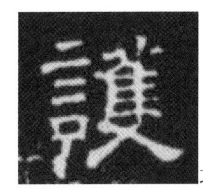

北齊·暴誕誌

北齊·武成胡后造像

○菩薩弘護

【譞】

《說文》：譞，譞，慧也。从言，𡿨省聲。

【誧】

《說文》：誧，大也。一曰人相助也。从言甫聲。讀若逋。

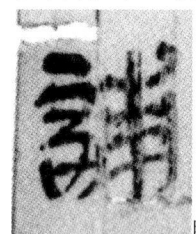

睡·法律答問106
○死而誧（甫）告

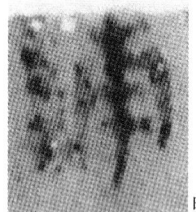

里·第八層135
○今而誧（甫）曰

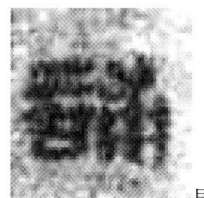

馬壹226_64
○去誧在月中

廿世紀璽印三-SP
○臣誧

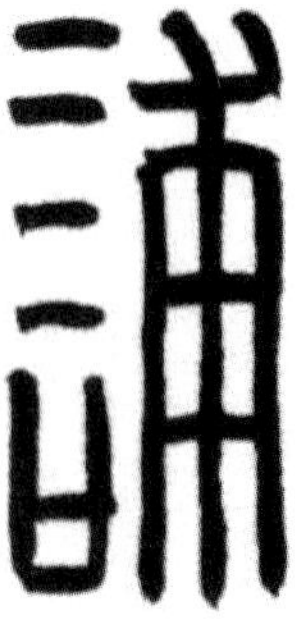

漢印文字徵
○臣誧

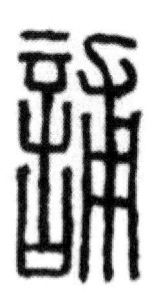

漢印文字徵
○張誧

東漢·史晨後碑
○部史仇誧

【諰】

《說文》：諰，思之意。从言从思。

睡·為吏8
○而毋諰

【託】

《說文》：託，寄也。从言乇聲。

1156

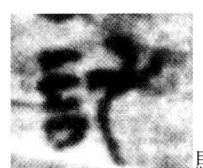

馬壹 88_199

○以自託於趙

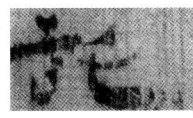

金關 T27:106

○□託莎

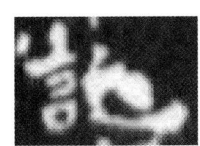

東漢・司馬芳殘碑額

○杜縣韋託

東漢・燕然山銘

○此可託一勞而久逸

西晉・徐義誌

北魏・李超誌

○託注幽篆

北魏・寇猛誌

北魏・元彬誌

○託附先墳

北魏・尉遲氏造像

東魏・廣陽元湛誌

○託葬攸同

北齊・唐邕刻經記

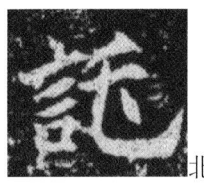

北齊・朱曇思等造塔記

○遂託銘神宮

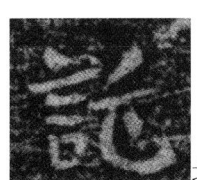

北齊・張歸生造像

○託生佛國

北齊・惠藏靜光造像

○使忘者託生先方

【記】

《說文》：記，疏也。从言己聲。

敦煌簡 1872

○卿賜記拜

敦煌簡 0247B

○頓并記到召威

金關 T23:502A

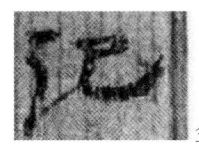

金關 T23:019B

○卿持記予左前令

金關 T01:085A

○責如記上

東牌樓 104 正

○府記

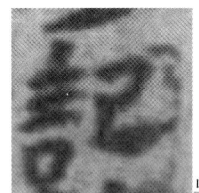

吳簡嘉禾・四六

漢印文字徵

○張子孟記

漢印文字徵

○呂記

漢印文字徵

○隴西趙晧白記

廿世紀璽印四-SY

○白記

廿世紀璽印四-SY

○白記

廿世紀璽印四-SY

○白事

漢晉南北朝印風

○成濟白記

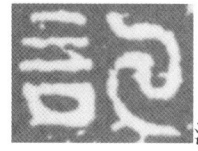

漢晉南北朝印風

○白記

漢晉南北朝印風

○齊有記印

東漢·倉頡廟碑側

○北魏·嵩顯寺碑額

○敕賜嵩顯禪寺碑記

北魏·司馬紹誌

○記之

北魏·劉華仁誌

○刊石玄記

東魏·崔鷫誌

○記室參軍事

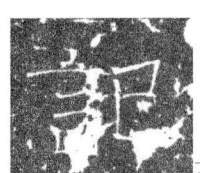

北齊·梁迦耶誌蓋

○齊故梁君銘記

【譽】

《説文》：譽，諭也。从言與聲。

睡·法律答問 51

馬壹 100_124

馬壹 12_68 下

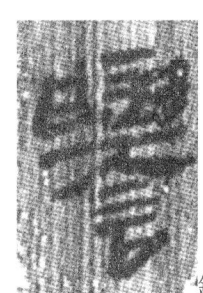

銀貳 2137

北貳·老子 166

○次親譽之

北壹·倉頡篇 37

○羽扇蠱譽

東漢・孔宙碑陽

東漢・是吾殘碑

○少□長平鴨萬業，其功譽恒

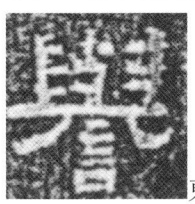

東漢・鮮於璜碑陰

東漢・王孝淵碑

○崇譽林苑

東漢・熹平石經殘石五

北魏・元彥誌

北魏・寇臻誌

北魏・元思誌

北魏・于纂誌

北魏・元融妃穆氏誌

北魏・元演誌

北魏・堯遵誌

北魏・司馬顯姿誌

北魏・元壽安誌

北魏·元舉誌

北魏·穆彥誌

北魏·王悅及妻郭氏誌

○清暉令譽

北魏·和醜仁誌

北魏·元子直誌

東魏·劉幼妃誌

北周·寇嶠妻誌

○存表同德之譽

【譒】

《説文》：譒，敷也。从言番聲。《商書》曰："王譒告之。"

【謝】

《説文》：謝，辭去也。从言躲聲。

漢銘·建安四年洗

漢銘·謝著有壺

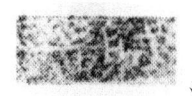

漢銘·謝著有洗

漢銘·平陽家高鐙

里·第八層988

敦煌簡1484
○□謝馮□

金關T30:022

東牌樓 147 背

吳簡嘉禾・五・二七五

吳簡嘉禾・六一六一

吳簡嘉禾・五・七一一

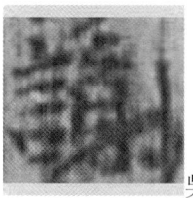

吳簡嘉禾・五・五八一

秦代印風

○謝季

廿世紀璽印三-SY

○謝殷

廿世紀璽印三-SY

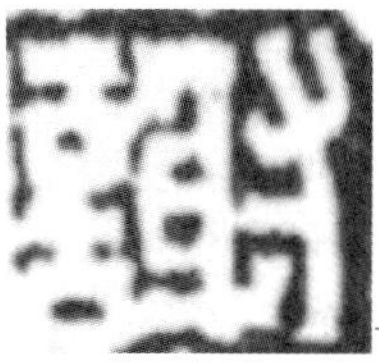

廿世紀璽印三-SY

柿葉齋兩漢印萃

漢印文字徵

漢印文字徵

漢印文字徵

漢印文字徵

○謝光私印

漢晉南北朝印風

漢晉南北朝印風

漢晉南北朝印風

○謝相私印

東漢・洛陽刑徒磚

東漢・江津延熹二年崖墓題記

○延熹二年二月廿七日謝王四

東漢・桐柏淮源廟碑

三國魏・謝君神道碑

○謝府君

東晉・高崧妻誌

北魏・石婉誌

北魏・司馬顯姿誌

北魏・元引誌

北魏・元譚誌

北魏・青州元湛誌

東魏・元玒誌

北齊・是連公妻誌

○揚徽音而不謝

北齊・法勤塔銘

北齊・狄湛誌

○溘隨時謝

【謳】

《說文》：謳，齊歌也。从言區聲。

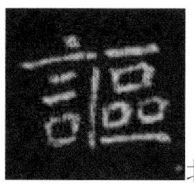

北魏・元熙誌

【詠】

《說文》：詠，歌也。从言永聲。

【咏】

《說文》：咏，詠或从口。

秦文字編 378

秦文字編 378

漢印文字徵

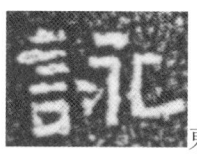

○樂詠印信

東漢・鮮於璜碑陰

東晉・蘭亭序真本

北魏・元誨誌

○含詠雕篆

北魏・元弼誌

北魏・吐谷渾璣誌

北魏・丘哲誌

○慕而流詠

北周•韋彪誌

北魏•趙廣者誌

北魏•邸元明碑

○遺咏可玩

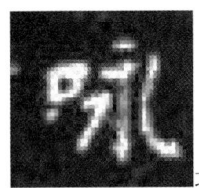

北魏•元懌誌

○民咏時雍

北魏•寇憑誌

○託幽堂以流咏

北魏•馮會誌

○丹青垂咏

北魏•陶浚誌

北魏•元緒誌

○朝野同咏

北魏•梁國鎮將元舉誌

東魏•李顯族造像碑

○含咏發心

西魏•趙超宗妻誌

○白華以咏

北齊•高建妻王氏誌

○鄙吟咏之工

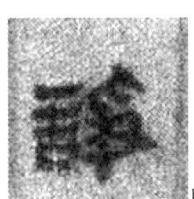

【諍】

《說文》：諍，止也。从言爭聲。

馬壹127_63下

馬壹 83_95
○乃來諍得三今燕勺

馬壹 81_37

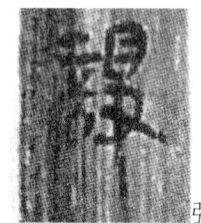

張·脈書 53
○諍(靜)則侍(待)之

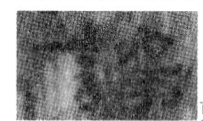

東牌樓 005
○秕張諍田自相和從

漢印文字徵
○諍豊私印

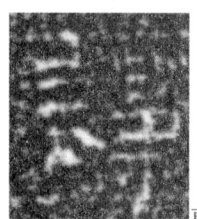

東漢·許安國墓祠題記

北魏·元順誌

北魏·尹祥誌

【評】

《說文》：評，召也。从言乎聲。

馬壹 39_11 下
○易亓(其)心而後(后)評(呼)

【謼】

《說文》：謼，評謼也。从言虖聲。

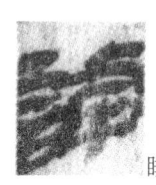

睡·日書甲種《詰》33
○狼恆謼(呼)人

馬貳 119_190/189
○謼(呼)大山之陽

張·引書 34

○口譁（呼）

【訖】

《說文》：訖，止也。从言气聲。

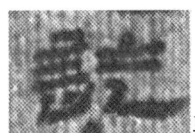

敦煌簡 0178

○使之訖去

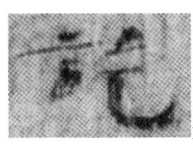

金關 T26:088A

○功勞訖九月晦日

魏晉殘紙

○略訖健丈夫

漢印文字徵

○李訖

漢印文字徵

○李訖

東漢・西岳華山廟碑陽

北魏・卅一人造像

○功就成訖

北魏・四十一人等造像

北魏・鄭長猷造像

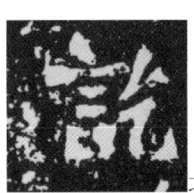

北魏・冗從僕射造像

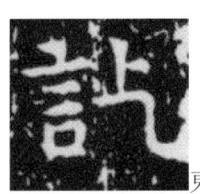

東魏・杜文雅造像

○造訖

西魏・杜魯清造像

○造訖

【諺】

《說文》：諺，傳言也。从言彥聲。

漢印文字徵

○趙國襄國宋諺字子義

漢印文字徵

○成功諺印

東漢·曹全碑陽

○是以鄉人爲之諺曰

【訝】

《說文》：訝，相迎也。从言牙聲。

《周禮》曰："諸侯有卿訝發。"

【迓】

《說文》：迓，訝或从辵。

睡·日甲《詰》57

○是粲訝（迓）之鬼處之取

歷代印匋封泥

○匋攻迓

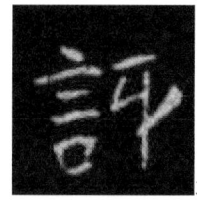

北魏·元舉誌

北魏·檀賓誌

東魏·元延明妃馮氏誌

北周·盧蘭誌

○迓之百兩

【詣】

《說文》：詣，候至也。从言旨聲。

睡·秦律十八種 115

睡·法律答問 139

睡・封診式 17

獄・尸等案 38

里・第八層 375

張・亡律 160

張・奏讞書 215

敦煌簡 0624A

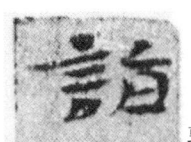

敦煌簡 2123B

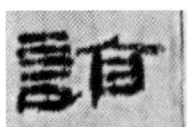

金關 T05:007

金關 T23:933

東牌樓 002

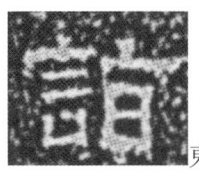

東漢・白石神君碑

東漢・武氏左石室畫像題字

○贖詣寺門

西晉・臨辟雍碑

北魏・元景石窟記

北齊・柴季蘭造像

【講】

《說文》：講，和解也。从言冓聲。

秦文字編 379

秦文字編 379

秦文字編 379

馬壹 85_138

馬壹 83_97

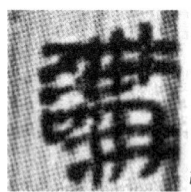

張・奏讞書 118

秦代印風

○享講

秦代印風

○至講

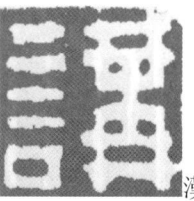

漢代官印選

○講學祭酒

東漢・東漢・婁壽碑陽

東漢・朝侯小子殘碑

○爲童冠講

北魏・元延明誌

北魏・鄭黑誌

北魏・元乂誌

東魏・淨智塔銘

【謄】

《說文》：朕，诶書也。从言朕聲。

里·第八層 1151

○之毋朕卻它

【訒】

《說文》：訒，頓也。从言刃聲。《論語》曰："其言也訒。"

【訥】

《說文》：訥，言難也。从言从内。

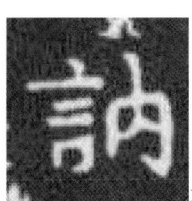

北魏·李媛華誌

北魏·高慶碑

○訥訥其言

北齊·崔芬誌

【譇】

《說文》：譇，譇，婭也。从言虘聲。

【儓】

《說文》：儓，待也。从言俟聲。讀若醫。

【譥】

《說文》：譥，痛呼也。从言敫聲。

【譊】

《說文》：譊，恚呼也。从言堯聲。

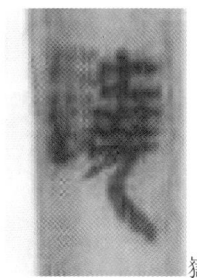

獄·譊妊案 140

里·第八層 1301

○譊

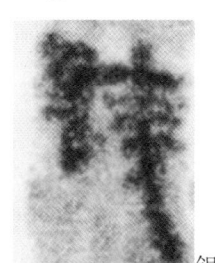

銀壹 7

○而譊（撓）之

秦代印風

秦代印風

漢印文字徵

漢印文字徵

漢晉南北朝印風

【謍】

《說文》：謍，小聲也。从言，熒省聲。《詩》曰："謍謍青蠅。"

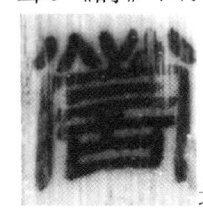

北壹・倉頡篇 22

○䭜對掇謍謱觸聊

【譜】

《說文》：譜，大聲也。从言昔聲。讀若筰。

【唶】

《說文》：唶，譜或从口。

秦文字編 379

馬壹 89_232

○祝譜（詛）五國

【諛】

《說文》：諛，諂也。从言臾聲。

北魏·元略誌

○乃欲賞罰賢諛

【譋】

《說文》：譋，諛也。从言閒聲。

【謟】

《說文》：謟，譋或省。

東魏·蕭正表誌

○不嬉柔於謟佞

【諼】

《說文》：諼，詐也。从言爰聲。

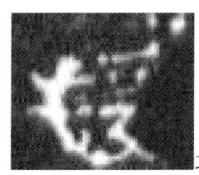

北周·董榮暉誌

○盛德不諼

【謷】

《說文》：謷，不肖人也。从言敖聲。一曰哭不止，悲聲謷謷。

里·第八層 528

○御史謷往行

北壹·倉頡篇 15

○猛鷙駾謷

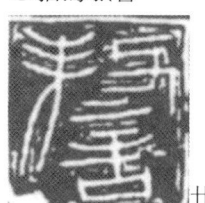

廿世紀璽印二-SY

○謷

【訹】

《說文》：訹，誘也。从言术聲。

【訑】

《說文》：訑，沇州謂欺曰訑。从言它聲。

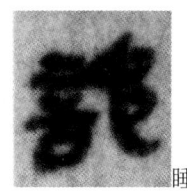

睡·封診式 2

○雖智（知）其訑

獄·芮盜案 70

○且辝（辭）爭材訑

【謾】

《說文》：謾，欺也。從言曼聲。

里·第八層 503

○謾

張·賊律 12

○而謾完爲城旦舂

張·奏讞書 219

○謾詰孔何故

【諸】

《說文》：諸，諸詧，羞窮也。從言奢聲。

【詐】

《說文》：詐，慙語也。從言乍聲。

秦文字編 380

秦文字編 379

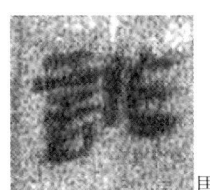

馬壹 123_18 下

○詐（詐）僞不生

馬壹 78_91

○悳（悔）德詐（詐）怨（惌）

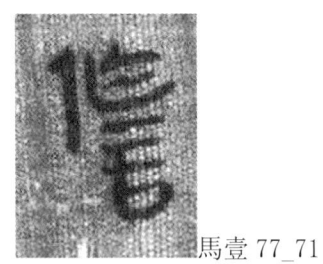

馬壹 77_71

○言詐（詐）之

【謺】

《說文》：䜇，䜇譜也。从言執聲。

【諫】

《說文》：諫，諫護也。从言連聲。

【諑】

《說文》：諑，諫護也。从言妻聲。

【詒】

《說文》：詒，相欺詒也。一曰遺也。从言台聲。

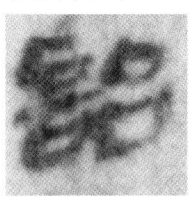

睡·日甲《吏》166

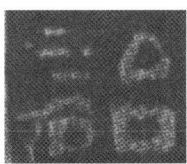

東漢·楊統碑陽

北魏·王僧男誌

北魏·楊氏誌

東魏·蕭正表誌

【諁】

《說文》：諁，相怒使也。从言參聲。

【誑】

《說文》：誑，欺也。从言狂聲。

三國魏·曹真殘碑

○羌胡誑之妖道

【疑】

《說文》：疑，駭也。从言疑聲。

【誤】

《說文》：誤，相誤也。从言吳聲。

【訕】

《說文》：訕，謗也。从言山聲。

【譏】

《說文》：譏，誹也。从言幾聲。

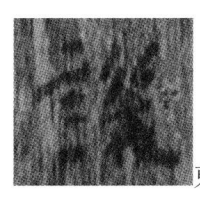

東牌樓 036 背

○照不譏今費送一千

東漢·肥致碑

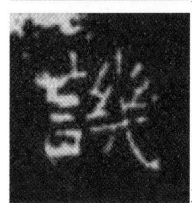

北魏·元廞誌

○懸獸無譏

北魏・楊乾誌

○譏略辭善

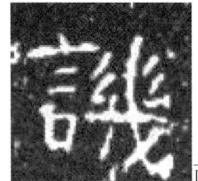

西魏・朱龍妻任氏誌

○克己譏仁

【誣】

《説文》：誣，加也。从言巫聲。

睡・法律答問 119

馬壹 137_59 下/136 下

馬壹 112_17\368

張・告律 126

張・奏讞書 118

○痛即誣講

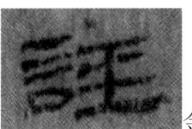

金關 T21:059

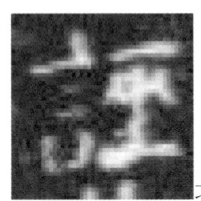

○得告誣人

北朝・千佛造像碑

○諒不我誣

北魏・李超誌

○爲受罪者所誣章

【誹】

《説文》：誹，謗也。从言非聲。

銀貳 1326

○毋聽誹譽

東魏・邑主造像訟

○誹木徒設

【謗】

《説文》：謗，毀也。从言旁聲。

睡·為吏8

○廉毋謗

北魏·楊仲宣誌

北魏·元乂誌

【譸】

《說文》：譸，訓也。从言壽聲。讀若醻。《周書》曰："無或譸張爲幻。"

北齊·天柱山銘

○譸諮俾乂

【訓】

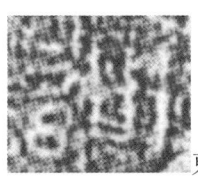

《說文》：訓，譸也。从言州聲。

東漢·三公山碑

北魏·元汎略誌

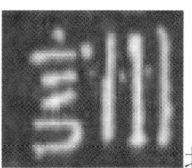

北魏·山公寺碑頌

北周·韋彪誌

【詛】

《說文》：詛，訓也。从言且聲。

睡·法律答問59

○爲詛（詐）偽

武·甲《特牲》4

○詛（諏）此某事

詛楚文·巫咸

○列威神而兼倍十八世詛盟

【詃】

《說文》：詃，訓也。从言由聲。

【謻】

《說文》：謻，離別也。从言多聲。讀若《論語》"跢予之足"。周景王作洛陽諺臺。

【誖】

《說文》：誖，亂也。从言孛聲。

【悖】

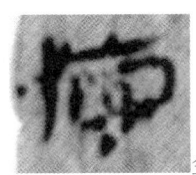

《說文》：悖，誖或从心。

【𧧺】

《說文》：𧧺，籀文誖从二或。

金關 T23：878

○所犯悖天逆理

北朝・千佛造像碑

○相悖

北魏・元略誌

○民悖四方

【䜌】

《說文》：䜌，亂也。一曰治也。一曰不絕也。从言、絲。

【𢒕】

《說文》：𢒕，古文䜌。

春早・秦公鎛

○䜌（蠻）方

春晚・秦公鎛

○䜌（蠻）夏

春晚・秦公簋

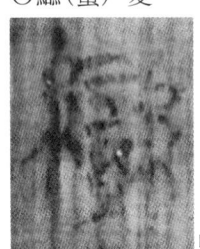

○䜌（蠻）夏

里・第八層 823

○爲事䜌虜

馬貳 38_77 上

○深溝長渠絕䜌（䜌）潰隉者

秦代印風

○䜌璽

廿世紀璽印三-SY

○茅戀私印

漢印文字徵

○戀欣

漢代官印選

○南戀長印

漢印文字徵

○戀從

漢印文字徵

○戀遷

漢印文字徵

○戀萃

漢印文字徵

○戀最眾

秦公大墓石磬

○戀天命曰

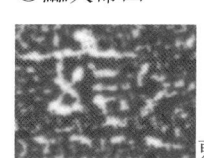

東漢・許安國墓祠題記

○戀石

三國魏・三體石經尚書・古文

○孌(亂)罰亡皋

【誤】

《說文》：誤，謬也。从言吳聲。

睡·效律 60
○以上爲大誤

睡·法律答問 209
○大誤

嶽·數 11
○租誤券田

嶽·暨過案 95
○此過誤失

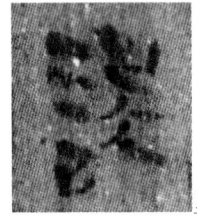

里·第八層 557
○能審誤不當

張·算數書 68
○今誤券三斗一升

敦煌簡 0052
○恐誤天時

金關 T01:151
○里韓誤詣居延

北壹·倉頡篇 10
○丹勝誤亂

秦代印風
○王誤

漢印文字徵
○王誤

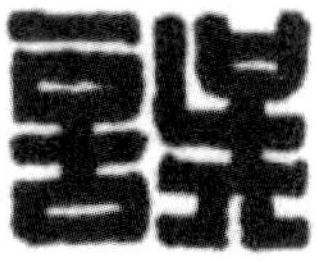

漢印文字徵
○董誤之印

漢印文字徵
○長孫誤

漢印文字徵
○張誤私印

漢印文字徵
○諸誤

北魏·李超誌
○憲臺誤聽

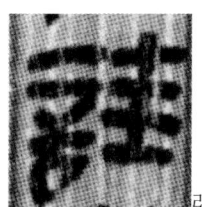

【詿】

《説文》：詿，誤也。从言圭聲。

張·蓋盧52

【詤】

《説文》：詤，可惡之辭。从言矣聲。一曰詤然。《春秋傳》曰："詤詤出出。"

【謉】

《説文》：謉，痛也。从言喜聲。

【詯】

《説文》：詯，膽气滿聲在人上。从言自聲。讀若反目相睞。

漢印文字徵
○高詯

【讗】

《説文》：讗，讗詍，多言也。从言巂聲。

【詍】

《説文》：詍，多言也。从言世聲。《詩》曰："無然詍詍。"

【訿】

《説文》：訿，不思稱意也。从言此聲。《詩》曰："翕翕訿訿。"

秦文字編 381

睡・秦律十八種 126

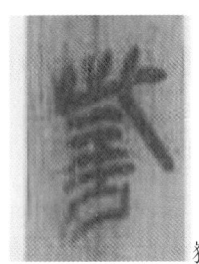

獄・識劫□案 110

里・第八層 198

馬壹 99_95

敦煌簡 0057

金關 T07:197

漢晉南北朝印風
○呼盧訾

廿世紀璽印三-GY
○胡盧訾尸逐

漢印文字徵
○訾譚

漢印文字徵
○呼律居訾

漢印文字徵
○訾賜印

漢印文字徵

○訾順之印

漢印文字徵

○訾之

漢印文字徵

○訾貞

東漢·買田約束石券

北齊·盧脩娥誌

北周·崔宣靖誌

【詢】

《說文》：詢，往來言也。一曰小兒未能正言也。一曰祝也。从言匋聲。

【詨】

《說文》：詨，詢或从包。

北壹·倉頡篇19

○遮迣沓詢鋒鍵

【訮】

《說文》：訮，訮訮，多語也。从言幵聲。樂浪有訮邯縣。

【讔】

《說文》：讔，語相反讔也。从言遷聲。

【譖】

《說文》：譖，讔譖也。从言沓聲。

【訮（訮）】

《說文》：訮，諍語訮訮也。从言开聲。

張·奏讞書 226

○以智訮（研）詞

【講】

《說文》：講，言壯皃。一曰數相怒也。从言冓聲。讀若畫。

北壹·倉頡篇 41

○廊序戌講

秦代印風

○趙講

漢印文字徵

○講巨私印

【訇】

《說文》：訇，駭言聲。从言，匀省聲。漢中西城有訇鄉。又讀若玄。

【訇】

《說文》：訇，籀文不省。

秦文字編 382

【諞】

《說文》：諞，便巧言也。从言扁聲。《周書》曰："截截善諞言。"《論語》曰："友諞佞。"

【響】

《說文》：響，匹也。从言頻聲。

【訌】

《說文》：訌，扣也。如求婦先訌叕之。从言从口，口亦聲。

【說】

《說文》：說，言相說司也。从言兒聲。

【誂】

《說文》：誂，相呼誘也。从言兆聲。

秦文字編 382

【譄】

《說文》：譄，加也。从言，从曾聲。

【詄】

《說文》：詄，忘也。从言失聲。

【䛐】

《說文》：䛐，忌也。从言其聲。《周書》曰："上不䛐于凶德。"

【譀】

《說文》：譀，誕也。从言敢聲。

【諴】

《說文》：諴，俗譀从忘。

【誇】

《說文》：誇，譀也。从言夸聲。

【誕】

《說文》：誕，詞誕也。从言延聲。

【䛆】

《說文》：䛆，籀文誕省正。

漢印文字徵

○袁誕

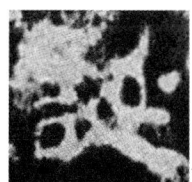

東漢・衛尉卿衡方碑

東漢・孔彪碑陽

○誕生忠良

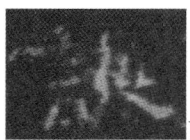

東漢・劉熊碑

○誕生照明

東漢・劉熊碑

○誕生岐嶷

北魏・元潚嬪耿氏誌

北魏・元定誌

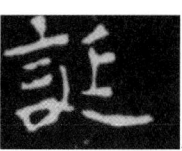

北魏・李蕤誌

○克誕若人

北魏・寇猛誌

○翹揚託誕

北魏・元融妃穆氏誌

○珪璋載誕

北魏・給事君妻韓氏誌

北魏·山暉誌

北魏·李榘蘭誌

北魏·元仙誌

○之子誕生

北魏·元引誌

北魏·元悛誌

北魏·司馬紹誌

東魏·元阿耶誌

○誕儀鳳之毛羽

東魏·王偃誌

○載誕剋岐之性

西魏·韋隆妻梁氏誌

○誕佐貞專

北齊·崔頠誌

北周·崔宣默誌

○若人誕質

【讄】

《說文》：讄，誄也。从言萬聲。

【謔】

《說文》：謔，戲也。从言虐聲。《詩》曰："善戲謔兮。"

北魏·元寶月誌

○善談謔

北齊·房周陁誌

○當時此謔

【䛼】

《說文》：䛼，眼戾也。从言艮聲。

漢印文字徵

○棨誯居

漢印文字徵

○張誯印

【訌】

《說文》：訌，䜋也。从言工聲。《詩》曰："蟊賊內訌。"

【讀】

《說文》：讀，中止也。从言貴聲。《司馬法》曰："師多則人讀。"讀，止也。

【譈】

《說文》：譈，聲也。从言歲聲。《詩》曰："有譈其聲。"

【諨】

《說文》：諨，疾言也。从言咼聲。

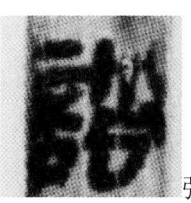

張·蓋廬3

○有諨（禍）順

【讙】

《說文》：讙，譟也。从言雚聲。

【譟】

《說文》：譟，擾也。从言喿聲。

銀貳1166

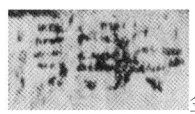

金關 T29:088B

○譟古惡毋敢者

廿世紀璽印三-SY

○王譟

【訆】

《說文》：訆，大呼也。从言丩聲。《春秋傳》曰："或訆于宋大廟。"

【虨】

《說文》：虨，號也。从言从虎。

【讙】

《說文》：讙，譁也。从言藿聲。

銀貳 1687

○以生謹爲主

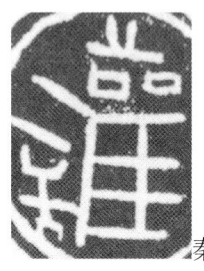

秦代印風

○謹

秦代印風

○謹

漢印文字徵

○王謹

【譁】

《説文》：譁，讙也。从言華聲。

【諤】

《説文》：諤，妄言也。从言雩聲。

【誇】

《説文》：誇，諤或从芎。

【譌】

《説文》：譌，譌言也。从言爲聲。《詩》曰："民之譌言。"

馬壹 10_48 下

○不利譌（撝）嗛

【䚯】

《説文》：䚯，誤也。从言，隹省聲。

【誤】

《説文》：誤，謬也。从言吳聲。

【謬】

《説文》：謬，狂者之妄言也。从言翏聲。

馬壹 146_55/229 上

○上不謬亓（其）下

東漢·曹全碑陽

○朱紫不謬

北魏·元寶月誌

○與善終謬

北魏・王悅及妻郭氏誌

北魏・元壽妃麴氏誌

○天罰謬嬰

【詤】

《說文》：詤，夢言也。从言㠩聲。

【譻】

《說文》：譻，大呼自勉也。从言，暴省聲。

北壹・倉頡篇21

○冤譻暖通

【訬】

《說文》：訬，訬，擾也。一曰訬，獪。从言少聲。讀若毚。

敦煌簡2311

○訬上隧毋和宜禾蓬

【諆】

《說文》：諆，欺也。从言其聲。

北魏・元彧誌

○人諆俄改

【譎】

《說文》：譎，權詐也。益、梁曰謬欺，天下曰譎。从言矞聲。

北魏・元道隆誌

○邪不譎志

北魏・元譚誌

○譎而不正

【詐】

《說文》：詐，欺也。从言乍聲。

睡・為吏34

張・津關令510

張·奏讞書 56

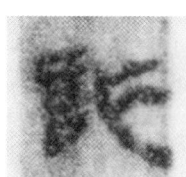

銀壹 274

銀貳 1642

敦煌簡 0502

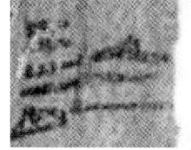

金關 T23∶362

○爲巧詐亡傷

武·甲《特牲》31

東漢·西狹頌

北魏·元襲誌

北齊·崔昂誌

【訏】

《説文》：訏，詭譌也。从言于聲。一曰訏，䛒。齊、楚謂信曰訏。

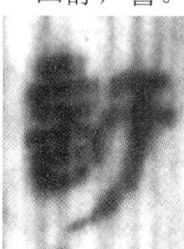

睡·語書 12

○力訏詢（諼）

馬壹 88_191

○賤息訏（舒）旗最

北壹·倉頡篇 18

○鞠竅訏裔

【嗟】

《説文》：嗟，咨也。一曰痛惜也。从言差聲。

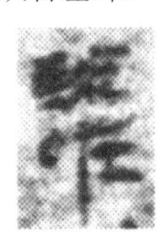

秦文字編 382

【謦】

《説文》：謦，失气言。一曰不止也。

从言，龖省聲。傅毅讀若慴。

【䜌】

《說文》：䜌，籀文䜌不省。

戰晚·二年寺工䜌戈

戰晚·囗年相邦呂不韋戈

戰晚·囗年寺工䜌戈

戰晚·四年相邦呂不韋戟

戰國·四年相邦呂戈

里·第八層 2181

〇䜌

漢印文字徵

〇原䜌

漢印文字徵

〇張䜌

漢印文字徵

漢晉南北朝印風

○張讋

北齊·趙熾誌

○威讋胡戎

北周·匹妻歡誌

○威讋□邊

【諂】

《說文》：諂，言諂讋也。从言習聲。

【誣】

《說文》：誣，相毀也。从言亞聲。一曰畏亞。

【譴】

《說文》：譴，相毀也。从言，隨省聲。

【譄】

《說文》：譄，嗑也。从言闠聲。

【詾】

《說文》：詾，說也。从言匈聲。

【訩】

《說文》：訩，或省。

【詤】

《說文》：詤，詾或从兇。

【訟】

《說文》：訟，爭也。从言公聲。曰：謌訟。

【䚻】

《說文》：䚻，古文訟。

關·日書241

○占獄訟解

馬壹246_3上

○可獄訟蜀（獨）甚

馬壹3_5上

馬貳 215_6

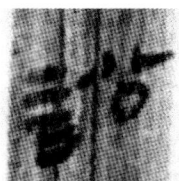

張·告律 135

銀貳 1244

○訟者

敦煌簡 0985A

○獄訟罪告

金關 T26:072

○敢自訟東部肩水記

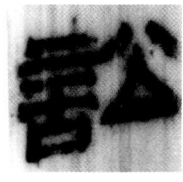

北壹·倉頡篇 70

○罪蠱訟郤

東漢·趙寬碑

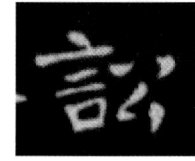

北魏·乞伏寶誌

北魏·張寧誌

北齊·姜興紹造像

【讄】

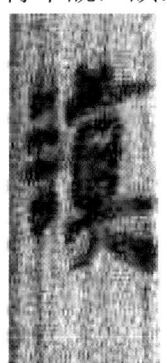

《說文》：讄，恚也。从言眞聲。賈侍中說，讄，笑。一曰讄若振。

馬貳 216_9/20

○讄（慎）用勿忘

【讟】

《說文》：讟，多言也。从言聶聲。河東有狐讟縣。

【訶】

《說文》：訶，大言而怒也。从言可聲。

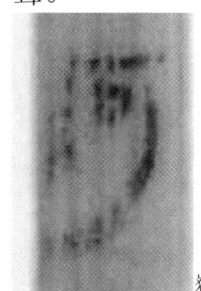

獄·學為 220

○莫敢訶

馬壹 257_4 下

○必醉訶（歌）無（舞）

馬壹 246_2 上

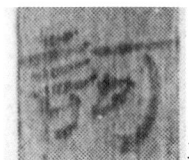

敦煌簡 0200

○糧食嚴訶

北魏・常岳等造像

○藉此摩訶善根

北齊・文殊般若經

○菩薩摩訶薩

北齊・鼓山佛經刻石

○亦名菩薩摩訶薩

【詎】

《說文》：詎，訏也。從言臣聲。讀若指。

【訐】

《說文》：訐，面相斥罪，相告訐也。從言干聲。

北壹・倉頡篇 70

○訐毳䑕𤭖

【訴】

《說文》：訴，告也。從言，斥省聲。《論語》曰："訴子路於季孫。"

【䜊】

《說文》：䜊，訴或從言、朔。

【愬】

《說文》：愬，訴或從朔、心。

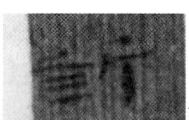

敦煌簡 1000B

○□之訴幸甚

武・王杖 8

○先用訴地大守

廿世紀璽印三-SY

○公孫訴印

歷代印匋封泥
○陸訴之印

漢晉南北朝印風
○王訴之印

漢晉南北朝印風
○左奉翊掾王訴印

東漢·桐柏淮源廟碑
○災（灾）異告愬（訴）

東漢·郎中鄭固碑
○俯哭誰訴

北魏·弔比干文
○訴淳風之淪覆兮

北魏·檀賓誌
○訴病歸京

【譖】

《說文》：譖，愬也。从言朁聲。

獄·魏盜案 153
○別薄譖（譖）訊

馬貳 211_91
○食氣譖（譖）人

東漢·楊震碑
○橫共搆譖

【讒】

《說文》：讒，譖也。从言毚聲。

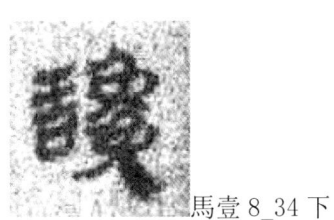

馬壹 8_34 下
○朋盇(嗑)簪(譖)慾讒

東漢·尚博殘碑
○疾讒諂比周

北魏·于景誌

1195

北魏·孟元華誌

〇時人譏潛

【譴】

《説文》：譴，謫問也。从言遣聲。

秦文字編 383

東漢·成陽靈臺碑

【謫】

《説文》：謫，罰也。从言啻聲。

【諯】

《説文》：諯，數也。一曰相讓也。从言耑聲。讀若專。

里·第八層 1046

〇令史諯四日

漢印文字徵

〇吳諯私印

【讓】

《説文》：讓，相責讓。从言襄聲。

漢銘·承安宮鼎一

睡·為吏 11

〇敬多讓

馬壹 48_5 下

〇時而讓

敦煌簡 0071

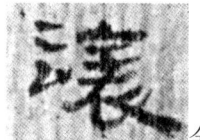

〇所況讓前□

金關 T07：008

1196

○里徐讓

北壹・倉頡篇 27

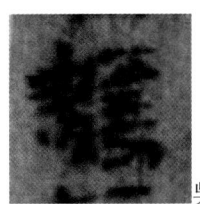

吳簡嘉禾・六二七一

○南鄉讓何丘

歷代印匋封泥

○趙讓

漢印文字徵

○張讓

漢印文字徵

○王讓

漢印文字徵

漢印文字徵

漢印文字徵

○茬讓之印

漢印文字徵

○榬讓

漢印文字徵

○劉讓之印

漢晉南北朝印風

漢晉南北朝印風

○張讓

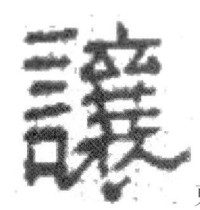

東漢・成陽靈臺碑

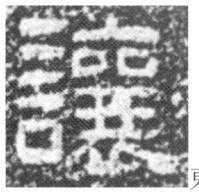

東漢・從事馮君碑

東漢・夏承碑

東晉・溫嶠誌

北魏・王昌誌

北魏・辛穆誌

○盡仁讓之風

北魏・元維誌

○河南洛陽崇讓里人也

北魏・宋虎誌

○閨門敬讓

北魏・元肅誌

○禪讓之後

北周・賀屯植誌

○仁讓發於天性

【譙】

《說文》：譙，嬈譊也。从言焦聲。讀若嚼。

【誚】

《說文》：誚，古文譙从肖。《周書》曰："亦未敢誚公。"

漢銘·譙鼎蓋

秦文字編 383

金關 T04:015
○陽郡譙西成里

東漢·譙敏碑

東漢·冠軍城石柱題名
○故吏□□□□譙郡□優伯□

晉·張永昌神樞刻石
○晉故譙郡功曹史鎮南

東晉·李緝陳氏誌
○夫人譙國譙縣陳氏

北魏·侯剛誌

北魏·寇臻誌

北齊·賀拔昌誌

北周·宇文儉誌

北周·宇文儉誌

北周·宇文儉誌蓋
○譙忠孝王

北周·須蜜多誌蓋
○大周譙國夫人

北魏·張玄誌
○神誚

【諫】

《說文》：誎，數諫也。从言束聲。

馬壹 89_222

○必如諫（刺）心

【誶】

《說文》：誶，讓也。从言卒聲。《國語》曰："誶申胥。"

睡·秦律十八種 115

睡·效律 8

睡·法律答問 152

金關 T10:301

北魏·元楨誌

○大許群言

【詰】

《說文》：詰，問也。从言吉聲。

睡·封診式 2

○輒詰其辭

睡·日甲《詰》24

○詰咎鬼害民

獄·暨過案 102

○詰暨

里·第八層 231

○詰卂

張·奏讞書 11

○詰媚

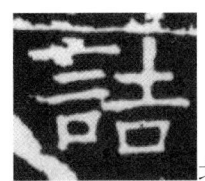

北齊·唐邕刻經記

○寫維摩詰經一部

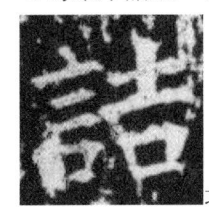

北齊·維摩經碑

○維摩詰

【謷】

《說文》：謷，責望也。从言望聲。

【詭】

《說文》：詭，責也。从言危聲。

銀壹 2

北魏·元端誌

北魏·李超誌

北魏·侯剛誌

北齊·司馬遵業誌

【證】

《說文》：證，告也。从言登聲。

張·具律 110

敦煌簡 1722

○皆相證

金關 T05:059

東牌樓 005

○明附證驗

北魏·塔基石函銘刻

1201

東魏・馬都愛造像

○絕迹塵外道證

東魏・淨智塔銘

○伏虎證道

【詘】

《説文》：詘，詰詘也。一曰屈襞。从言出聲。

【誳】

《説文》：誳，詘或从屈。

戰晚・高奴禾石權

里・第八層 1466

馬貳 69_30/30

張・引書 8

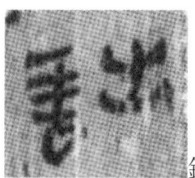

銀貳 1164

北貳・老子 23

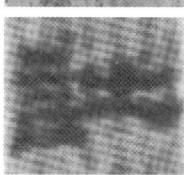

武・儀禮甲《服傳》12

廿世紀璽印三-SY

漢印文字徵

漢印文字徵

東漢・楊統碑陽

【訇】

《説文》：䚷，尉也。从言夗聲。

【詷】

《説文》：詷，知處告言之。从言同聲。

張·錢律 205
○所與詷告吏

銀貳 1908
○賊開詷詐僞人而殺

敦煌簡 0498
○詷告吏

【讆】

《説文》：讆，流言也。从言夐聲。

里·第八層 944
○二日讆求

張·奏讞書 214
○婢即讆問黔首有

北壹·倉頡篇 21
○坐罷（罷）讆求

【詆】

《説文》：詆，苛也。一曰訶也。从言氐聲。

【誰】

《説文》：誰，何也。从言隹聲。

馬壹 244_1 上\2 上
○東南誰（離）

馬壹 144_30/204 上

馬壹 132_28 上\105 上

張·傳食律 235

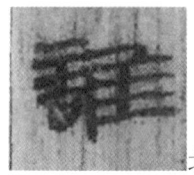

北貳·老子 135

敦煌簡 0241
○來欲誰因循乎不審

敦煌簡 0173

金關 T01:002
○弟本誰生子務

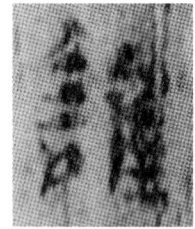

東牌樓 057 背
○誰所取

漢印文字徵
○誰順私印

秦文字編 384

東漢·蕩陰里等字殘石
○是誰家冢

東漢·成都永元六年闕題記
○誰分疇紀

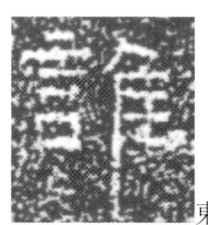

東漢·郎中鄭固碑

東漢·楊耿伯題記
○誰不辟世

北魏·元彧誌

北魏·元潛嬪耿氏誌

北魏・山暉誌

○酌誰斟敢勒玄石式載德音

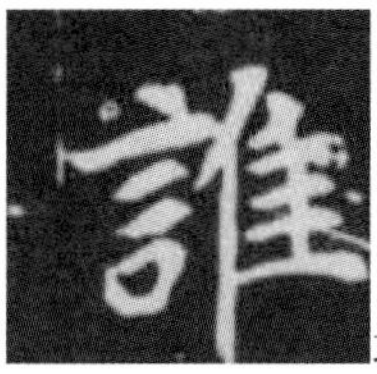
北魏・王禎誌

北魏・元仙誌

北魏・無名氏誌

北魏・元弼誌

【諽】

《説文》：諽，飾也。一曰更也。从言革聲。讀若戒。

【讕】

《説文》：讕，怟讕也。从言闌聲。

【譋】

《説文》：譋，讕或从閒。

馬貳 220_48/59

○三曰讕瓠

【診】

《説文》：診，視也。从言㐱聲。

睡・秦律十八種 16

○縣亟診而入之

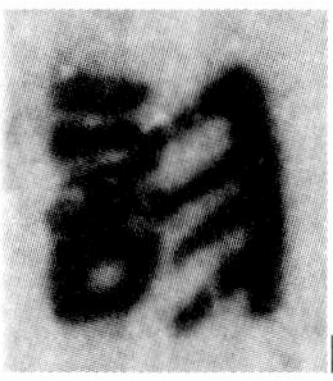
睡・封診式 64

○女診丙

里・第八層 1732

○朐忍診容

張・具律 93

○直及診報

張・奏讞書 216

○中祇診視鞞刀＝環

張・奏讞書 45

○七歲診如辭

金關 T10:215A

○傳診張掖卒史王

【[illegible]】

《說文》：[illegible]，悲聲也。从言，斯省聲。

【訧】

《說文》：訧，罪也。从言尤聲。《周書》曰："報以庶訧。"

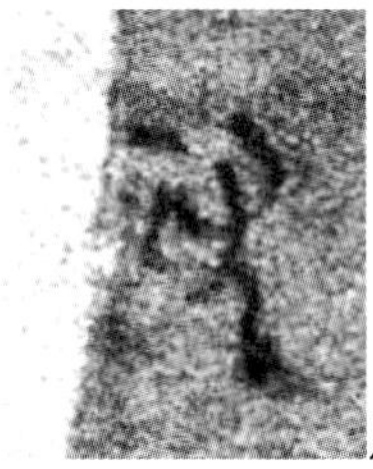
馬貳 30_46

○貴人訧

【誅】

《說文》：誅，討也。从言朱聲。

馬壹 127_61 下

○天誅必至

馬壹 84_116

張・捕律 142

銀壹 524

敦煌簡 0782

○以時誅恐黨與多

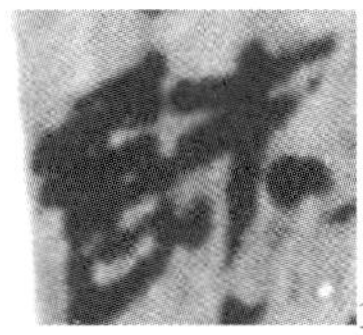
金關 T23:878

北壹・倉頡篇 10

○誅罰貲耐

秦文字編 385

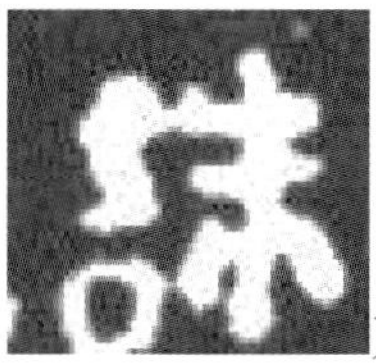

東漢・馮緄碑

東漢・裴岑紀功碑

○千人誅呼衍王等斬馘部

西晉・石尠誌

北魏・楊侃誌

東魏・劉懿誌

【討】

《說文》：討，治也。从言从寸。

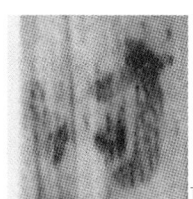

東牌樓 048 背

○征討

秦文字編 385

歷代印匋封泥

○左討都車司馬之鈢

漢印文字徵

柿葉齋兩漢印萃

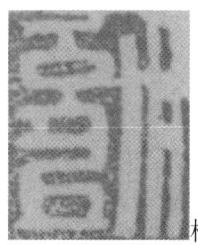

柿葉齋兩漢印萃

○討寇將軍印

漢晉南北朝印風

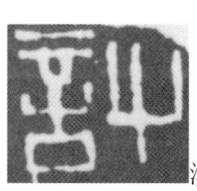

漢晉南北朝印風

○討難將軍

東漢・曹全碑陽

1207

西晉·石定誌

北魏·元詮誌

北魏·元龍誌

【諳】

《説文》：諳，悉也。从言音聲。

東魏·閭叱地連誌

【讄】

《説文》：讄，禱也。累功德以求福。《論語》云："讄曰：'禱尔于上下神祇。'"从言，纍省聲。

【䛏】

《説文》：䛏，或不省。

【謚】

《説文》：謚，行之迹也。从言、兮、皿。闕。

【諫】

《説文》：諫，證也。从言柬聲。

東漢·校官碑

○畀諫曰

東漢·北海相景君碑陽

北魏·元延明誌

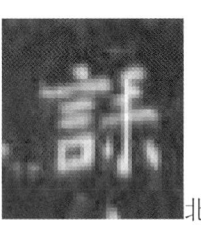

北魏·元邵誌

○諫喪褒往

北魏·楊氏誌

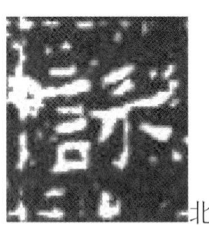

北齊·獨孤思男誌

○復綴楊夫之諫

【謑】

《說文》：謑，恥也。从言奚聲。

【謑】

《說文》：謑，謑或从𠒅。

【訽】

《說文》：訽，謑訽，恥也。从言后聲。

【詢】

《說文》：詢，訽或从句。

馬壹 7_32 上
○无咎闘（婚）訽（媾）

金關 T31:115
○甲子訽□

睡・日甲 8
○莫取十四日𠒅（謑）詢

馬壹 147_42/216 下

馬壹 99_90
○邦之詢（訽）

張・賊律 41
○其𠒅訽（訽）罰之贖黥

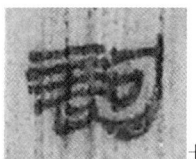

北貳・老子 114
○國之訽（訽）是

【諜】

《說文》：諜，軍中反閒也。从言枼聲。

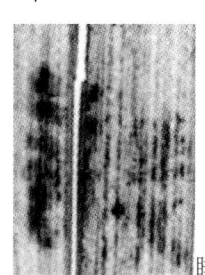

睡・封診式 92
○事關（貫）諜（牒）北（背）

里・第八層 1386

馬壹 75_33

○果使諜鬿（讒）之

秦代印風

○楊諜

北魏・寇治誌

東魏・張滿誌

【該】

《說文》：䜑，軍中約也。从言亥聲。讀若心中滿該。

北壹・倉頡篇 6

東漢・趙寬碑

東漢・衛尉卿衡方碑

○履該顏原

北魏・元子正誌

北魏・楊無醜誌

北魏・吐谷渾璣誌

北魏・元演誌

【譯】

《說文》：譯，傳譯四夷之言者。从言睪聲。

張・具律 111

○譯訊人

漢印文字徵

○譯印勝客

東漢·耿勳碑

○重譯乞降

北魏·根法師碑

東魏·李挺誌

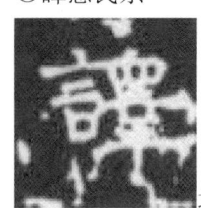

○譯意民宗

北周·華岳廟碑

【訄】

《說文》：訄，迫也。从言九聲。讀若求。

【謚】

《說文》：謚，笑皃。从言益聲。

東漢·東漢·魯峻碑陽

○謚君曰忠

東漢·鮮於璜碑陽

○表謚定號

北魏·元誘誌

北魏·元偃誌

○案謚法

北魏·寇臻誌

北魏·元詳誌

北魏·王蕃誌

北魏·元珍誌

○謚曰

北魏·元譿誌

北魏·封魔奴誌

○諡曰定

北魏·元昭誌

○諡曰康

北魏·元略誌

北魏·辛穆誌

○諡曰貞簡

北魏·爾朱紹誌

○諡曰孝惠

北魏·元仙誌

○諡曰貞

東魏·元鷙妃公孫甑生誌

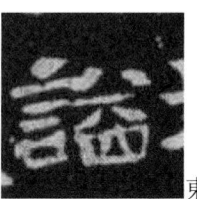

東魏·元均及妻杜氏誌

北齊·狄湛誌

○諡曰康王

北齊·高淯誌

○諡曰景烈王

北齊·徐顯秀誌

○諡曰

北齊·赫連子悅誌

○諡□□公

【譶】

《說文》：譶，疾言也。从三言。讀若沓。

【詢】

《說文》：詢，謀也。从言旬聲。

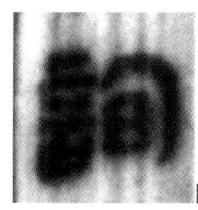

睡・語書 12

西晉・臨辟雍碑

北魏・和邃誌

北魏・元英誌

東漢・石門頌

東漢・北海相景君碑陽

西晉・臨辟雍碑

北魏・元悌誌

北魏・元順誌

北魏・元恪嬪李氏誌

【讜】

《說文》：讜，直言也。从言黨聲。

漢印文字徵
○范讜

漢印文字徵
○任讜印信

【譜】

《說文》：譜，籍錄也。从言普聲。《史記》从並。

北魏・郭定興誌

北魏·成嬪誌

【詎】

《說文》：詎，詎猶豈也。从言巨聲。

北魏·元瓛誌

【諉】

《說文》：諉，小也。誘也。从言委聲。《禮記》曰："足以諉聞。"

【謎】

《說文》：謎，隱語也。从言、迷，迷亦聲。

【誌】

《說文》：誌，記誌也。从言志聲。

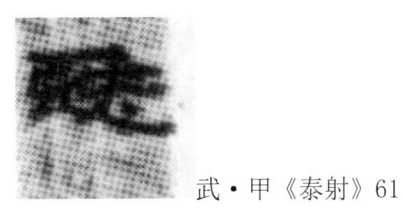

武·甲《泰射》61
○取誌（誘）射

吳簡嘉禾·五·四四三
○蟬誌佃田

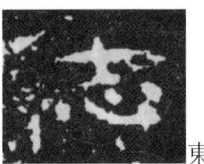

東晉·王企之誌
○丹楊建康之白石故刻石爲誌

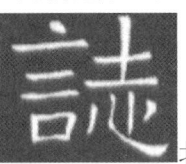

北魏·昭玄法師誌

北魏·元晫誌

北魏·元壽妃麴氏誌

北魏·秦洪誌蓋

北魏·爾朱襲誌蓋
○魏故儀同爾朱君墓誌

北魏·元洛神誌蓋

東魏·張滿誌蓋
○魏故司空公張君墓誌

東魏·侯海誌蓋
○魏故伏波將軍侯君墓誌銘

北齊·封子繪誌蓋
○齊故尚書右僕射冀州使君封公墓誌銘

北齊·高阿難誌蓋
○大齊太尉公平梁王劉君墓誌

北周·盧蘭誌蓋
○大周故盧大妃墓誌銘

北周·董榮暉誌蓋
○周大將軍廣昌公故夫人董氏之墓誌銘

北周·崔宣靖誌蓋
○魏故廣平王開府祭酒崔宣靖墓誌之銘

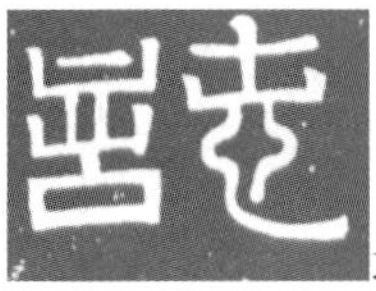

北周·崔宣靖誌
○墓誌之銘

北周·須蜜多誌蓋
○大周譙國夫人墓誌銘

【訣】

《說文》：𧬸，訣別也。一曰法也。从言，決省聲。

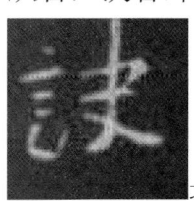

北魏·元液誌

北魏·元乂誌

北魏·王禎誌

北魏·長孫瑱誌

〖訕〗

睡·語書12
○治騶訕（誖）

〖訌〗

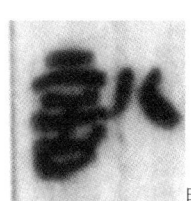

北貮・老子 176
○唯訑（恍）唯没（惚）

〖訏〗

秦文字編 386

〖訑〗

廿世紀璽印三-GP
○訑邯長印

漢印文字徵
○訑邯長印

〖訞〗

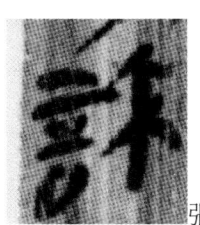

張・蓋盧 4
○可成訞（妖）孼

東漢・曹全碑陽
○訞賊張角

〖訕〗

秦代印風
○審訕

〖訛〗

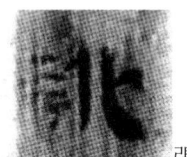

張・津關令 510
○馬賈（價）訛過

北魏・元延明誌
○訛僞尚繁

北魏・李端誌

北齊・和紹隆誌

〖訤〗

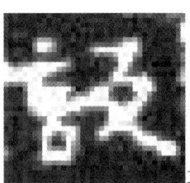

北齊・高叡修定國寺碑
○尋能一訤

北齊·赫連子悅誌
○比我平訉（叛）

〖訦〗

廿世紀璽印三-SY
○永訦

〖詠〗

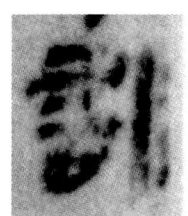

睡·日甲《盜者》81
○丙名曰詠

〖詀〗

馬壹112_31\382
○分詀（法）臣分

〖詀〗

漢印文字徵
○鄭詀

〖評〗

漢印文字徵
○張評印信

北魏·王溫誌
○祖評攜家歸國

北魏·王溫誌
○祖評

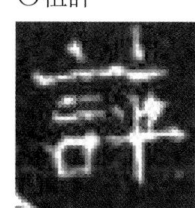

北齊·薛懷儁誌
○汝南之評曰高

〖說〗

秦代印風
○任訞

〖訡〗

北齊・張潔誌

○訡(詮)考英規

北齊・殷恭安等造像

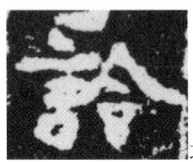

○真容尋訡(詮)

北齊・張氏郝造像

○息子訡侍佛

〖註〗

東漢・許安國墓祠題記

北魏・鄭黑誌

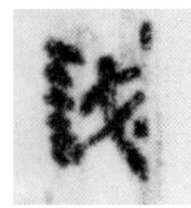

〖訫〗

銀壹 687

○訫=

〖誈〗

漢印文字徵

○垣誈印

〖訽〗

馬壹 112_30\381

○失訽可智（知）

〖䛒〗

睡・秦律十八種 43

○爲䛒三斗

〖䛇〗

石鼓·而師

〖誙〗

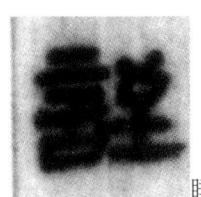

睡·語書 12

〖詨〗

秦文字編 386

秦文字編 386

秦文字編 386

歷代印匋封泥

○右司空詨

漢印文字徵

○杜詨

〖詑〗

敦煌簡 0974B

○爲記詑檄檢下

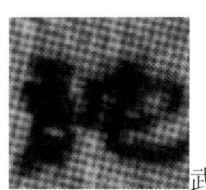

武·儀禮甲《士相見之禮》16

○臣詑（宅）者

〖譄〗

漢印文字徵

○趙譄私印

〖誧〗

馬壹 9_56 上

○誧奪（兌）吉

〖認〗

東晉・潘氏衣物券

○他人不得妄認囗債

【諮】

秦文字編 386

【諲】

東漢・曹全碑陰

○故督郵李諲伯嗣

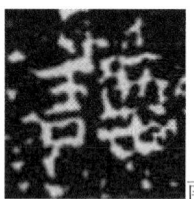

南朝宋・明曇憘誌

○父諲

【諹】

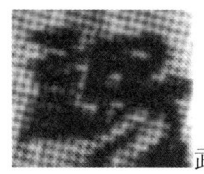

武・儀禮甲《士相見之禮》11

○信慈諹（祥）

【諤】

北齊・元賢誌

○蕭條騫諤

【諜】

馬壹 36_35 上

○何諜亓和也

【誼】

北魏・元襲誌

北齊・徐之才誌

【謏】

漢印文字徵

○謏

【諎】

東漢・曹全碑陽

三國魏・張君殘碑

西晉・臨辟雍碑

北魏・石黑奴造像

北魏・張寧誌

北魏・楊舒誌

北魏・元弼誌

○魏故元諮議墓誌銘

北齊・袁月璣誌

〖謖〗

馬壹 90_239

西晉・杜謖門題記

○諱謖

〖誰〗

張・奏讞書 191

○譁（誰）與不聽

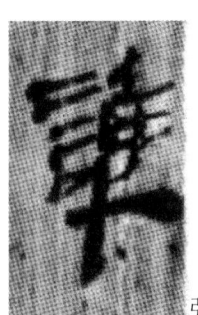

張・奏讞書 200

○譁（誰）逢見

張・奏讞書 191

漢印文字徵

○段謹

〖謠（謡）〗

東漢・建寧元年殘碑
○民有謠聲

東漢・鮮於璜碑陽
○岐齔謠是

西晉・臨辟雍碑
○收牧豎之謠

北魏・元肅誌
○列在歌謠

北魏・元子直誌
○故已播在民謠

北魏・乞伏寶誌
○仁明之謠復起

北魏・元悌誌
○髣髮行䚻（謠）

北魏・蘇屯誌
○童稚之謠更起

東魏・司馬韶及妻侯氏誌
○謠曰來蘇

東魏・張玉憐誌
○人百之謠

北齊・暴誕誌
○華夏騰謠

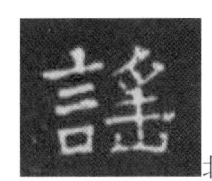

北齊·暴誕誌

○詎假歌謠之說

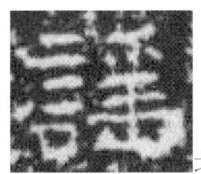

北齊·天柱山銘

○戀續布在歌謠

北周·賀屯植誌

○民興五袴之謠

〖謟〗

北魏·高猛誌

○不驕不謟（諂）

東魏·李憲誌

○不謟（諂）不驕

〖謞〗

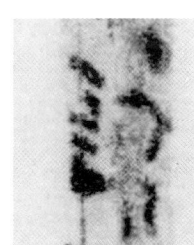

銀壹 973

○先謞者虛後謞

秦文字編 285

〖謇〗

東漢·張遷碑陽

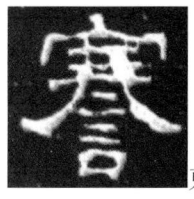

東漢·楊震碑

北齊·元賢誌

〖謑〗

馬貳 119_206/205

○入於謑房

〖謰〗

敦煌簡 2163

○右謰虜隧

十六國北涼・沮渠安周造像

北魏・胡顯明誌

北魏・惠榮造像

○一區讌藉□□

東魏・源磨耶壙志

○讌其千載永存不滅

〖譴〗

居・EPT51.421

○第六燧卒爰譴

〖譚〗

漢銘・陽朔四年鍾

漢銘・延壽宮高鐙

漢銘・陽朔四年鍾

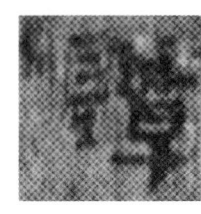

敦煌簡 0826

金關 T23:996A

金關 T24:140

○案譚取牛蘭越塞

歷代印匋封泥

○譚□

廿世紀璽印三-SY

○翟譚

廿世紀鉩印三-SY

○張譚之印

廿世紀鉩印三-SY

○武譚

柿葉齋兩漢印萃

○張譚

漢印文字徵

○秦譚

漢印文字徵

○菅譚

漢印文字徵

○鍾譚

漢印文字徵

○冬譚私印

漢印文字徵

○譚慶

漢印文字徵
○陳譚

柿葉齋兩漢印萃

漢印文字徵
○荊譚

漢印文字徵
○繆譚

漢晉南北朝印風
○王譚

漢晉南北朝印風
○秦譚

漢晉南北朝印風

漢晉南北朝印風
○臣譚

漢晉南北朝印風
○侯史譚印

北魏・元譚妻司馬氏誌

北魏・元譚誌

北魏・元廣誌

【譨】

北貳・老子100

○譨（默）然善謀

【謸】

馬貳216_1/12

○陽九謸（竅）

【譫】

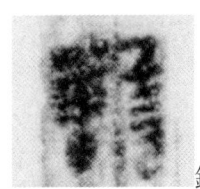

銀壹621

○不能譫（贍）其

【謥】

北魏・元謥誌

○君諱謥

【謢】

漢印文字徵

○賈謢

【譧】

西晉・趙氾表

北魏・赫連悅誌

【譿】

張・奏讞書119

1227

○以毛譠（谩）笞它

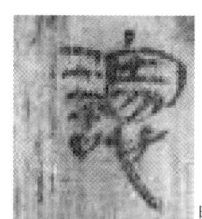

【譠】

里·第八層 60

○亭譠當論

【謶】

北壹·倉頡篇 22

○餓尌掇謍謶觢聊

【讚】

東漢·史晨後碑

○守廟百石孔讚

西晉·臨辟雍碑

○幽讚神明

北魏·薛慧命誌

○禮脩臺讚

北魏·寇侃誌

○曾祖讚

北魏·元羽誌

○協讚伊人

【讝】

金關 T03：053

○尚勃讝爵減

誩部

【誩】

《說文》：誩，競言也。从二言。凡誩之屬皆从誩。讀若競。

【譱】

《說文》：譱，吉也。从誩从羊。此與義美同意。

【善】

《說文》：善，篆文譱从言。

漢銘・陽泉熏鑪

漢銘・劉金弩鐖

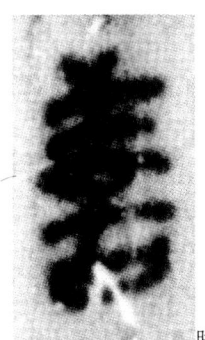

睡・語書 11

睡・秦律雜抄 15

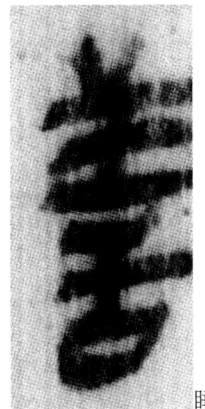

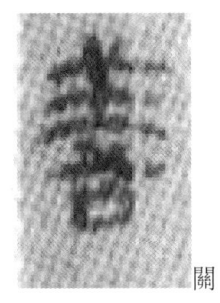

睡・日甲《盜者》69

關・日書 199

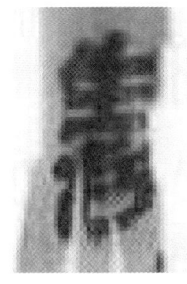

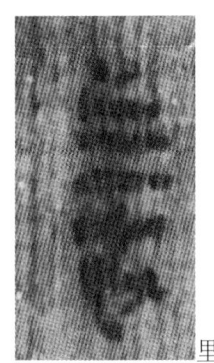

獄・為吏 27

獄・善等案 209

里・第八層 205

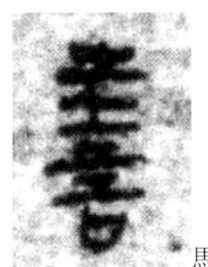

馬壹 80_17

馬壹 81_47

馬壹 97_51

馬壹 129_3 下\80 下

馬壹 148_68/242 上

馬壹 36_35 上
○曰讓善之胃（謂）

馬貳 36_52 上

馬貳 210_89

張・亡律 163

張・奏讞書 172

張・引書 48

銀壹 22

北貳·老子142

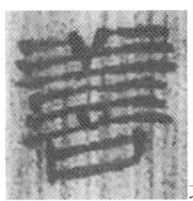

北貳·老子89

敦煌簡0114
○言鄯善反我

敦煌簡1659
○足下善毋恙

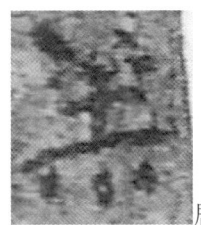

居·EPT2.5A
○頃有善鹽五升

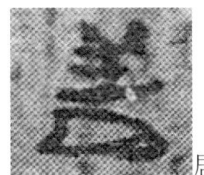

居·EPS4T2.114B
○見前善毋恙先日莫

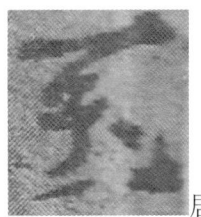

居·EPT65.31
○毋它善=前者三月

金關T24:015A
○足下善毋恙苦寒起

金關T24:377

金關T24:065A
○坐前善毋恙頃舍中

武·甲《燕禮》1

東牌樓035背
○□安善

東牌樓 149 正

北壹・倉頡篇 1

○禄寬惠善

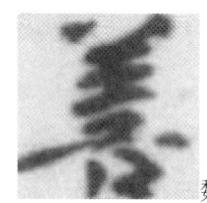

魏晉殘紙

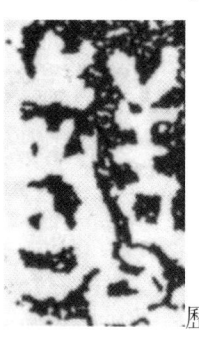

歷代印匋封泥

○咸郎里善

漢印文字徵

柿葉齋兩漢印萃

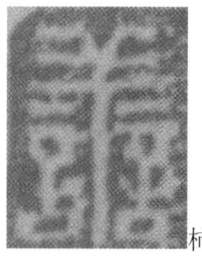

柿葉齋兩漢印萃

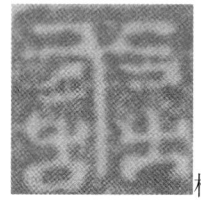

柿葉齋兩漢印萃

廿世紀璽印四-GY

漢晉南北朝印風

漢晉南北朝印風

廿世紀璽印四-GY

漢晉南北朝印風

廿世紀璽印四-GY

廿世紀璽印四-GY

漢晉南北朝印風

漢晉南北朝印風

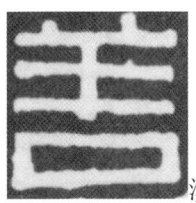

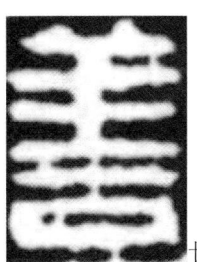

漢晉南北朝印風

廿世紀璽印三-SY

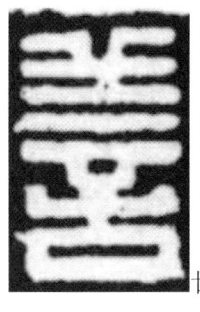

廿世紀璽印三-GY

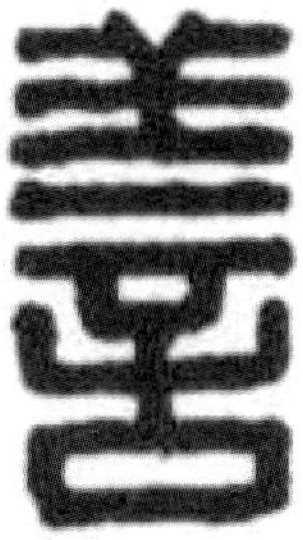

漢印文字徵

漢印文字徵

漢印文字徵

〇左善無

東漢・夏承碑

北魏・韓顯宗誌

北魏·韓顯宗誌

北齊·唐邕刻經記

○萬機兼十善之化

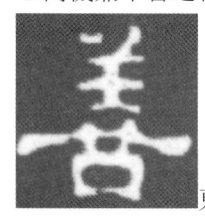

東漢·楊著碑額

東漢·孟孝琚碑

東漢·從事馮君碑

○獻善絀惡

東漢·伯興妻殘碑

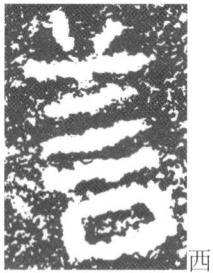

西漢

○石師江洛善許□

西漢

○善用籌策

西漢

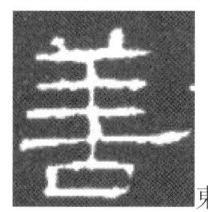

東漢·李固殘碑

○鄉黨善

北魏·王神虎造像

○善居願生

北魏·王普賢誌

北魏·馮會誌

○淑善天然

北魏・寇憑誌

○善報無徵

北魏・寇憑誌

○善草隸

北魏・元晫誌

北魏・和醜仁誌

北魏・王君妻韓氏誌

東魏・杜文雅造像

○逢茲善政

東魏・嵩陽寺碑

○是以須達崇善

東魏・元寶建誌

○唯善爲樂

東魏・元延明妃馮氏誌

○遨遊衆善

東魏・元季聰誌

○報善空傳

北齊・□道明誌

○善捨外發

北周・寇熾誌

○福善無徵

【竸（競）】

《說文》：競，彊語也。一曰逐也。从誩，从二人。

春晚・秦王鐘

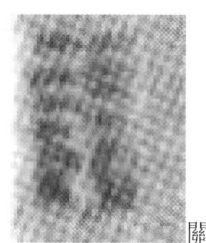

關・曆譜 13

○酉宿競（竟）陵

里・第八層 1533

○一競陵

張・算數書 83

漢印文字徵

○競成

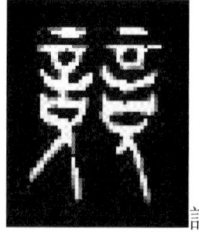

詛楚文・沈湫

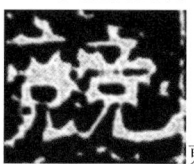

○淫夌競從刑剌不辜，

東漢・楊震碑

三國魏・張君殘碑

○競德國家

北魏・薛孝通敘家世券

○厥後競仕北朝

北魏・趙謐誌

○去競違豐

北魏・元羽誌

○當春競綵

北魏·惠感造像
○競集三有群

北魏·元飐誌
○蠲煩息競,

北魏·王遺女誌
○與刺史競功亢衡

北魏·元繼誌
○靡競於人

北魏·元襲誌
○台階無競

北魏·元爽誌
○與物無競

北魏·元朗誌
○妖氛競起

東魏·元仲英誌
○肅肅與清松競爽

東魏·杜文雅造像
○逢茲善政競抽家金

東魏·元季聰誌

北齊·庫狄迴洛誌
○共秋飄而競殞

北齊·梁迦耶誌
○不競身名

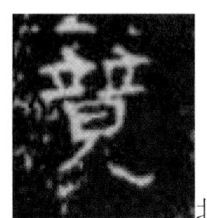

北周·匹婁歡誌

○競我汾方

【讟】

《說文》：讟，痛怨也。从誩賣聲。《春秋傳》曰："民無怨讟。"

音部

【音】

《說文》：音，聲也。生於心，有節於外，謂之音。宮商角徵羽，聲；絲竹金石匏土革木，音也。从言含一。凡音之屬皆从音。

戰晚·廿一年音或戈

春晚·秦公鎛

春早·秦公鎛

漢銘·上林銅鼎一

漢銘·大司農權

睡·日甲《詰》34

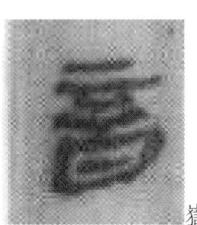

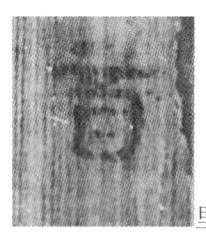

獄·魏盜案 154

里·第八層背 1446

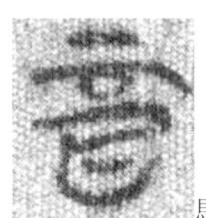

馬壹 242_8 上

馬壹 146_45/219 上

馬壹 13_89 上

○翰音登于天

馬貳 213_12/113

○再而音聲章（彰）

馬貳 120_223/218

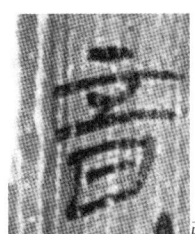

張・脈書 56

銀貳 2100

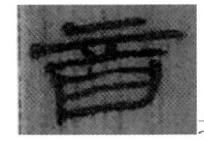

北貳・老子 14

○大音希聲

敦煌簡 2175A

金關 T24:036

廿世紀璽印三-SP

廿世紀璽印三-SY

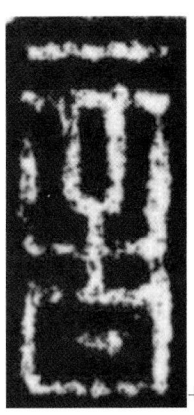

廿世紀璽印三-SY

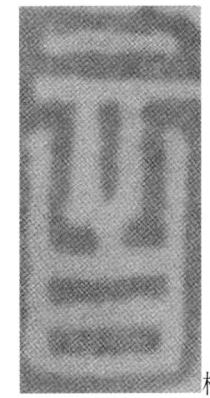

柿葉齋兩漢印萃

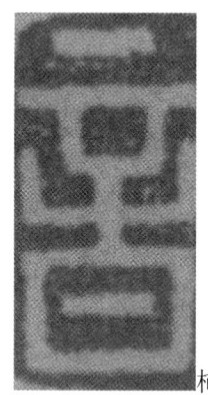

柿葉齋兩漢印萃

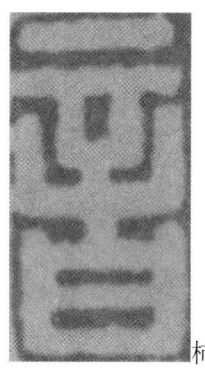

柿葉齋兩漢印萃

漢印文字徵

漢印文字徵

漢印文字徵

歷代印匋封泥

漢印文字徵

漢晉南北朝印風

漢晉南北朝印風

秦公大墓石磬

懷后磬

東漢・祀三公山碑

東漢・史晨後碑

西晉・臨辟雍碑

北齊・王馬造像

○敬造觀世音菩薩一軀

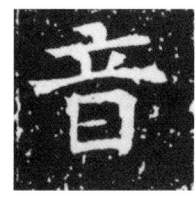

北齊・張思文造像

【響】

《說文》：響，聲也。从音鄉聲。

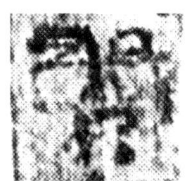

敦煌簡 0481A

○響應食肸

漢印文字徵
○劉響印信

東漢・史晨前碑

○黃玉韹（響）應

東漢・祀三公山碑

○報如景響

北魏・元昉誌

北魏・元熙誌

北魏・元謐誌

北魏・元崇業誌

北魏·元譚妻司馬氏誌

北魏·寇憑誌

北魏·寇憑誌

北魏·元彥誌

北魏·元廣誌

北魏·王蕃誌

北魏·元羽誌

【韽】

《說文》：韽，下徹聲。从音酓聲。

【韶】

《說文》：韶，虞舜樂也。《書》曰："《簫韶》九成，鳳皇來儀。"从音召聲。

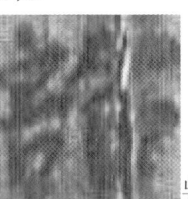

吳簡嘉禾·五·四七六

○謝韶佃田

西晉·華芳誌

北魏·元懌誌

○簫韶九成

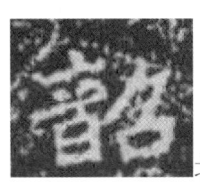

北魏·論經書詩

北魏·元嵩誌

北魏·元始和誌

1242

【章】

《說文》：竟，樂竟爲一章。从音从十。十，數之終也。

漢銘·上林豫章觀銅鑒

漢銘·二年酒銷

漢銘·章和元年洗

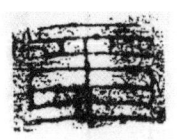

漢銘·章和二年堂狼造作洗

漢銘·章和二年洗

漢銘·千章銅漏壺

漢銘·大司農權

漢銘·光和斛二

漢銘·光和斛一

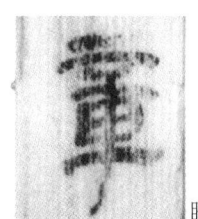

睡·爲吏 25

○名不章

睡·日甲《盜者》76

○名建章丑吉

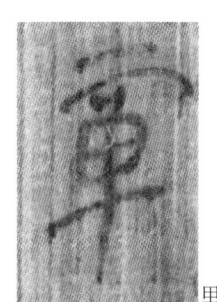

里·第八層 682

○章辨

馬壹 4_9 下
○含章有（或）隕

張・津關令 501
○以印章告關

張・奏讞書 152
○發毋章杂

銀壹 624
○弦章入公

北貳・老子 55
○滋章（彰）

敦煌簡 1892
○守丞章敢言之

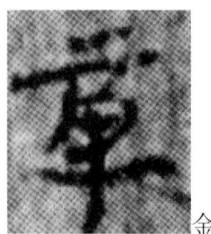

金關 T02:023
○大守章詣居延都尉

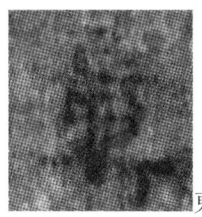

東牌樓 008
○掾黄章

北壹・倉頡篇 49
○游敖周章

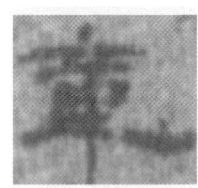

流沙墜簡

廿世紀璽印二-SP
○章

廿世紀璽印二-SY
○長章

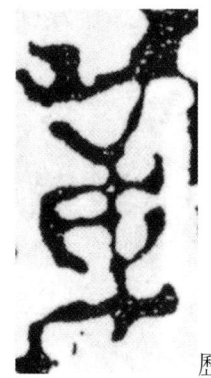

歷代印匋封泥

○新城章

秦代印風

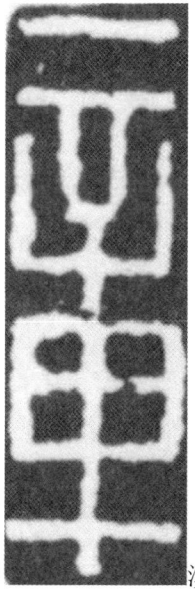

漢晉南北朝印風

漢晉南北朝印風

漢晉南北朝印風

歷代印匋封泥

漢代官印選

漢代官印選

漢代官印選

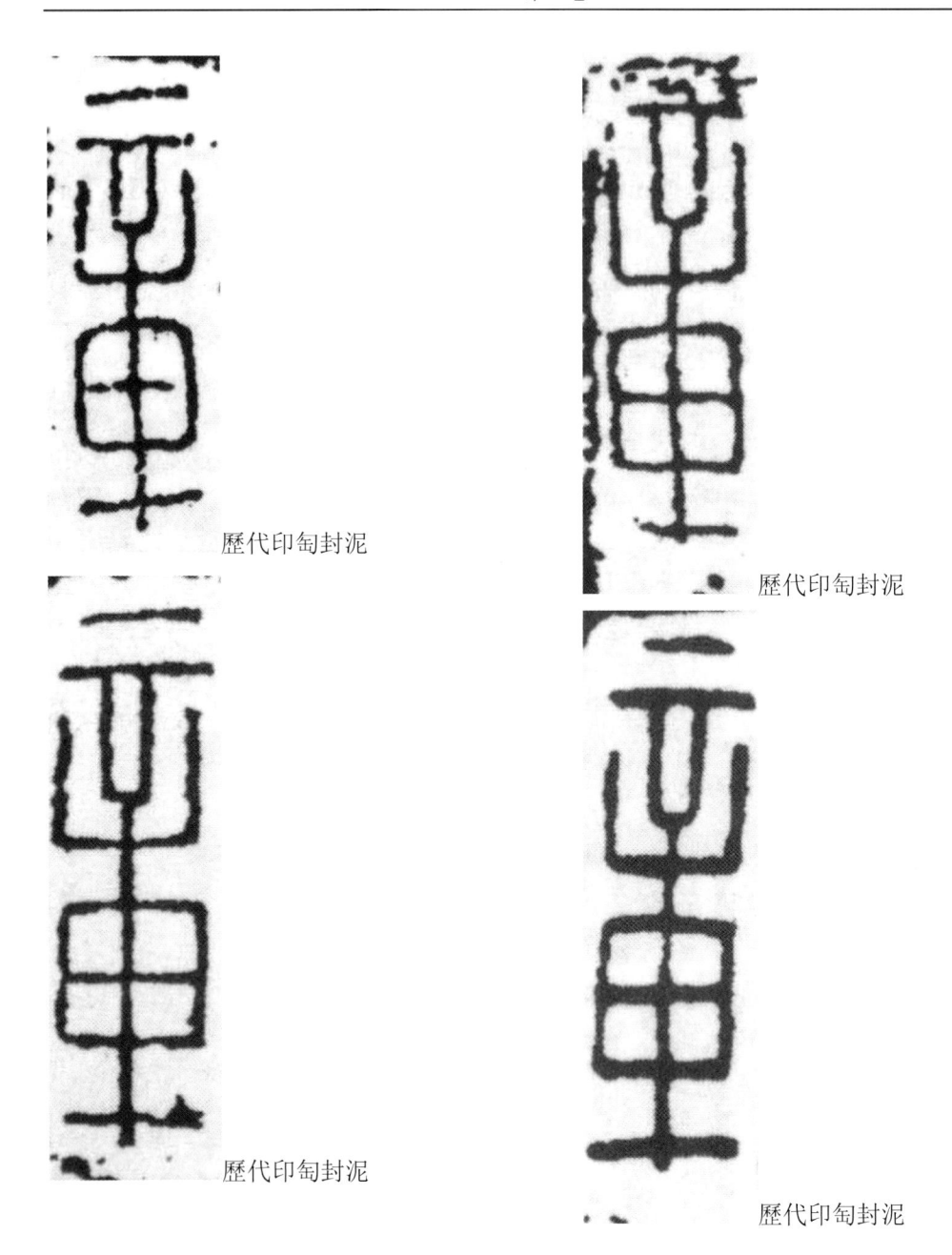

歷代印匋封泥

歷代印匋封泥

歷代印匋封泥

歷代印匋封泥

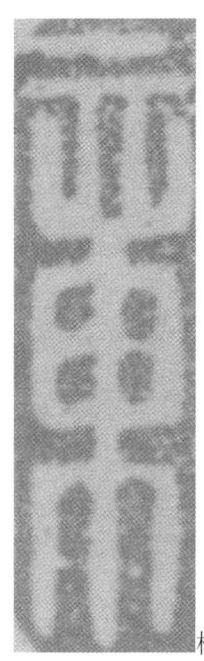

柿葉齋兩漢印萃

○大原郡開國公章

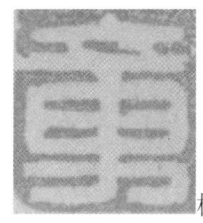

柿葉齋兩漢印萃

○臨淮壽章

漢代官印選

漢印文字徵

漢印文字徵

○臣龍章

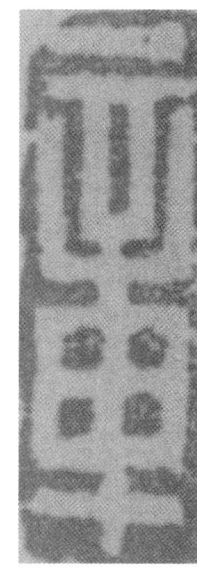

柿葉齋兩漢印萃

漢印文字徵

廿世紀璽印四-GY

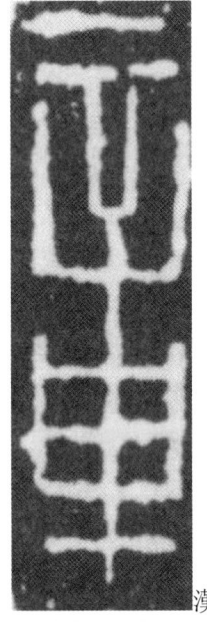

漢晉南北朝印風

漢晉南北朝印風

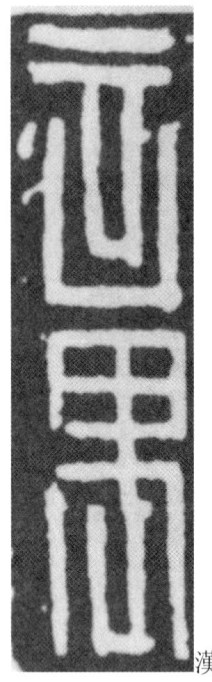

漢晉南北朝印風

漢晉南北朝印風

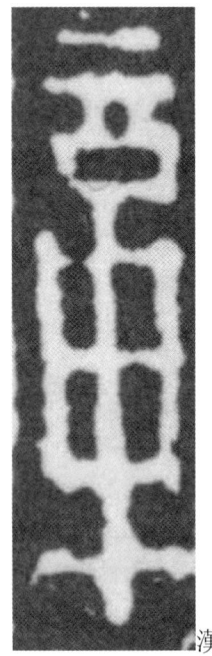

漢晉南北朝印風

○盪難將軍印

漢晉南北朝印風
○臣信上章

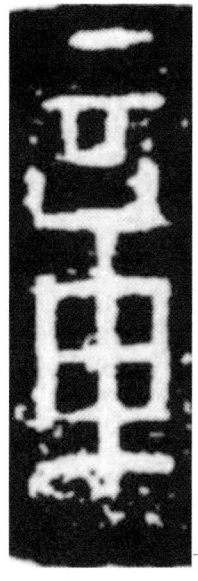

廿世紀璽印四-GY

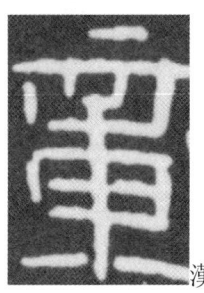

漢晉南北朝印風

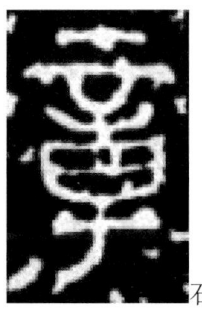

石鼓・鑾車

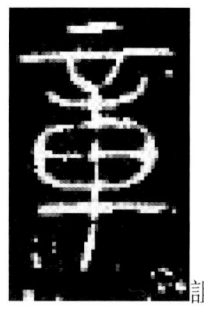

詛楚文・亞駝

東漢・石門頌
○匪石厥章

東漢・譙敏碑
○章君之弟

東漢・營陵置社碑
○率由舊章

東漢・乙瑛碑

東漢・任城王墓黃腸石

東漢・曹全碑陽
○德義章

東漢・肥致碑

○孝章皇帝

東漢・熹平石經殘石四

○故易六畫而成章也

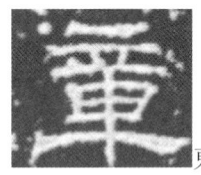

東漢・西岳華山廟碑陽

○兼命斯章

東漢・成陽靈臺碑

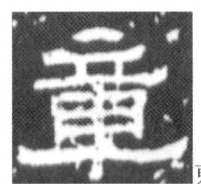

○以奏大章

東晉・謝鯤誌

○晉故豫章內史

北魏・元思誌

○徽章宿著

北魏・元誘誌

○含章卓出

北魏・元文誌

北齊・柴季蘭造像

○章句亦□

【竟】

《說文》：竟，樂曲盡爲竟。从音从人。

漢銘・竟寧鴈足鐙

漢銘・桂宮鴈足鐙

漢銘・中宮鴈足鐙

馬貳 35_38 下

敦煌簡 2173
○發乎竟不□與

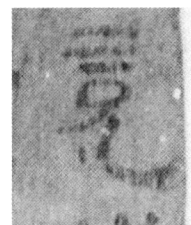

敦煌簡 0507B
○幸旦竟謹

金關 T01:151
○更竟里韓

東牌樓 070 背

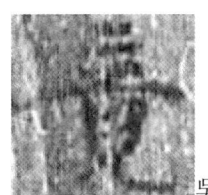

吳簡嘉禾・五・九六

廿世紀璽印三-SY

漢印文字徵

漢印文字徵

漢印文字徵
○竟陵丞印

漢印文字徵

漢印文字徵

漢印文字徵

○尹竟之印

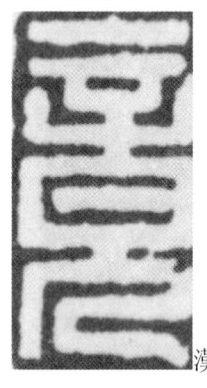

漢晉南北朝印風

漢晉南北朝印風

東漢・曹全碑陽

東漢・裴岑紀功碑

○蠲四郡之害邊竟艾安振

東漢・景君碑

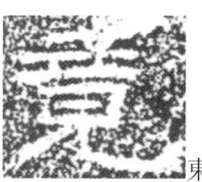

東漢・陶洛殘碑陽

○慕竟拜

十六國北涼・沮渠安周造像

北魏・慧靜誌

北魏・長孫忻誌

第三卷

北魏·楊乾誌

北魏·元歆誌

東魏·趙胡仁誌

北周·二種無我摩崖

【韻】

《説文》：韻，和也。从音員聲。裴光遠云：古與均同。未知其審。

北魏·元斌誌

北魏·吐谷渾璣誌

○逸韻夙成

北魏·楊熙僊誌

東魏·盧貴蘭誌

南朝齊·劉岱誌

辛部

【辛】

《説文》：辛，辠也。从干、二。二，古文上字。凡辛之屬皆从辛。讀若愆。張林説。

【童】

《説文》：童，男有辠曰奴，奴曰童，女曰妾。从辛，重省聲。

【童】

《説文》：童，籀文童，中與竊中同从廿。廿，以爲古文疾字。

漢銘·永壽二年鑯

1253

睡・秦律雜抄 32

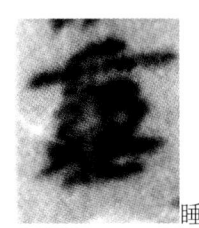

睡・日書甲種《詰》36

○不能童（動）作

嶽・數 177

馬壹 11_72 上

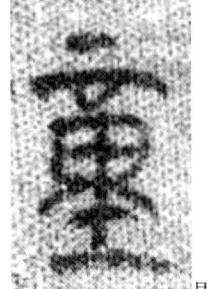

馬壹 265_12

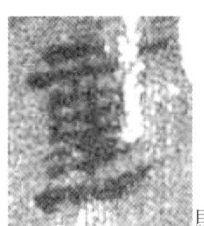

馬壹 4_15 下

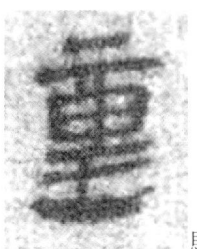

馬壹 4_11 下

張・史律 474

張・算數書 144

銀壹 498

金關 T05:078

武・儀禮甲《服傳》58

秦代印風

秦代印風

○童

歷代印匋封泥

○王童

廿世紀璽印三-SY

○童況私印

廿世紀璽印三-SY

○郭童私印

漢印文字徵

漢印文字徵

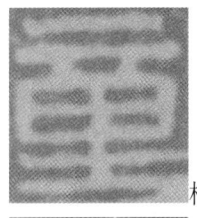

柿葉齋兩漢印萃

東漢·朝侯小子殘碑

東漢·曹全碑陽

北魏·元弼誌

北魏·馮邕妻元氏誌

北魏·于纂誌

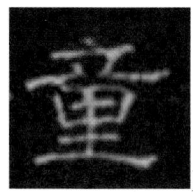

東魏·元悰誌

【妾】

《說文》：妾，有辠女子，給事之得接於君者。从辛从女。《春秋》云："女爲人妾。"妾，不娉也。

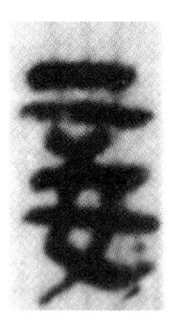

睡·秦律十八種 61

睡·法律答問 108

○父臣妾畜產及盜之

獄·識劫案 112

里·第八層 2171

里·第八層 962

○倉隸妾一人

馬壹 4_3 下

張·賊律 41

張·奏讞書 175

敦煌簡 1355

○曰赦妾青夫仁之罪

敦煌簡 1145

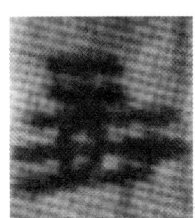

武·儀禮甲《服傳》10

東牌樓 078 正

○妻妾

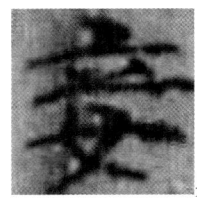

吳簡嘉禾·五·五七二

秦代印風

秦代印風

○妾□

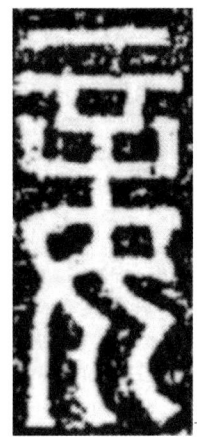

廿世紀璽印三-SY

○妾嬽

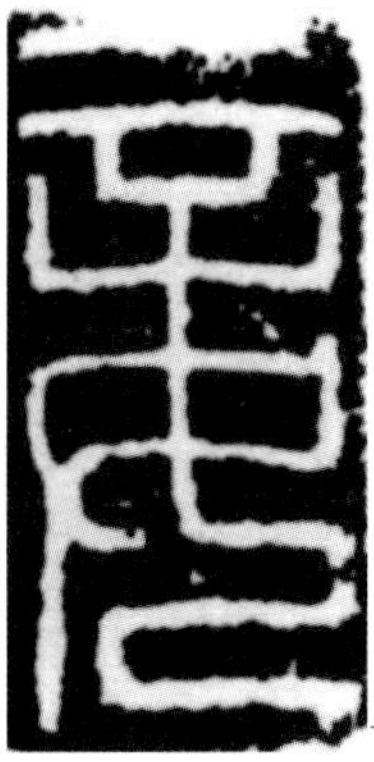

廿世紀璽印三-SY

廿世紀璽印三-SY

漢印文字徵

漢印文字徵

○婕伃妾綃

漢印文字徵

○妾盧豚

漢印文字徵

○妾款

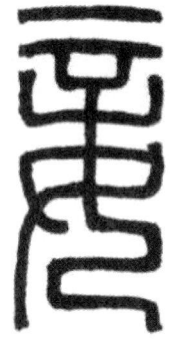

漢印文字徵

廿世紀璽印四-SY

○妾郢

漢晉南北朝印風

○妾巽

漢晉南北朝印風

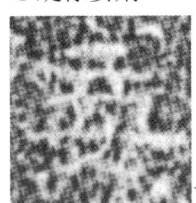

○緁伃妾娟

東漢・三公山碑

西晉・徐義誌

北魏・鄭長猷造像

漢銘・上御鍾

馬壹 85_131

○王之業而以臣爲三

張・奏讞書 221

○業恆游旗下

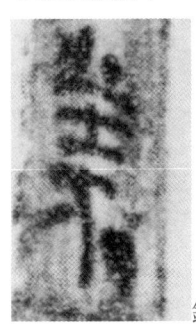

銀壹 936

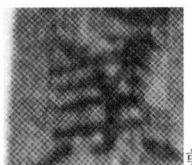

敦煌簡 0213

金關 T10:246B

○白奉業卿

丵部

【丵】

《說文》：丵，叢生艸也。象丵嶽相竝出也。凡丵之屬皆从丵。讀若浞。

【業】

《說文》：業，大版也。所以飾縣鍾鼓。捷業如鋸齒，以白畫之。象其鉏鋙相承也。从丵从巾。巾象版。《詩》曰："巨業維樅。"

【𮧕】

《說文》：𮧕，古文業。

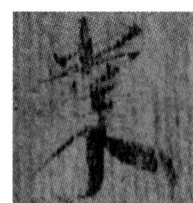

東牌樓 119
○鸞節業綦

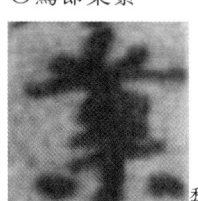

魏晉殘紙
○張幼業

廿世紀璽印三-SY
○孫業信印

漢印文字徵
○甯業印信

漢印文字徵
○張業印

漢印文字徵
○衛業

漢晉南北朝印風
○王業之印信

漢晉南北朝印風
○劉業

東漢・三老諱字忌日刻石
○三老德業赫烈

東漢・成陽靈臺碑

東漢·是吾殘碑

○長平鸛萬業

東漢·孔宙碑陽

東漢·耿勳碑

○百姓樂業

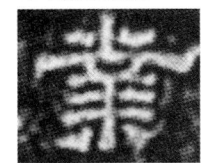

東漢·景君碑

三國吳·天發神讖碑

北魏·穆亮誌

○剋廣大業

北魏·山公寺碑頌

○勝業光炳

北魏·元滸嬪耿氏誌

○資業靈純

【叢】

《說文》：叢，聚也。从丵取聲。

秦文字編 126

秦文字編 126

睡·日甲《詰》67

○立叢

馬貳 98_14

○大指叢毛上乘足跗

漢印文字徵

○叢宗印

東漢・少室石闕銘

○□叢林芷

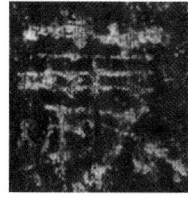

東漢・楊德安題記

○子尚叢撫業

北魏・王翊誌

○標叢桂於八樹

北魏・馮季華誌

○鳥飛叢木

東魏・元延明妃馮氏誌

○而叢蘭欲脩

北周・王通誌

○前臨叢薄

【對】

《說文》：對，譍無方也。从丵从口从寸。

【對】

《說文》：對，對或从士。漢文帝以爲責對而爲言，多非誠對，故去其口以从士也。

獄・為吏 18

馬壹 78_87

馬壹 82_54

馬壹 113_41\392

馬壹 132_30 上/107 上

張·奏讞書 213

銀壹 192

銀貳 1118

敦煌簡 1144

敦煌簡 1409A

金關 T14_030_0

武·儀禮甲《士相見之禮》4

武·儀禮甲《士相見之禮》10

漢印文字征

東漢·元嘉元年畫像石題記一

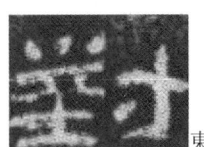

東漢·肥致碑

東漢·西狹頌

東漢·張遷碑陽

東漢·張遷碑陽

北魏·皇甫驎誌

北魏·李璧誌

北魏·元誘誌

北魏·韓震誌

北魏·乞伏寶誌

東魏·李挺誌

北齊·劉碑造像

北齊·劉悅誌

北齊·無量義經一

業部

【業】

《說文》：業，瀆業也。从丵从廾，廾亦聲。凡業之屬皆从業。

【僕】

《說文》：僕，給事者。从人从業，業亦聲。

【㒒】

《說文》：㒒，古文从臣。

漢銘·延光四年鑯

漢銘·永元六年弩鑯

漢銘·建武泉範一

睡・秦律十八種 74	里・第八層 137
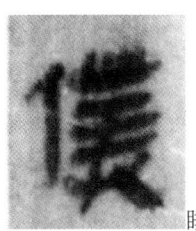 睡・秦律雜抄 34	馬壹 93_309
○僕射不告貲各	○田僕曰請
 睡・日甲《盜者》81	馬壹 5_24 上
○榮辨僕上	馬貳 38_62 上
獄・猩敞案 53	張・行書律 267
○達與僕徒時（蒔）	張・奏讞書 26
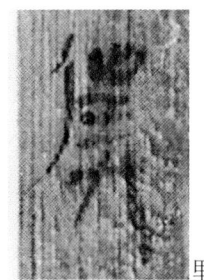 里・第六層 7	
○吏益僕	

張・奏讞書 216

北壹・倉頡篇 6
○悉起臣僕

吳簡嘉禾・五・八三四
○僕丘縣吏廖怡佃田

魏晉殘紙
○有欽想僕

歷代印匋封泥
○中匋里僕

秦代印風
○僕央

廿世紀璽印三-GY
○長沙僕

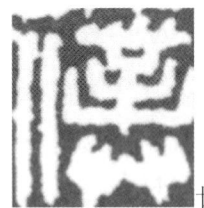

廿世紀璽印三-GY
○楚太僕丞

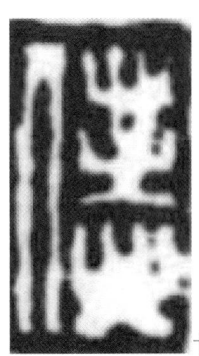

廿世紀璽印三-SY
○僕忠

漢晉南北朝印風
○長沙僕

漢印文字徵
〇李僕私印

漢印文字徵
〇臣僕

漢印文字徵

漢印文字徵
〇左甲僕射

漢印文字徵
〇王僕

漢印文字徵
〇長沙僕

漢印文字徵
〇李馬僕

漢印文字徵

歷代印匋封泥
〇六安僕印

歷代印匋封泥
〇太僕之印

漢印文字徵

漢代官印選

漢代官印選
○尚書僕射

漢代官印選
○謁者僕射

漢代官印選

漢晉南北朝印風
○左甲僕射

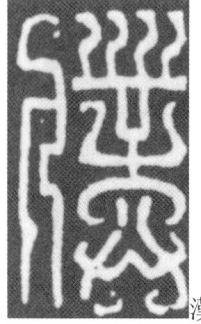

漢晉南北朝印風
○貴僕

東漢・尚博殘碑

東漢・尚博殘碑

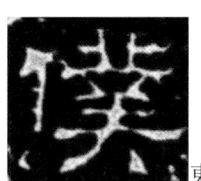

東漢・楊震碑

東漢・司徒袁安碑
○拜大僕

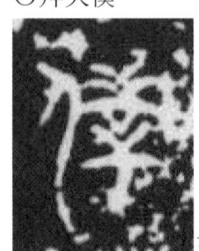

三國魏・三體石經春秋・古文
○僕（濮）楚師敗績

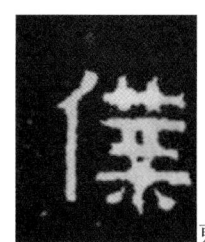

僕　東晉・王建之誌
○書左僕射都亭肅侯彬之

僕　北魏・元頊誌
○左僕射

僕　北魏・元爽誌
○僕射元公墓誌銘

僕　北魏・元恭誌
○左僕射

僕　北魏・王誦誌
○祖僕射使君

僕　北魏・王誦誌
○左僕射

僕　北魏・元洛神誌
○左僕射

僕　北魏・元孟輝誌
○左僕射

僕　北魏・元詮誌
○左僕射

僕　北魏・奚智誌
○僕儈可汗之後裔

僕　北魏・元恭誌
○左僕射

僕　東魏・封延之誌蓋
○左僕射

東魏·劉懿誌

東魏·王令媛誌

○尚書僕射

北齊·暴誕誌蓋

○左僕射

北齊·封子繪誌蓋

○右僕射

北齊·暴誕誌

北齊·感孝頌

北齊·徐顯秀誌

○尚書右僕射

北齊·赫連子悅誌

○左僕射

北周·崔宣靖誌

○儀同僕射

【䉾】

《說文》：䉾，賦事也。从業从八。八，分之也。八亦聲。讀若頌。一曰讀若非。

廾部

【廾（卅）】

《說文》：卅，竦手也。从ナ从又。凡廾之屬皆从廾。

【𢪙】

《說文》：𢪙，楊雄說，廾从兩手。

【奉】

《說文》：奉，承也。从手从廾，丰聲。

漢銘·陽信家甗

漢銘・熹平鍾

漢銘・陽信家瓢

漢銘・奉山宮行鐙

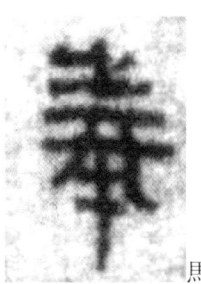

馬壹 82_65

張・奏讞書 86

張・引書 51

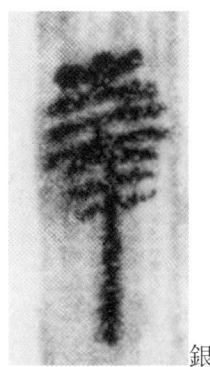

○兩手奉尻傰（俛）

銀壹 623

○留其奉（封）敬

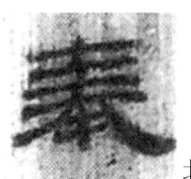

北貳・老子 111

敦煌簡 1987

○正月奉穬麥一斛

敦煌簡 0523

○請奉事

金關 T09:314

金關 T04:108B

○因使奉之詣前

武・儀禮甲《士相見之禮》4

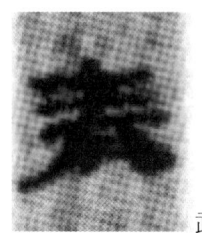

武・甲《少牢》23

○宗人奉般（盤）

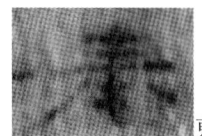

東牌樓 005

東牌樓 048 正

○范弼奉君誠惶誠恐

魏晉殘紙

魏晉殘紙

秦代印風

○奉

秦代印風

○李奉

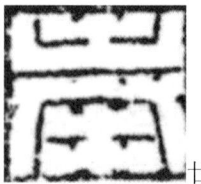

廿世紀璽印三-SY

○臣奉親

廿世紀璽印三-SY

○馮奉世印

廿世紀璽印三-SY

○徐奉之印

廿世紀璽印三-SY

○王奉世印

漢晉南北朝印風

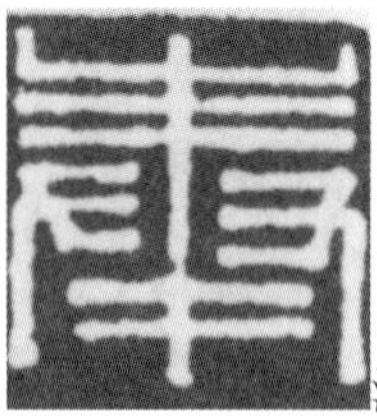

漢晉南北朝印風

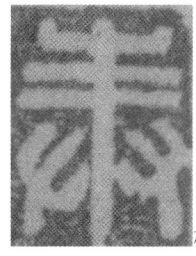

柿葉齋兩漢印萃

柿葉齋兩漢印萃

柿葉齋兩漢印萃

柿葉齋兩漢印萃

歷代印匋封泥

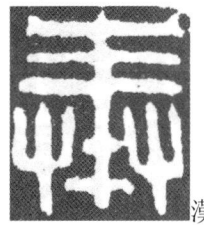

漢代官印選

漢代官印選

漢印文字徵

漢印文字徵

○奉車都尉

漢印文字徵

漢印文字徵

漢印文字徵

漢印文字徵

○王奉

漢印文字徵

漢印文字徵

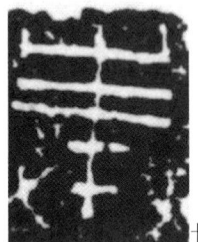

廿世紀璽印四-GY

○奉車都尉

漢晉南北朝印風

漢晉南北朝印風

漢晉南北朝印風

漢晉南北朝印風

漢晉南北朝印風

○劉奉印信

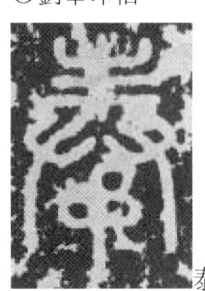

泰山刻石

東漢・成陽靈臺碑

東漢・成陽靈臺碑

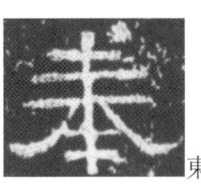

東漢・張遷碑陰

東漢・石門頌

東漢・陽嘉殘碑陽

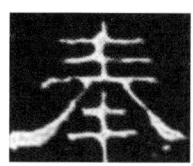

東漢・楊震碑

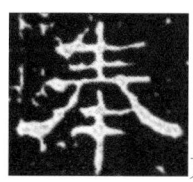

東漢・楊震碑

東晉・劉媚子誌

東晉・張鎮誌

〇郡太守奉車都尉

北魏・張正子父母鎮石

北魏・元詳造像

北魏・張列華誌

北魏・王遺女誌

北齊・逢哲誌

【丞】

《說文》：䘓，翊也。从廾从卪从山。山高，奉承之義。

戰晚・丞相觸戈

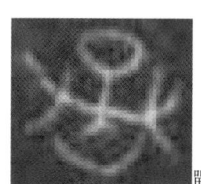

戰晚・八年相邦呂不韋戈

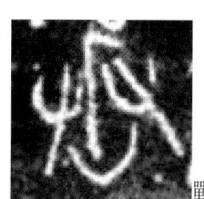

戰晚・高陵君鼎

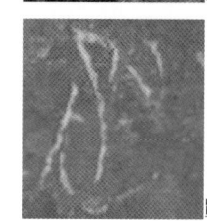

戰晚・王二十三年秦戈

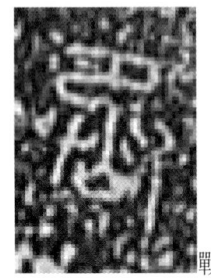

戰晚・左樂兩詔鈞權

戰中・商鞅量

戰晚・六年漢中守戈

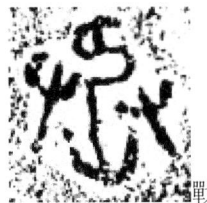

戰晚・高奴禾石權

戰晚・囗年相邦呂不韋戈

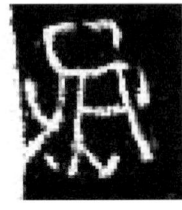

戰晚・二十五年上郡守廟戈

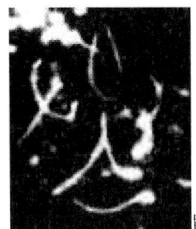

戰晚・二十六年蜀守武戈

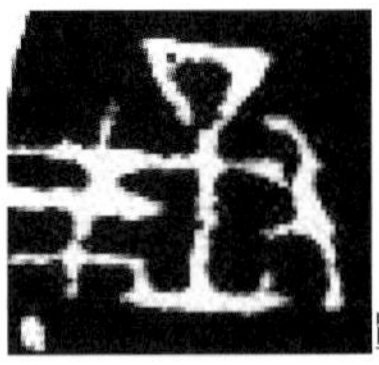

戰晚・丞廣弩牙

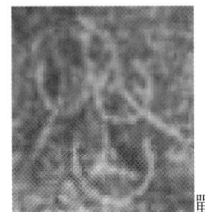

戰晚・寺工師初壺

戰晚・二年上郡守冰戈

戰晚・二年上郡守戈

戰晚・五年呂不韋戈（一）

秦代・始皇詔銅方升一

秦代・始皇詔銅橢量四

秦代·始皇詔銅權三

秦代·始皇十六斤銅權四

秦代·大騊銅權

漢銘·右丞宮鼎

漢銘·承安宮鼎一

漢銘·右丞宮鼎

漢銘·陽泉熏鑪

漢銘·永始三年乘輿鼎

漢銘·平都犁觚

漢銘·元延乘輿鼎一

漢銘·陽朔四年鍾

漢銘·東海宮司空盤

漢銘·中宮鴈足鐙

漢銘·池陽宮行鐙

漢銘·承安宮行鐙

漢銘·永始高鐙

漢銘·建昭行鐙

漢銘・建武泉範一	睡・封診式 39
 漢銘・竟寧鴈足鐙	獄・尸等案 31
 漢銘・大司農權	里・第五層 17
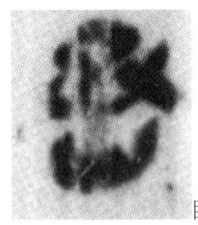 睡・語書 7	里・第六層 4
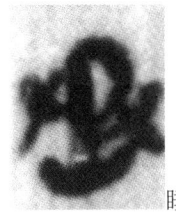 睡・秦律十八種 32	 里・第八層 2028
睡・效律 51	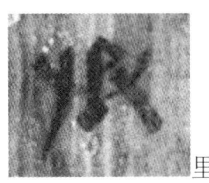 里・第八層背 60
睡・秦律雜抄 9	馬壹 175_39 上
睡・法律答問 138	

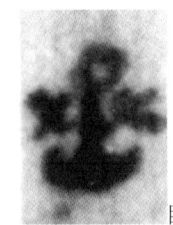

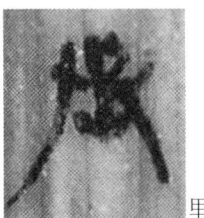

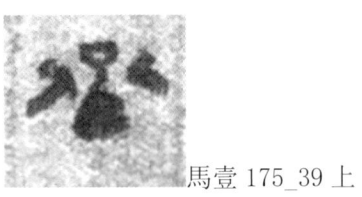

〇其丞蓐收其神上

馬貳 258_2/2

張・具律 104

張・奏讞書 28

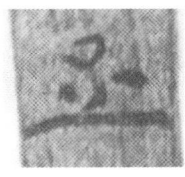

敦煌簡 0185

○都丞審敢言之

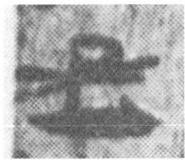

敦煌簡 1595

金關 T01:002

金關 T30:043

○後曲丞別作令

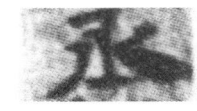

武・王杖 4

東牌樓 001

○桂楊大守行丞事

吳簡嘉禾・五・三〇四

○男子丞棠佃田

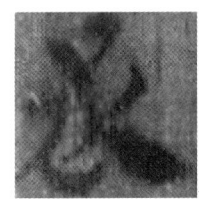

吳簡嘉禾・五・一三四

○謝丞佃田

廿世紀璽印二-GP

歷代印匋封泥

廿世紀璽印三-GP

廿世紀璽印三-GP

○泰倉丞印

廿世紀璽印三-GP

廿世紀璽印三-GY

秦代印風

秦代印風

歷代印匋封泥

漢晉南北朝印風

漢晉南北朝印風
○琅鹽左丞

漢晉南北朝印風
○蒼梧侯丞

漢晉南北朝印風

廿世紀璽印三-GY
○紓之印

廿世紀璽印三-GY
○宮司空丞之印

廿世紀璽印三-GY

廿世紀璽印三-GP
○長沙右丞

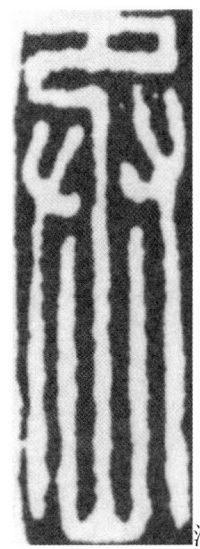

漢晉南北朝印風

漢晉南北朝印風

漢晉南北朝印風

漢晉南北朝印風

漢晉南北朝印風

漢晉南北朝印風

漢印文字徵

漢印文字徵

○曹丞仲承

漢印文字徵

○寒丞之印

歷代印匋封泥

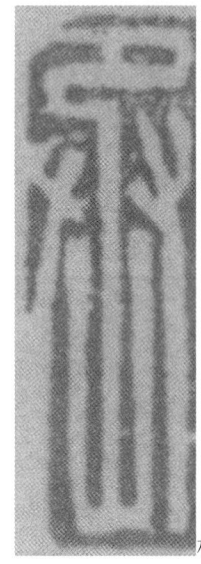

柿葉齋兩漢印萃

漢代官印選

漢代官印選

○軍正丞印

漢代官印選

漢代官印選

漢代官印選

漢印文字徵

○□丞□印

漢晉南北朝印風

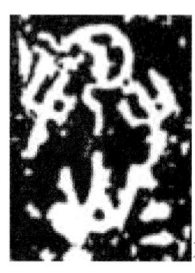

石鼓・汧殹

瑯琊刻石

東漢・元嘉元年畫像石題記二

東漢・乙瑛碑

東漢・少室石闕銘

東漢・少室石闕銘

北朝・趙阿令造像

○成安縣丞

北魏・楊舒誌

北魏・寇憑誌

○郡丞

北魏・唐雲誌

○君丞（承）乃宗之流風

北魏・穆彥誌

○大司農丞

北魏・元維誌

○大宗正丞

北魏・元天穆誌蓋

○丞相

北齊・閭炫誌蓋

○御史中丞

北齊・婁叡誌蓋

北齊・高潤誌蓋

【奐】

《說文》：奐，取奐也。一曰大也。从廾，夐省。

1283

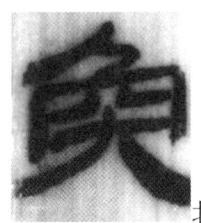

北壹·倉頡篇 4

○肆延渙奐若思

漢印文字徵

○□奐白記

北魏·王紹誌

○祖奐

北魏·王普賢誌

○祖奐

【弇】

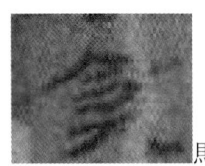

《說文》：弇，蓋也。从廾从合。

【𠃈】

《說文》：𠃈，古文弇。

馬貳 144_4

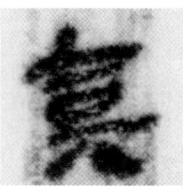

○左弇其

銀壹 628

○過不弇今

北壹·倉頡篇 43

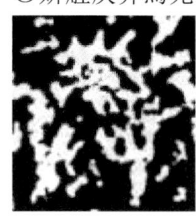

○姘䶃庚弇焉宛

石鼓·吾水

【𢍃】

《說文》：𢍃，引給也。从廾睪聲。

【舁】

《說文》：舁，舉也。从廾𦥑聲。《春秋傳》曰："晉人或以廣墜，楚人舁之。"黃顥說，廣車陷，楚人爲舉之。杜林以爲騏麟字。

【异】

《說文》：异，舉也。从廾㠯聲。《虞書》曰："岳曰：异哉！"

【弄】

《說文》：弄，玩也。从廾持玉。

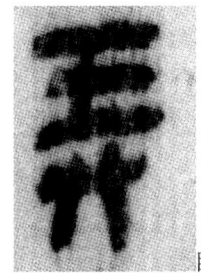

睡·日甲《盜者》69

馬壹 41_17 上

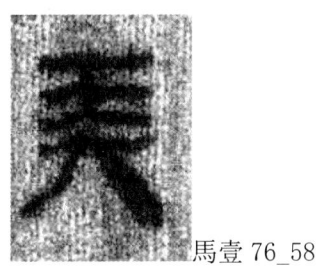

馬壹 76_58

○欲傳（專）弄（寵）將以疑君

歷代印匋封泥

秦代印風

廿世紀璽印三-GY

廿世紀璽印三-SY

漢印文字徵

漢晉南北朝印風

○鄧弄

漢晉南北朝印風

○莊弄弓印

西晉·臨辟雍碑

○士女弄舞於郊畛

北魏·楊乾誌

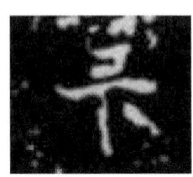

○幼不好弄

北魏·王紹誌

○弱不好弄

北魏·元誘誌

○殊異表於弄璋

北魏·元舉誌

○自塗羹匪弄

北魏·爾朱紹誌

○弱不好弄

北魏·乞伏寶誌

○岐嶷表於弄璋

北魏·高廣誌

○載弄機明

東魏·廣陽元湛誌

北齊·道明誌

北齊·盧脩娥誌

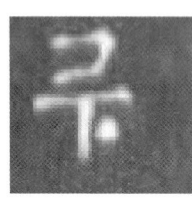

北周·若干雲誌

○弱不好弄

【弄】

《説文》：𠬞，兩手盛也。从𠬞关聲。

【𢌵】

《説文》：𢌵，摶飯也。从𠬞釆聲。釆，古文辨字。讀若書卷。

【𦥯】

《説文》：䇂，持弩拊。从廾、肉。讀若逵。

【戒】

《説文》：𢇍，警也。从廾持戈，以戒不虞。

睡·法律答問 125
○將盜戒（械）囚

睡·為吏 40
○樂必戒

睡·為吏 33
○戒之

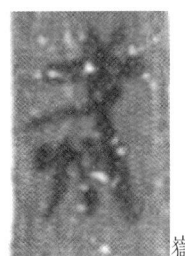

嶽·為吏 28
○所必戒

里·第八層 528
○解盜戒（械）卅

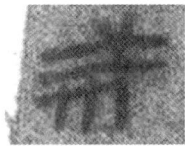

馬壹 38_19 上
○嘆戒門弟子

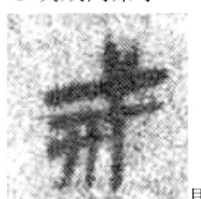

馬壹 6_26 下
○日戒

馬貳 21_23 下
○爲行戒勿用

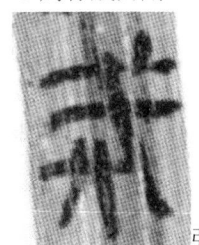

張·蓋盧 36
○我以戒吾侍（待）

張·脈書 5
○在戒不能弱

銀壹 766
○戒之毋反

銀貳 2010
○宿戒五日

敦煌簡 1461A
○慎敬戒勉

敦煌簡 1459A
○慎敬戒勉力諷

武・甲《少牢》3
○乃官戒宗人

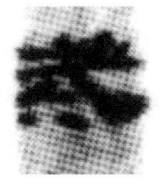

武・甲《有司》1
○宗人戒或（侑）

武・甲《燕禮》1
○小臣戒與者

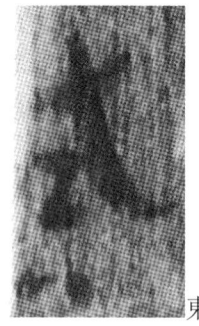

東牌樓 036 背
○信具戒忩

漢晉南北朝印風
○邢戒印信

東漢・乙瑛碑

北魏・元鑽遠誌
○今卜遠戒晨

北魏・元詳造像
○戒途戎旅

北齊・傅華誌

北齊・無量義經二

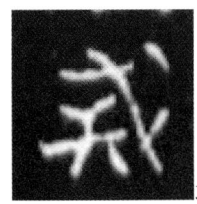

北周·尉遲將男誌
〇窮陰戒節

【兵】

《説文》：兵，械也。从廾持斤，并力之皃。

【俍】

《説文》：俍，古文兵，从人、廾、干。

【乒】

《説文》：乒，籀文。

戰晚·新鄭虎符

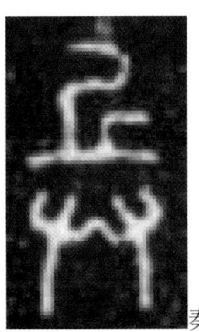

秦代·陽陵虎符

漢銘·□方辟兵鉤

漢銘·除兇去央鈴範

睡·秦律十八種 102

睡·日甲《衣》118

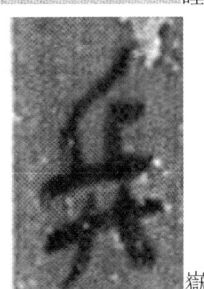

嶽·為吏 11

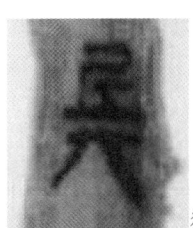

嶽·綰等案 243

里·第八層 493

里・第八層背 63

馬壹 77_80

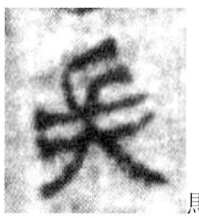

馬壹 85_123

馬壹 91_269

○益師兵（與）韓

馬壹 175_58 上

馬壹 176_41 下

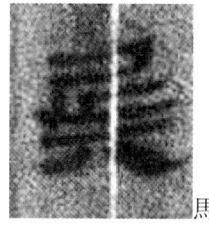

馬壹 48_5 下

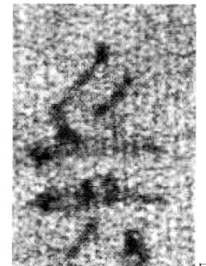

○銳兵而後

馬貳 31_57

○赫甲兵籍

張・置吏律 216

○卒甲兵

銀壹 353

銀貳 1005

北貳・老子 35

敦煌簡 0086
○布將兵二千餘人
金關 T24:797 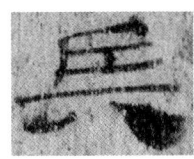
金關 T01:014A 
○校兵者
吳簡嘉禾·五·一七一 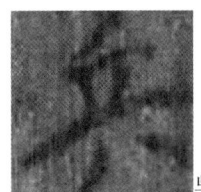
秦代印風 
○王兵戎器
廿世紀璽印三-GY 

廿世紀璽印三-GY
○將兵都尉司馬
廿世紀璽印三-GP 
○兵府
漢印文字徵 
柿葉齋兩漢印萃 
漢印文字徵 
漢印文字徵

漢印文字徵

漢印文字徵

○史兵之印

漢印文字徵

○將兵都尉

歷代印匋封泥

○兵府

歷代印匋封泥

漢代官印選

○步兵將軍印章

漢晉南北朝印風

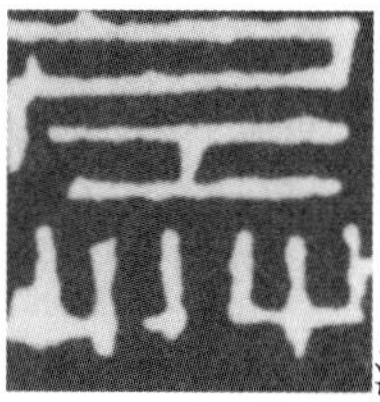

漢晉南北朝印風

○將兵都尉

詛楚文・巫咸

東漢・孔宙碑陽

○祠兵

東漢・朝侯小子殘碑

○曜德戢兵

西晉・石尠誌

○步兵校尉

北魏・元則誌

○中兵參軍

北魏・嚴震誌

北魏・元則誌

○中兵參軍

北魏・元瞻誌

北魏・丘哲誌

北魏・鄭黑誌

北魏・元仙誌

北齊・元始宗誌蓋

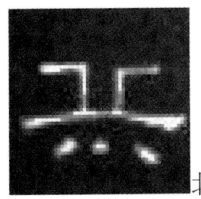

北齊・徐顯秀誌

○救兵未會

北齊・赫連子悅誌

【龏】

《說文》：龏，慤也。从廾龍聲。

春早・秦子簋蓋

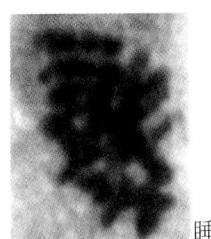

睡・日甲《盜者》79

○馬童龏辰戌

廿世紀璽印二-SY

秦代印風

漢印文字徵

漢印文字徵
○龏遂

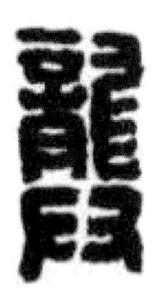

漢印文字徵

漢晉南北朝印風
○常龏

秦公大墓石磬

【弈】

《說文》：弈，圍棋也。从廾亦聲。
《論語》曰："不有博弈者乎！"

里·第八層 430
○外里弈

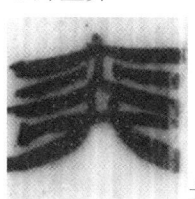

北壹·倉頡篇 2
○馮弈青北

秦代印風
○大夫奕私印

東漢·尹宙碑

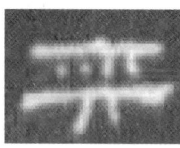

東漢·營陵置社碑

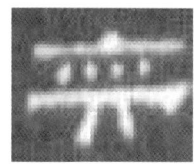

東漢·營陵置社碑

北魏·元譚妻司馬氏誌

北魏·元鑒誌

○弈弈悠徽

北魏·元鑒誌

北魏·王誦妻元氏誌

北魏·王普賢誌

○弈世啓輝

北魏·盧令媛誌

○風猷懋於弈葉

北魏·和邃誌

北魏·元譚誌

○寫弈於緗素

北魏·韓震誌

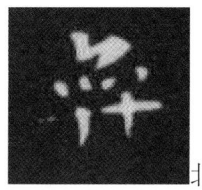

北魏·韓震誌

○弈世忠款

北魏·尉氏誌

○體弈世之勳烈

東魏·張瑾誌

東魏·陸順華誌

○弈葉重光

【具】

《説文》：具，共置也。从廾，从貝

省。古以貝爲貨。

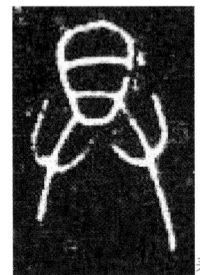

春早・秦公鎛

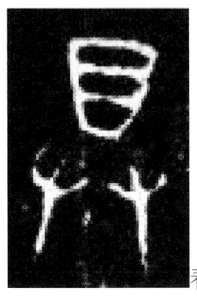

春早・秦公鐘

漢銘・內者未央尚臥熏鑪

漢銘・內者未央尚臥熏鑪

漢銘・泰山宮鼎

漢銘・承安宮鼎一

睡・法律答問 28

睡・為吏 11

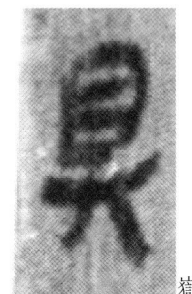

獄・為吏 60

里・第五層 1

里・第六層 25

里・第八層 1440

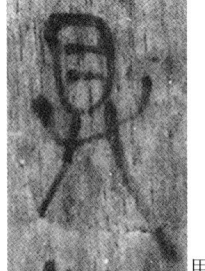

里・第八層 777

馬壹 90_259

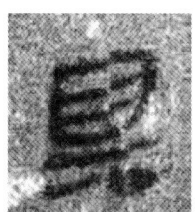

馬壹 16_6 下\99 下

馬貳 242_236

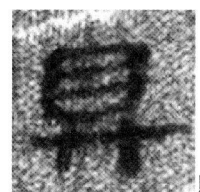

馬貳 32_14 上

馬貳 285_298/315

張·錢律 208

張·奏讞書 154

張·遣策 17

銀壹 872

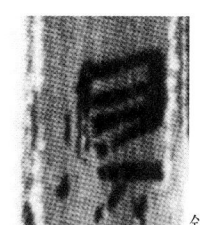

銀貳 1674

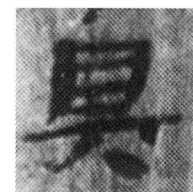

敦煌簡 0615

關沮·蕭·遣冊 13

金關 T06:019

武·儀禮甲《士相見之禮》12

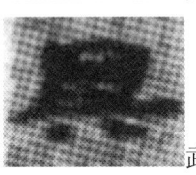

武·甲《特牲》12

魏晉殘紙

魏晉殘紙

魏晉殘紙

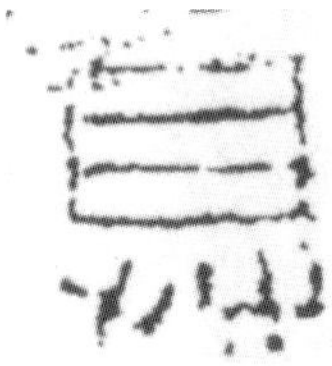

歷代印匋封泥

○具園

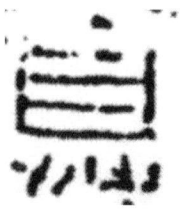

廿世紀璽印三-GP
○具園

漢印文字徵
○具長孺

漢印文字徵
○楊具印

漢晉南北朝印風
○具大

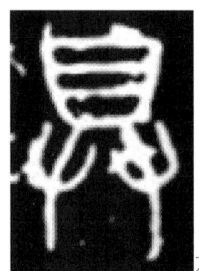

石鼓·而師

琅琊刻石

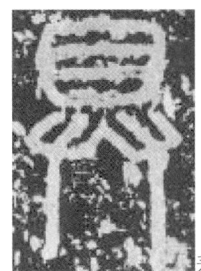

泰山刻石

琅琊刻石

東漢・白石神君碑

東漢・石門頌

西晉・臨辟雍碑

○具體於三代

十六國北涼・沮渠安周造像

北魏・李林誌

○識具高明

北魏・元詳誌

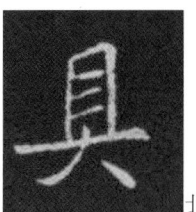

北魏・王蕃誌

北魏・元廣誌

北魏・劉華仁誌

○轜車葬具

北魏・王遺女誌

北魏·郭定興誌

東魏·蔡儁斷碑

○聲高具僚

【弊】

金關 T24:268A

北魏·緱光姬誌

北魏·元尚之誌

○不恥裘弊

北魏·寇臻誌

兟部

【兟】

《說文》：兟，引也。从反廾。凡兟之屬皆从兟。

【攀】

《說文》：攀，兟或从手从樊。

漢銘·攀氏鋗

里·第八層 985

○弩守攀探

馬壹 88_194

○攀亓（其）埵

敦煌簡 0832

秦代印風

○姚攀

漢印文字徵
○姚攀

北魏·杜法真誌
○攀車結慕

西晉·趙汜表
○攀悼呺絕

北魏·元瞻誌

北魏·檀賓誌
○攀轂斷途

【樊】

《說文》：樊，鷙不行也。从𠬜从棥，棥亦聲。

敦煌簡 0269
○宏代樊歆

金關 T07:024

金關 T05:069

北壹·倉頡篇 72
○嫖婭樊厭□

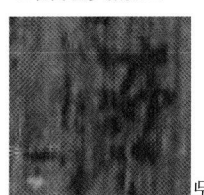

吳簡嘉禾·四·二一四
○男子樊如

秦代印風
○趙樊

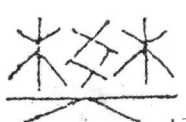

廿世紀璽印三-SY
○樊氏

第三卷

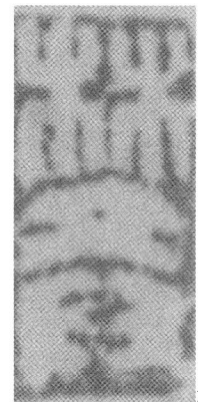

○樊秋　廿世紀璽印三-SY

○樊加奴　歷代印匋封泥

○樊守　歷代印匋封泥

○樊長印　廿世紀璽印三-SY

○樊宗印　廿世紀璽印三-SY

○樊笭　漢印文字徵

○樊遂　柿葉齋兩漢印萃

○樊印臨郡　漢印文字徵

○樊農　漢印文字徵

1302

漢印文字徵

○樊遂私印

漢印文字徵

○樊況私印

漢印文字徵

○孫樊之印

漢印文字徵

○樊繢

廿世紀璽印四-SY

○樊常印信

漢晉南北朝印風

○樊豹

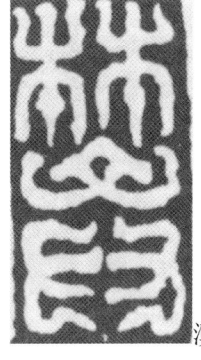

漢晉南北朝印風

○樊斐

漢晉南北朝印風

○樊少孫

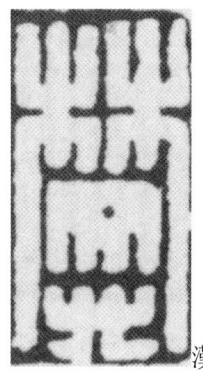

漢晉南北朝印風

○樊窋

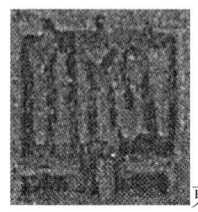

東漢・嗚咽泉畫像石墓題記

○覽樊姬

東漢・白石神君碑

○左尉上郡白土樊瑋

北魏・元孟輝誌

北魏・寇霄誌

○樊（懋）葉魏邦

東魏・元鷙妃公孫甑生誌

【樊】

《說文》：樊，樊也。从𠬞𤔔聲。

共部

【共】

《說文》：共，同也。从廿、廾。凡共之屬皆从共。

【𢍏】

《說文》：𢍏，古文共。

戰晚・信宮罍

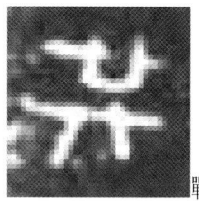

戰晚或秦代・櫟陽鼎

漢銘・安陵鼎蓋

漢銘・長楊鼎二

漢銘・蕢陽鼎

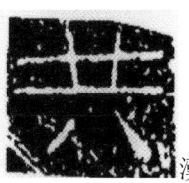

漢銘・陶陵鼎一

漢銘・陶陵鼎一

1304

漢銘・陶陵鼎一	睡・效律 35
 漢銘・杜鼎一	獄・數 120
 漢銘・第七平陽鼎	獄・芮盜賣公列地案 73
漢銘・九江共鍾一	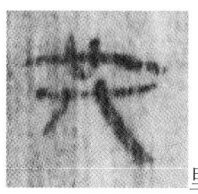 里・第八層 1490
漢銘・長楊五年鼎	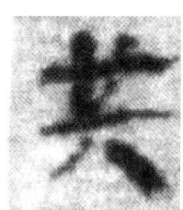 馬壹 103_26\195
漢銘・䥏匠鼎	 馬壹 132_29 上\106 上
睡・秦律十八種 47	 張・捕律 150

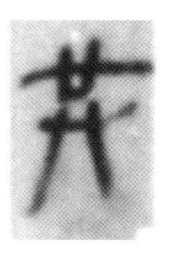

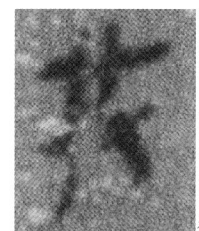

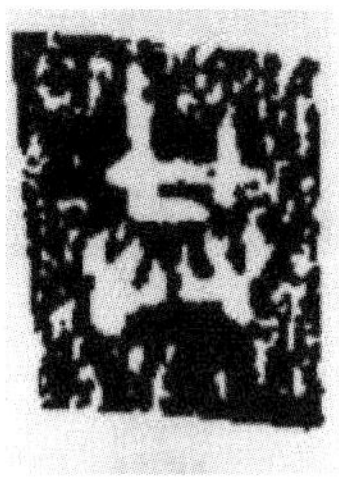

張·算數書 32

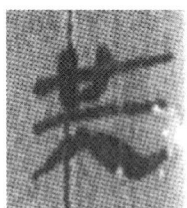

銀貳 1167

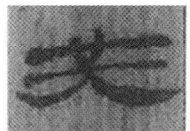

北貳·老子 69

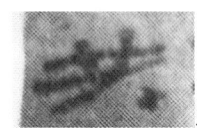

敦煌簡 0618A

敦煌簡 0073

○素惠共奴尚隱匿深

金關 T04:110A

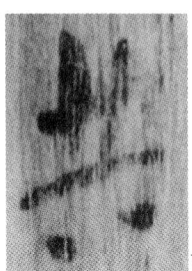

東牌樓 052 正

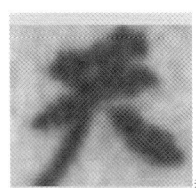

魏晉殘紙

○可共遵仲

廿世紀璽印三-GP

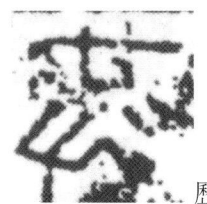

歷代印匋封泥

漢晉南北朝印風

漢印文字徵

漢印文字徵

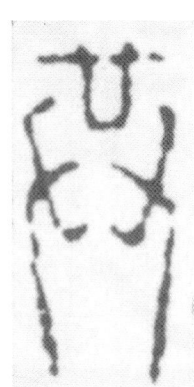

漢晉南北朝印風

東漢・張遷碑陽

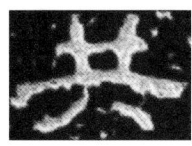

東漢・楊震碑

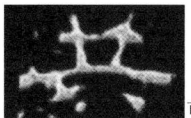

東漢・楊震碑

東漢・成陽靈臺碑

東漢・曹全碑陽

西晉・臨辟雍碑

北魏・韓曳雲造像
○曳雲等共造供養

北魏・給事君妻韓氏誌

北魏・辛穆誌

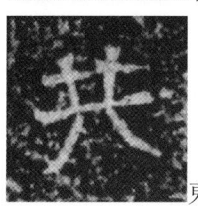

東魏・隗天念誌

東魏・道寶碑記
○共裁己貴

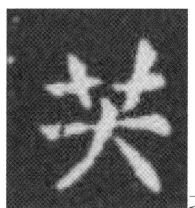

北齊・劉碑造像
○異心共遵等意

【龔】

《說文》：龔，給也。从共龍聲。

睡・為吏 11
○五曰龔（恭）敬

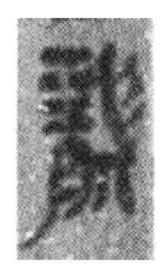

獄・為吏 32
○五曰龔（恭）敬

馬貳 290_358/379
○穀反龔（襲）一

馬貳 281_257/248
○漆畫龔（供）中幸

馬貳 237_186
○漆畫龔（供）中幸

馬貳 237_185
○漆畫龔（供）中幸

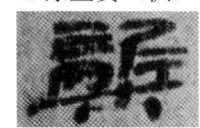

金關 T24:970
○樂里龔根年廿五

吳簡嘉禾・四・二〇八
○男子龔斗火種田三

廿世紀璽印二-SY
○龔義

漢印文字徵
○原龔私印

東漢・洛陽刑徒磚
○龔伯

三國魏・三體石經尚書・篆文
○大弗克龔

三國魏・三體石經尚書・古文
○大弗克龔

北魏・元液誌

北魏・元悌誌

東魏・趙匡等殘字

北齊・劉悅誌

異部

【異】

《說文》：異，分也。从廾从畀。畀，予也。凡異之屬皆从異。

睡・秦律十八種 65

關・病方 350

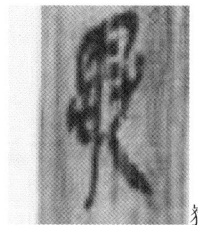

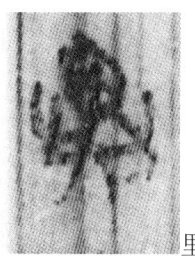

獄・識劫案 133

里・第八層 1804

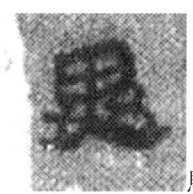

馬壹 40_8 下

張・置後律 378

○其或異母雖長先以

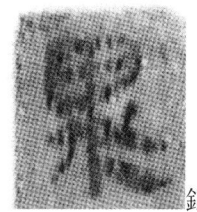

銀貳 1748

北貳・老子 125

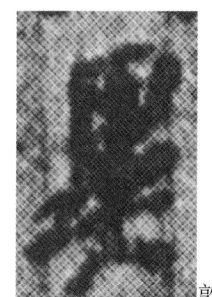

敦煌簡 1974

金關 T06：063

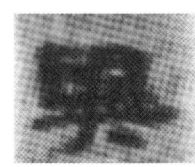

武·儀禮甲《服傳》24

東牌樓 049 正

北壹·倉頡篇 8

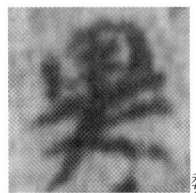

魏晉殘紙

魏晉殘紙

秦代印風

○公耳異

廿世紀璽印三-SY

漢印文字徵

○魯異

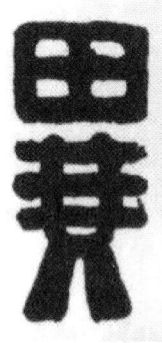

漢印文字徵

○異應

漢印文字徵

○苛異

漢印文字徵

○異印

漢印文字徵

○異狢

漢印文字徵

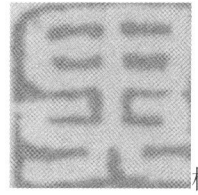

柿葉齋兩漢印萃

漢印文字徵

○妾異方

漢印文字徵

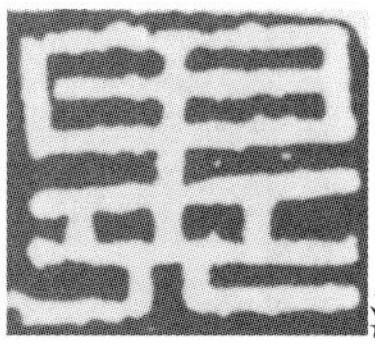

漢晉南北朝印風

○異縣子章

漢晉南北朝印風

石鼓·鑾車

懷后磬

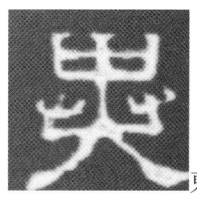

東漢·楊著碑額

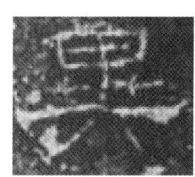

東漢·禮器碑

東漢·桐柏淮源廟碑

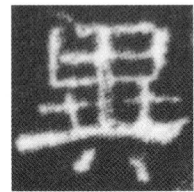

東漢・曹全碑陰

東漢・卓異等字殘碑

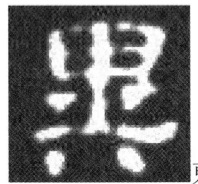

東漢・馮緄碑

東漢・石門頌

北魏・馮季華誌

北魏・元倪誌

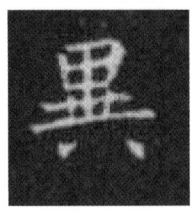

北魏・于纂誌

北魏・辛穆誌

北魏・寇慰誌

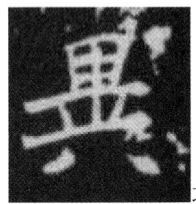

○迥異常稚

北魏・寇霄誌

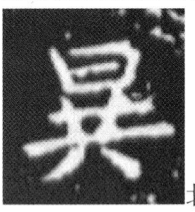

北魏・劉氏誌

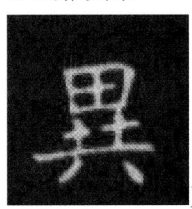

○幽雅異常

東魏・馮令華誌

北齊・石柱頌

北齊・斛律氏誌

【戴】

《說文》：戴，分物得增益曰戴。从異𢦏聲。

【𢨋】

《說文》：𢨋，籒文戴。

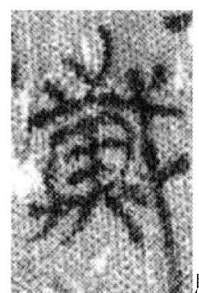

馬壹 265_10

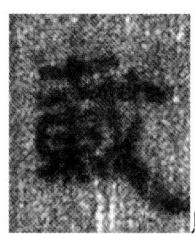

馬壹 139_9 下/151 下

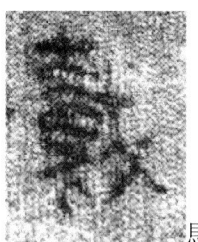

馬貳 83_304

銀貳 1788

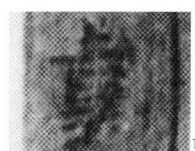

敦煌簡 0668

金關 T27:026

○陵里戴千秋

北壹·倉頡篇 3

○何竭負戴

歷代印匋封泥
○陳戴

廿世紀璽印二-SY
○戴孥印

秦代印風
○戴糅

秦代印風
○戴昌

廿世紀璽印三-SY

廿世紀璽印三-SY

柿葉齋兩漢印萃

柿葉齋兩漢印萃

○戴衆印

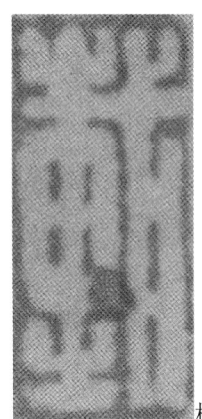

柿葉齋兩漢印萃

漢印文字徵

漢印文字徵

漢印文字徵

漢印文字徵

漢印文字徵

漢晉南北朝印風

漢晉南北朝印風

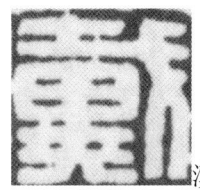

漢晉南北朝印風

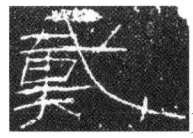

東漢·洛陽刑徒磚

○戴雅

北魏·侯剛誌

北魏·元瞻誌

北魏·元洛神誌

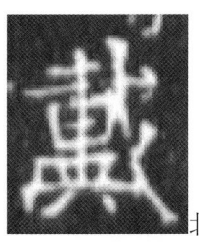

北魏·石育及妻戴氏誌

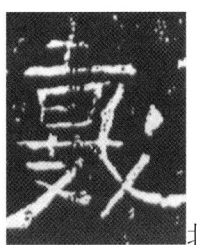

北魏·仲練妻蔡氏等造像

○東戴陽叔

舁部

【舁】

《說文》：舁，共舉也。从臼从廾。凡舁之屬皆从舁。讀若余。

【興】

《說文》：興，升高也。从舁囟聲。

【𦥑】

《說文》：𦥑，興或从卩。

【舉】

《說文》：舉，古文興。

【與】

《說文》：與，黨與也。从舁从与。

【㒿】

《說文》：㒿，古文與。

漢銘・永平十八年鐽

睡・秦律十八種 32

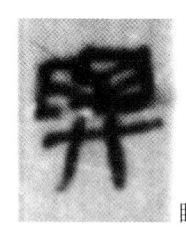

睡・效律 35

嶽・為吏 33

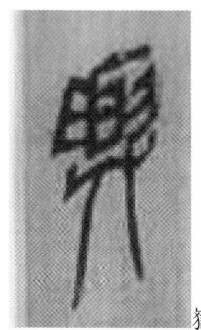

嶽・芮盜案 77

里・第八層 1558

馬壹 95_16

馬壹 105_59\228

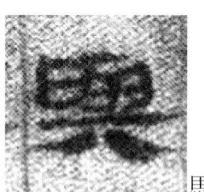

馬貳 37_50 下

馬貳 226_63

張・亡律 167

張・奏讞書 94

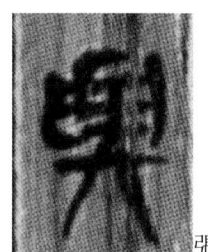

張・脈書 24

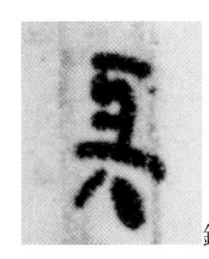

銀壹 681

○无創與鬼神通美

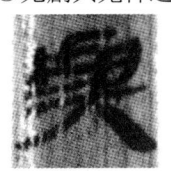

銀貳 1221

敦煌簡 0058

敦煌簡 0045

○中未與相見

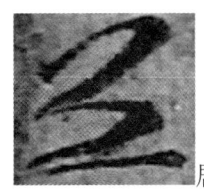

居·EPT59.176

○ 與此千三百

居·EPT44.5

○與子陽將車入

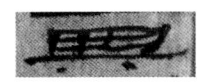

金關 T30:170

○坐與游檄彭祖捕

金關 T24:131

○坐與同縣富昌里

金關 T31:109

○尊即與

金關 T22:099

○候官與肩水金關爲

武·儀禮甲《服傳》10

武·甲《有司》60

東牌樓 118 正

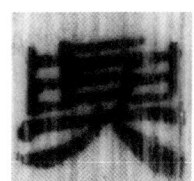

北壹·倉頡篇 67

○與瀕庚請

北圖五卷四號

北圖五卷四號

魏晉殘紙

廿世紀璽印三-GP

○南陵大泉乘與水匋

漢印文字徵

○鴻與光印

漢印文字徵

○合與小青

漢晉南北朝印風

○與來卿

漢晉南北朝印風

○鴻與光印

東漢・桐柏淮源廟碑

東漢・北海相景君碑陽

東漢・譙敏碑

東漢・熹平石經殘石四

東漢・肥致碑

東漢・封龍山頌

東漢・禮器碑

東漢・楊震碑

東漢・西岳華山廟碑陽

西晉・石定誌

西晉・臨辟雍碑
北魏・馮會誌 
北魏・鄭君妻誌 
北魏・王蕃誌 
北魏・楊無醜誌 
北魏・檀賓誌 
北魏・元纂誌 
北魏・元子正誌 

北魏・王悅及妻郭氏誌
北魏・石婉誌 
東魏・高歸彥造像 

○內外與諸品類

北齊・劉悅誌

○與王垂耳對談

北齊・劉悅誌
北齊・斛律氏誌 
北齊・石佛寺迦葉經碑

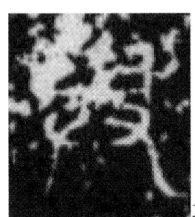

北齊·劉悅誌

北周·寇嶠妻誌

北周·盧蘭誌

【興】

《説文》：興，起也。从舁从同。同力也。

戰晚·新鄭虎符

漢銘·永興元年堂狼作洗

漢銘·永興二年洗

睡·為吏32

獄·為吏65

○興繇毋擅監視

獄·癸瑣案14

○等發興吏

里·第八層1490

○共走興今彼死次不

馬壹91_268

馬貳207_45

張·徭律414

張·蓋盧 21

銀壹 140

敦煌簡 0683

金關 T31:102A
○蚤興夜未

武·甲《特牲》28
○爵興取肺坐絕祭

武·甲《少牢》47
○主人興坐鄭（奠）

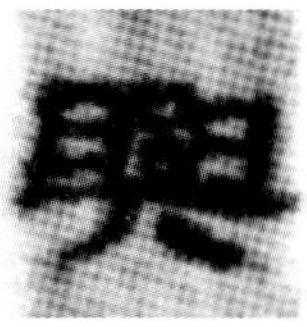

武·甲《有司》17

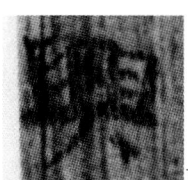

東牌樓 154 背

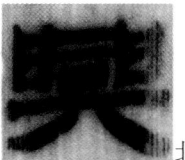

北壹·倉頡篇 27
○讓送客興居□

歷代印匋封泥
○虜興之□

歷代印匋封泥
○趙興

漢印文字徵
○合興涂印

漢代官印選
○從興侯印

漢印文字徵
○始興左尉

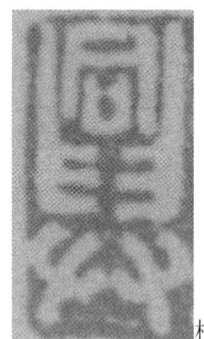

柿葉齋兩漢印萃

○王興

漢印文字徵

漢印文字徵

漢印文字徵

漢印文字徵

漢晉南北朝印風

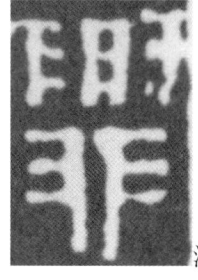

漢晉南北朝印風

○魏興太守章

漢晉南北朝印風

○李君興印

詛楚文・巫咸

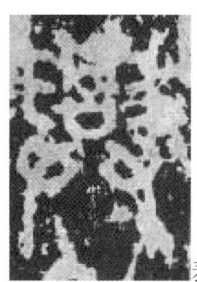

泰山刻石

東漢・成陽靈臺碑

東漢・尹宙碑

東漢・景君碑
東漢・西岳華山廟碑陽 
東漢・石門頌 
東漢・少室石闕銘 
西晉・石尠誌 
西晉・臨辟雍碑額 
○大晉龍興皇帝三臨辟雍
東晉・孟府君誌 
○平昌郡安丘縣始興相散
北魏・鮮于仲兒誌 

北魏・元纂誌
北魏・寇侃誌 
○威惠既興
北魏・寇侃誌 
○德亦世興
北魏・元周安誌 
○中興啓運
北魏・元廞誌 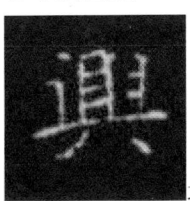
○字義興
北魏・爾朱紹誌 
○逢飛龍於中興之年
北魏・元鑽遠誌 
○夙興省視

北魏·元晫誌

東魏·元寶建誌
○以興和三年七月九日

東魏·元悰誌

東魏·李挺誌
○禮樂繫其廢興

東魏·李挺誌
○以興和三年六月十七日

北齊·高湝誌
○門興霸道

北周·寇嶠妻誌
○沒興殊域之恨

臼部

【臼】

《説文》：臼，叉手也。从𠂇、彐。凡臼之屬皆从臼。

【𦥯】

《説文》：𦥯，身中也。象人要自臼之形。从臼，交省聲。

【𠕭（要）】

《説文》：𠕭，古文要。

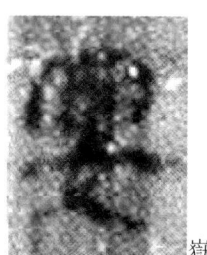

嶽·為吏 87

里·第八層 1584

里·第八層背 2160

馬壹 38_14 上

張・盜律 61

張・奏讞書 118

張・蓋盧 18

張・脈書 19

張・引書 104

銀貳 1062

敦煌簡 0983
○要斬妻子

敦煌簡 2231
○無次要

金關 T01:093
○八百要斬

金關 T21:173
○要虜隧長益

東牌樓 051 正

漢印文字徵
○要慶忌

漢印文字徵

○要恩

漢印文字徵

○要遷

東漢·曹全碑陽

東漢·祀三公山碑

○乃求道要

晨部

【晨】

《說文》：晨，早昧爽也。从臼从辰。辰，時也。辰亦聲。夘夕爲夙，臼辰爲晨，皆同意。凡晨之屬皆从晨。

【䢉（農）】

《說文》：䢉，耕也。从晨囟聲。

【𦦬】

《說文》：𦦬，古文䢉。

【辳】

《說文》：辳，亦古文䢉。

【𦦶】

《說文》：𦦶，籀文䢉从林。

漢銘·光和斛二

漢銘·大司農平斛

漢銘·弘農宮銅方鑪

漢銘·大司農權

漢銘·大司農權

漢銘·永平平合

漢銘・南武陽大司農平斗

漢銘・建武平合

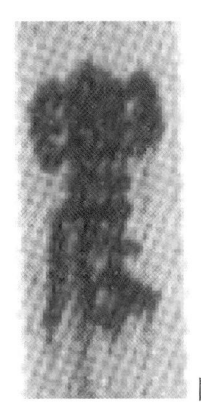

關・病方 349

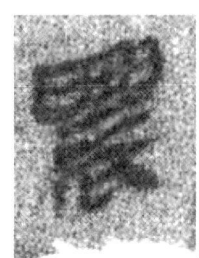

馬壹 120_7 上

張・脈書 15

張・脈書 61

敦煌簡 1291

金關 T30:205

吳簡嘉禾・六七一二

漢晉南北朝印風

廿世紀璽印三-GY

漢晉南北朝印風

○梁菖農長

漢晉南北朝印風

漢印文字徵
○桐馬農丞

漢印文字徵
○張農私印

漢印文字徵

漢印文字徵

柿葉齋兩漢印萃

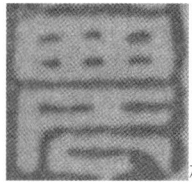

柿葉齋兩漢印萃

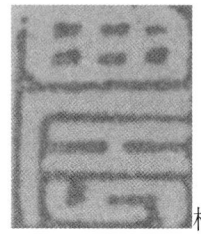

柿葉齋兩漢印萃
○大司農印

歷代印匋封泥
○弘農

漢代官印選
○大司農丞

漢代官印選

漢代官印選
○大農令印

漢印文字徵
○南郭農

廿世紀璽印四-GY
○弘農郡丞印

漢晉南北朝印風

東漢・史晨前碑

東漢・景君碑

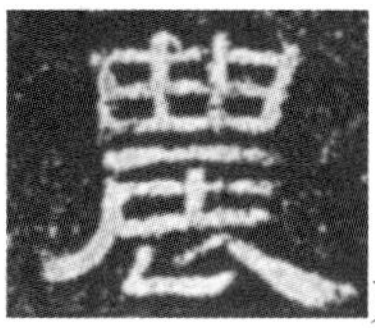

東漢・李孟初神祠碑

東漢・石門頌
○農夫永同

晉・鄭舒妻劉氏殘誌

三國魏・謝君神道碑
○安典農

北魏・楊穎誌

北魏・元恭誌
○大司農卿

北魏・楊暐誌
○弘農華陰人也

北魏·爾朱襲誌

○大司農

北魏·穆彥誌

北魏·楊胤誌

北魏·楊君妻崔氏誌

○弘農楊簡公

北魏·楊範誌

○弘農華陰潼鄉

北魏·李蕤誌

○遷大司農少卿

北魏·楊無醜誌蓋

○弘農簡公

北魏·楊氏誌

○恒農華陰人也

北齊·崔德誌

○燕司農卿

北周·豆盧恩碑

○解弘農之圍

北周·賀屯植誌

○剋恒農於陝貔

爨部

【爨】

《説文》：爨，齊謂之炊爨。臼象持甑，冂爲竈口，廾推林内火。凡爨之

1330

屬皆从爨。

【爨】

《說文》：䰜，籀文爨省。

睡·法律答問 192

○爨人

獄·田與案 199

○爨等言如故

馬壹 257_3 下

○毋爨含（唅）此

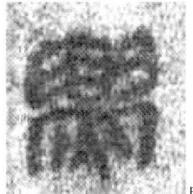

馬壹 122_22 上

○豪桀（傑）爨（俊）雄則

馬貳 112_66/66

○爨之令大沸

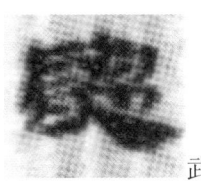

武·甲《特牲》48

○牲爨在廟

北壹·倉頡篇 5

○穆豐盈爨熾

漢印文字徵

○爨世印

漢印文字徵

○爨遂

漢印文字徵

○爨長賓

漢印文字徵

○爨憲都

漢印文字徵

○爨昌

漢印文字徵

○爨毋事

東晉・爨寶子碑額

○晉故振威將軍建寧太守爨府君之墓

北魏・張安姬誌

○親爨悲悼

北魏・溫泉頌

○無樵薪之爨

【䥑】

《説文》：䥑，所以枝鬲者。从爨省，鬲省。

【䰩】

《説文》：䰩，血祭也。象祭竈也。从爨省，从酉。酉，所以祭也。从分，分亦聲。

春晚・秦公鎛

春晚・秦公簋

里・第八層839

馬貳 117_149/149

○輿覺冬

東漢・燕然山銘

北魏・元寶月誌

○禾渗成覺

北魏・源延伯誌

○覺起高闕

北魏・元纂誌

○覺起伊何

北魏・元纂誌

○事去覺來

北齊・劉悅誌

○金龜兆覺

北周・寇熾誌

○禍覺奄及

北周・康業誌

○曾無織覺

革部

【革】

《說文》：革，獸皮治去其毛，革更之。象古文革之形。凡革之屬皆从革。

【䩸】

《說文》：䩸，古文革从三十。三十年爲一世，而道更也。臼聲。

睡・秦律雜抄 27

1333

睡・為吏 18

獄・為吏 82

里・第八層 2101

馬壹 174_23 下
〇兵革出

馬貳 287_320/339

馬貳 213_12/113

張・金布律 433

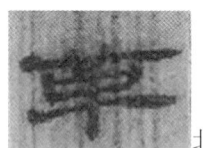

北貳・老子 36

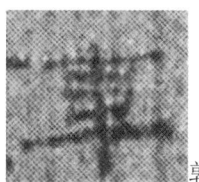

敦煌簡 2096A

金關 T21:014

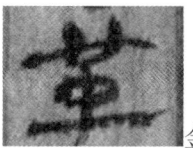

金關 T21:011
〇革甲鞮瞀各一

漢印文字徵
〇杷革

漢印文字徵
○吳革生

漢印文字徵
○徐革之印

漢印文字徵
○澹于革印

漢印文字徵
○衛革

漢印文字徵
○爽革

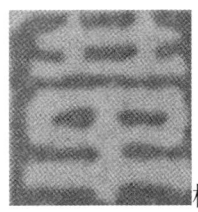

柿葉齋兩漢印萃

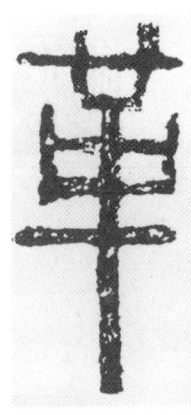

漢晉南北朝印風
○曲革

東漢·成陽靈臺碑
○齊革精誠

東漢·石門闕銘
○於斯革之

西晉·臨辟雍碑
○革面款附

十六國北涼·沮渠安周造像

北魏·元顥誌

○金革方始

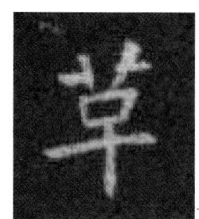

北魏·公孫猗誌

○化移禮革

北魏·元羽誌

○援聲革響

北齊·天柱山銘

【鞹】

《說文》：鞹，去毛皮也。《論語》曰："虎豹之鞹。"从革郭聲。

【靬】

《說文》：靬，靬，乾革也。武威有麗靬縣。从革干聲。

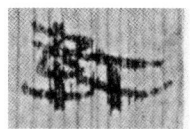

金關 T04:098A

○故驪靬苑斗食嗇夫

【䩜】

《說文》：䩜，生革可以爲縷束也。从革各聲。

【鞄】

《說文》：鞄，柔革工也。从革包聲。讀若朴。《周禮》曰："柔皮之工鮑氏。"鞄卽鮑也。

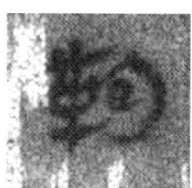

馬壹 131_17 下\94 下

○提鼓鞄（枹）以禺

漢印文字徵

○鞄翁叔

漢印文字徵

○鞄忠之印

漢印文字徵

○鞄毋傷

【鞰】

《説文》：鞰，攻皮治鼓工也。从革軍聲。讀若運。

【韗】

《説文》：韗，鞰或从韋。

【鞣】

《説文》：鞣，耎也。从革从柔，柔亦聲。

馬貳209_77
○后稷半（播）鞣（擾）草千歲

【靼】

《説文》：靼，柔革也。从革，从旦聲。

【鞤】

《説文》：鞤，古文靼从亶。

【韇】

《説文》：韇，韋繡也。从革貴聲。

【鞶】

《説文》：鞶，大帶也。《易》曰："或錫之鞶帶。"男子帶鞶，婦人帶絲。从革般聲。

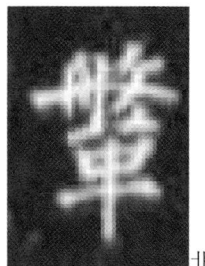

北魏·高猛妻元瑛誌
○曹姑之鞶帨淹通

【鞏】

《説文》：鞏，以韋束也。《易》曰："鞏用黃牛之革。"从革巩聲。

秦代印風
○鞏光

秦代印風
○鞏目

廿世紀璽印三-SY

○鞏安漢

漢印文字徵

○鞏令之印

漢印文字徵

○鞏印武疆

漢印文字徵

○鞏博士

漢印文字徵

○鞏縣徒丞印

漢晉南北朝印風

○鞏武強印

漢晉南北朝印風

○鞏宗

北魏・王誦妻元氏誌

○維遼及鞏

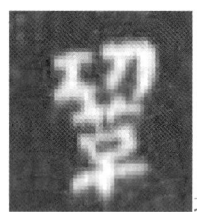

北周・乙弗紹誌

○君雖身居鞏洛

【鞔】

《說文》：鞔，履空也。从革免聲。

馬貳 246_282

【鞁】

《說文》：鞳，小兒履也。从革及聲。讀若沓。

【鞫】

《說文》：鞫，鞫角，鞮屬。从革印聲。

【鞮】

《說文》：鞮，革履也。从革是聲。

里·第八層 1577
○鞮眘卅九

張·秩律 455
○銅鞮

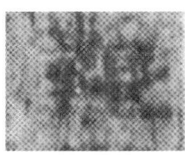

敦煌簡 0826
○鐵甲鞮眘

金關 T24:380

秦代印風
○李鞮

廿世紀璽印三-GY
○漢匈奴爲鞮臺耆且渠

廿世紀璽印三-GY
○漢匈奴栗借溫禺鞮

漢晉南北朝印風
○漢匈奴栗借溫禺鞮

漢印文字徵
○漢匈奴栗借溫禺鞮

北魏·元保洛誌
○除並州銅鞮令身出身高陽

【鞅】

《說文》：鞅，鞮鞅沙也。从革从夾，夾亦聲。

【鞑】

《說文》：鞑，鞮屬。从革徙聲。

【鞵】

《說文》：鞵，革生鞮也。从革奚聲。

【靪】

《說文》：靪，補履下也。从革丁聲。

【鞠】

《說文》：鞠，蹋鞠也。从革匊聲。

【䩌】

《說文》：䩌，鞠或从𥷚。

馬貳 118_165/164
○并炊鞠（麴）汁脩

張·奏讞書 22
○鞠（鞫）

張·引書 52
○爲木鞠談（倓）

金關 T24:757
○鞠十石

北壹·倉頡篇 15
○鬢鬉鞠猜

秦代印風
○鞠毋望

○鞠讓　歷代印匋封泥

○鞠買　漢印文字徵

○鞠壽信印　漢印文字徵

○鞠宜親　漢印文字徵

○鞠鼂　漢印文字徵

○鞠苴之印　漢印文字徵

○鞠遂成　漢印文字徵

○故書佐朱虛鞠欣字君大　東漢・北海相景君碑陰

○石羊里鞠　北魏・鞠彥雲誌

○黃縣都鄉石羊里鞠彥雲墓志　北魏・鞠彥雲誌蓋

○善相鞠育　北魏・元孟輝誌

北周·寇嶠妻誌

〇鞉孤孤之胤

【鞉】

《說文》：鞉，鞉遼也。从革召聲。

【鞉】

《說文》：鞉，鞉或从兆。

【鼗】

《說文》：鼗，鞉或从鼓从兆。

【磬】

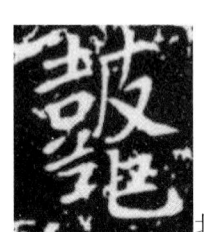

《說文》：磬，籀文鞉从殸、召。

北魏·張安姬誌

〇鳴鼗奏樂

【鞔】

《說文》：鞔，量物之鞔。一曰抒井鞔。古以革。从革冤聲。

【鞔】

《說文》：鞔，鞔或从宛。

【鞞】

《說文》：鞞，刀室也。从革卑聲。

睡·日甲《盜者》77

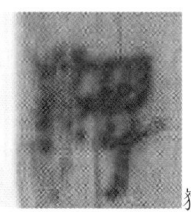

獄·魏盜案159

馬貳278_231/28

〇一有鞞

馬貳242_235

〇刀有鞞

張·奏讞書215

敦煌簡2130

漢印文字徵

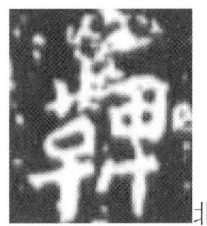

○牛丞鞞印

北魏·元英誌

○鉦鞞霄轉

東魏·程哲碑

北齊·韓裔誌

○鞞鼓笙簧

【鞎】

《說文》：鞎，車革前曰鞎。從革艮聲。

【靭】

《說文》：靭，車軾也。從革弘聲。《詩》曰："靭靭淺幭。"讀若穹。

【鞪】

《說文》：鞪，車軸束也。從革敄聲。

里·第八層95

○鞪四

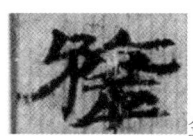

金關 T24:380

○革鞮鞪二

【鞑】

《說文》：鞑，車束也。從革必聲。

【鞻】

《說文》：鞻，車衡三束也。曲轅鞻縛，直轅篝縛。從革爨聲。讀若《論語》"鑽燧"之"鑽"。

【鞻】

《說文》：鞻，鞻或從革、贊。

【鞜】

《說文》：鞜，蓋杠絲也。從革旨聲。

【鞁】

《說文》：鞁，車駕具也。從革皮聲。

銀貳2116

○□鞁馬

【鞍】

《說文》：鞼，彎鞼。从革𦥑聲。讀若䧹。一曰龍頭繞者。

【靶】

《說文》：靶，彎革也。从革巴聲。

【䩞】

《說文》：䩞，著掖鞼也。从革顯聲。

秦文字編 437

【靳】

《說文》：靳，當膺也。从革斤聲。

睡·為吏 32

敦煌簡 1405

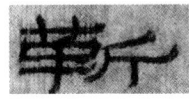

金關 T30：136

吳簡嘉禾·四·二七三

廿世紀璽印三-SY

〇靳明史

漢印文字徵

〇靳長卿印

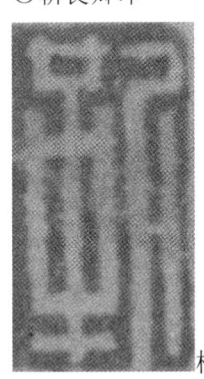

柿葉齋兩漢印萃

〇靳旭

漢印文字徵

漢印文字徵

漢印文字徵

○靳子功

漢印文字徵

漢晉南北朝印風

漢晉南北朝印風

○靳並私印

漢晉南北朝印風

○靳畸

東漢·孔宙碑陰

○門生東郡樂平靳京字君賢

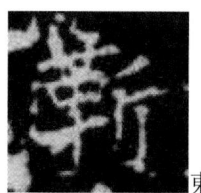

東魏·道寶碑記

北齊·殷恭安等造像

○□洛主靳小攡

【鞲】

《說文》：鞲，驂具也。从革蛊聲。讀若騁蜃。

【靷】

《說文》：靷，引軸也。从革引聲。

【䪴】

《說文》：䪴，籀文靷。

【鞔】

《說文》：鞔，車鞁具也。从革官聲。

【䩞】

《說文》：䩞，車鞁具也。从革豆聲。

【靬】

《說文》：靬，鞔內環靼也。从革于聲。

【鞴】

《說文》：鞴，車下索也。从革尃聲。

【鞥】

《説文》：鞥，車具也。从革奄聲。

【鞍】

《説文》：鞍，車具也。从革叕聲。

【䪋（鞍）】

《説文》：䪋，馬鞁具也。从革从安。

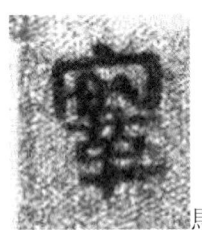

馬貳 32_22 上

○重鞍突盈

敦煌簡 0615

○趣具鞍馬

北魏・元純陀誌

○馬鞍小山

東魏・叔孫固誌

○金鞍染塵

北齊・韓裔誌

【鞴】

《説文》：鞴，䪞䪞飾也。从革苜聲。

【䩞】

《説文》：䩞，䪞飾。从革占聲。

【鞈】

《説文》：鞈，防汗也。从革合聲。

【勒】

《説文》：勒，馬頭絡銜也。从革力聲。

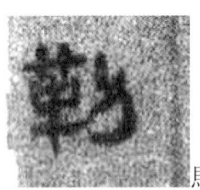

馬壹 128_5 上\82 上

○因而勒之

馬壹 6_21 下

○勒（棘）三歲弗得

金關 T01:042

金關 T24:268A

漢印文字徵

○勒山

漢印文字徵

○勒尊

漢印文字徵

○勒代

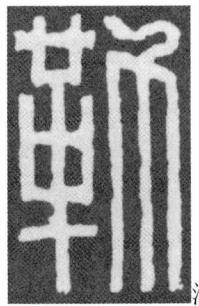

漢晉南北朝印風

○勒代

石鼓・田車

東漢・楊震碑

東漢・曹全碑陽

東漢・夏承碑

○勒銘金石

東漢・史晨後碑

東漢・楊統碑陽

東漢・景君碑

東漢・封龍山頌

東漢・西岳華山廟碑陽

北魏·鄭長猷造像

○亡兄士龍敬造彌勒像一軀一軀

北魏·尉遲氏造像

北魏·元羽誌

北魏·山暉誌

北魏·王誦妻元妃誌

北魏·元孟輝誌

北魏·元熙誌

北魏·張九娃造像

○□造彌勒佛像一龕

北魏·謝伯違造像

○造彌勒像一軀

東魏·王令媛誌

北齊·高湝誌

北周·王仕恭誌

【鞏】

《説文》：鞏，大車縛軛鞏。从革䏍聲。

【䩞】

《説文》：䩞，勒䩞也。从革面聲。

【䩞】

《説文》：䩞，鞎也。从革今聲。

【鞬】

《說文》：鞬，所以戢弓矢。从革建聲。

北周·匹婁歡誌

○雙鞬並帶

【韇】

《說文》：韇，弓矢韇也。从革賣聲。

【鞲】

《說文》：鞲，緌也。从革蒿聲。

【䩷】

《說文》：䩷，急也。从革亟聲。

【鞭】

《說文》：鞭，驅也。从革便聲。

【㧙】

《說文》：㧙，古文鞭。

金關 T26:084B

○言亡鞭子所遣

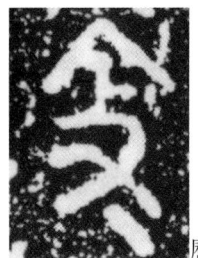

歷代印匋封泥

○匋攻鞭

北魏·王翊誌

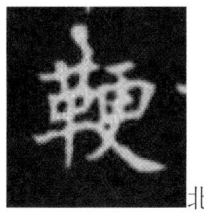

北魏·元繼誌

○鞭樸委而無施

北魏·元瓘誌

北魏·元瓘誌

【鞅】

《說文》：鞅，頸靼也。从革央聲。

戰中·大良造鞅鐓

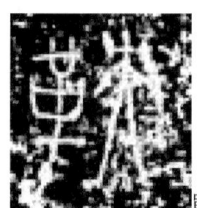

戰中・商鞅量

戰晚・大良造鞅戟

睡・法律答問 179

里・第八層背 2019

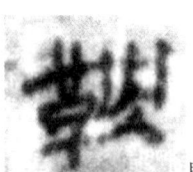

馬壹 87_184

馬壹 87_184

敦煌簡 2130

○鞅鞺

廿世紀鉨印二-SY
○樂鞅

秦代印風
○王鞅

漢印文字徵
○公孫鞅

漢印文字徵
○苴鞅之印

漢印文字徵
○張鞅

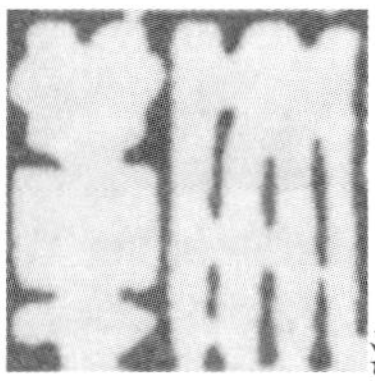
漢晉南北朝印風

○苴鞅之印

東魏・叔孫固誌

○截車鞅以箴規

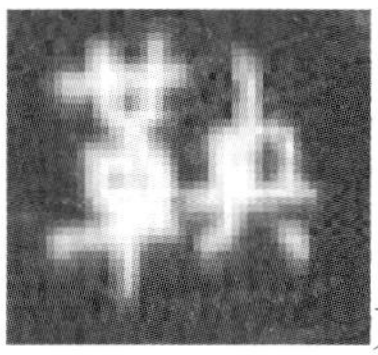
東魏・公孫略誌

【韄】

《説文》：韄，佩刀絲也。从革蒦聲。

【鞑】

《説文》：鞑，馬尾駝也。从革它聲。今之般緧。

【䩒】

《説文》：䩒，繫牛脛也。从革見聲。

【鞘】

《説文》：鞘，刀室也。从革肖聲。

【韀】

《説文》：韀，馬鞁具也。从革薦聲。

【鞾】

《説文》：鞾，鞮屬。从革華聲。

【靮】

《説文》：靮，馬韁也。从革勺聲。

〖朝〗

漢印文字徵

○王朝

〖靾〗

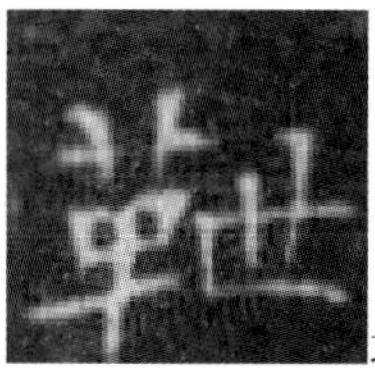
北魏・長孫盛誌

○均執靾之勞

〖䩕〗

秦文字編 438

〖靽〗

北齊・柴季蘭造像

○韁靽苦海之際

【鞋】

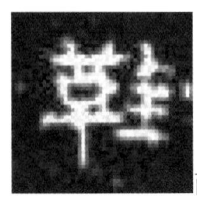

西魏・法超造像

○庶物自鞋

【鞿】

北魏・李璧誌

○鞿（羈）擊大乘

【韓】

詛楚文・巫咸

【鞚】

北魏・元歆誌

○少而不鞚

【鞻】

居・ES(T119).1

○鐵鞻
鞮鞻各五

【鞃】

詛楚文・亞駝

○鞕鞃棧輿

詛楚文・沈湫

○鞕鞃棧輿

【鞫】

睡・法律答問 115

○爲人乞鞫

睡・封診式 6

○有鞫敢告某縣

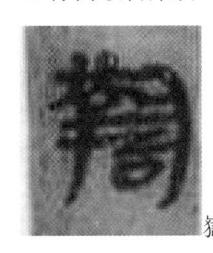

獄・得之案 184

○可（何）故而气（乞）鞫

里・第八層 353

○貴貴鞠

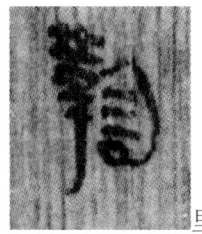

里·第八層背 2191

○鞠(鞠)之又（有）留

馬壹 4_11 下

○牿（鞠）元吉六五

馬貳 210_88

○如拕鞠（鞠）是生

張·具律 115

○鞠其父母

張·具律 115

○鞠其父母

張·具律 114

○气（乞）鞠不審駕（加）

敦煌簡 1193

○用鞠（鞠）十石

北壹·倉頡篇 18

○研筭籌鞠竅訏

東漢·簿書殘碑

○上君遷王岑鞠田

〖鞈〗

秦文字編 438

〖鞪〗

秦文字編 438

〖韁〗

北魏·弔比干文

○祈驥虞而總韁兮

北齊·柴季蘭造像
○疆鞬苦海之際

〖韃〗

敦煌簡 2130
○韃猶黑蒼室宅

鬲部

【鬲】

《說文》：鬲，鼎屬。實五穀。斗二升曰𣪘。象腹交文，三足。凡鬲之屬皆从鬲。

【䰜】

《說文》：䰜，鬲或从瓦。

【甌】

《說文》：甌，漢令鬲从瓦厤聲。

張·脈書6
○癱為鬲（隔）中

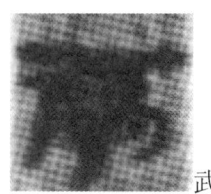

武·儀禮甲《服傳》1
○經大鬲（搹）左

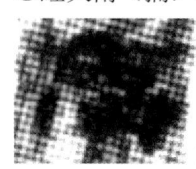

武·乙本《服傳》1
○經大鬲（搹）左

廿世紀璽印二-SP
○咸陽巨鬲

歷代印匋封泥
○咸陽巨鬲

漢印文字徵
○鬲右尉印

東漢·石門頌
○垓鬲尤艱

東漢·祀三公山碑

○蝗旱鬲并

東漢·賈仲武妻馬姜墓記

○其次適鬲侯朱氏

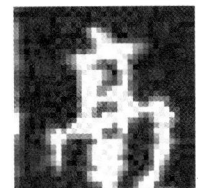

北齊·高叡修定國寺碑

○自可生蓮花於鬲子

【䰜】

《說文》：䰜，三足鍑也。一曰滫米器也。从鬲支聲。

秦代印風

○公曰䰜

漢印文字徵

○右臼䰜

【鬹】

《說文》：鬹，三足釜也。有柄喙。讀若媯。从鬲規聲。

戰國·十五年上郡守壽戈

【鬻】

《說文》：鬻，釜屬。从鬲䥯聲。

漢印文字徵

○鬻守

北周·董榮暉誌

○鬻川有封

【䰞】

《說文》：䰞，秦名土釜曰䰞。从鬲干聲。讀若過。

【鬵】

《說文》：鬵，大釜也。一曰鼎大上小下若甑曰鬵。从鬲兓聲。讀若岑。

【𩰲】

《說文》：𩰲，籀文鬵。

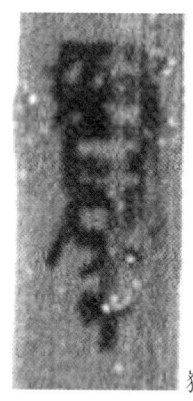

嶽·占夢書17

○子得鬵

馬貳 112_66/66

○故鐵鬵并煮之

北壹·倉頡篇2

○䝙鬵吉忌

秦代印風

○史鬵

【䰾】

《說文》：䰾，鬵屬。从鬲曾聲。

【䰵】

《說文》：䰵，鍑屬。从鬲甫聲。

【釜】

《說文》：釜，䰵或从金父聲。

睡·日甲《詰》45

○戶內復（覆）䰵戶外

銀貳 2019

○釜法

敦煌簡 2258A

○十買釜出百買練出

金關 T09:045

○郡西釜田里不更蔡

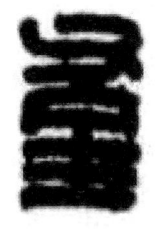

漢印文字徵

北魏·元天穆誌

東魏·閭叱地連誌

北齊·高潤誌

○釜水之陰

【虏】

《說文》：虏，鬲屬。从鬲虍聲。

睡·日甲《毀弃》111

○虏（獻）馬

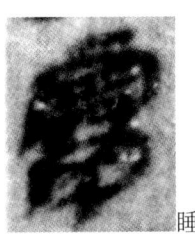

睡·日甲《歲》67

○月楚虏（獻）馬

【融】

《說文》：融，炊气上出也。从鬲，蟲省聲。

【䦹】

《說文》：䦹，籀文融不省。

敦煌簡 1949A

○尉融使告部從事移

北壹·倉頡篇46

○顓頊祝融招搖

漢印文字徵

○程融之印

漢印文字徵

○蘇融私印

1357

漢晉南北朝印風

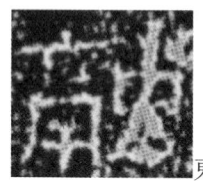

○程融之印

東漢·白石神君碑

○顯融昭明

西晉·臨辟雍碑

○而皇道不融

北魏·堯遵誌

○融音外潔

北魏·元鑒誌

○五典外融

【鬻】

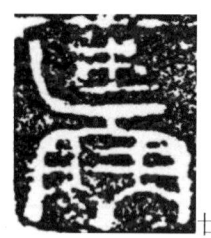

《說文》：鬻，炊气皃。从鬲䰜聲。

【䰞】

《說文》：䰞，烹也。从鬲羊聲。

【𩰿】

《說文》：𩰿，涫也。从鬲沸聲。

【𩰲】

廿世紀璽印二-GP

○𩰲

鬻部

【鬻】

《說文》：鬻，䰞也。古文亦鬲字。象孰飪五味气上出也。凡鬻之屬皆从鬻。

【䭿】

《說文》：䭿，鬻也。从鬻侃聲。

【餰】

《說文》：餰，鬻或从食衍聲。

【飦】

《說文》：飦，或从干聲。

【饎】

《說文》：饎，或从建聲。

【鬻】

《說文》：鬻，饎也。从鬻米聲。

【粥】

《說文》：粥，臣鉉等曰：今俗鬻作粥，音之六切。

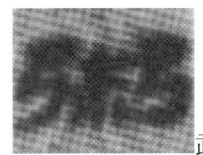

武·儀禮甲《服傳》4
○歠粥

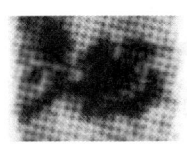

武·乙本《服傳》2
○歠粥

東魏·羊深妻崔元容誌
○饘粥菜蔬

【鬻】

《說文》：鬻，鍵也。从鬲古聲。

【鬻】

《說文》：鬻，五味盉羹也。从鬲从羔。《詩》曰："亦有和鬻。"

【𩱧】

《說文》：𩱧，鬻或省。

【𩱸】

《說文》：𩱧，或从美，鬻省。

【羹】

《說文》：羹，小篆从羔从美。

馬貳 263_63/83
○狗巾羹一鼎

馬貳 223_29
○方苦羹二鼎

馬貳 223_26
○右方逢（蓬）羹三鼎

敦煌簡 1962B

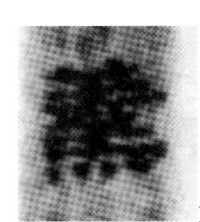

武·甲《少牢》8
○鬻（羹）鄭（定）

漢印文字徵

○羹廣私印

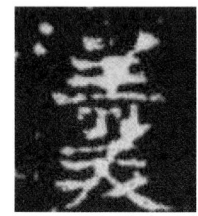

北魏·元馗誌

○和羹鼎溢

北魏·元舉誌

○自塗羹匪弄

北魏·元欽誌

○鹽梅大羹

【鬻】

《說文》：鬻，鼎實。惟葦及蒲。陳留謂鍵爲鬻。從䰜速聲。

【餗】

《說文》：餗，鬻或從食束聲。

東漢·熹平石經殘石五

○覆公餗（鬻）

北魏·元歆誌

○餗（鬻）實伊滑

【鬻】

《說文》：鬻，鬻也。從䰜毓聲。

【鬻】

《說文》：鬻，鬻或省從米。

【鬻】

《說文》：鬻，涼州謂鬻爲鬻。從䰜糦聲。

【粖】

《說文》：粖，鬻或省從末。

【鬻】

《說文》：鬻，粉餅也。從䰜耳聲。

【餌】

《說文》：餌，鬻或從食耳聲。

馬壹92_297

○餌秦以東地

馬壹 87_176
○先王之餌利擅河山

馬貳 31_67
○餌必□□□表

銀壹 638
○餌香中魚食

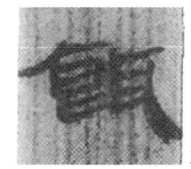

北貳・老子 216
○樂與餌過客止道之

北壹・倉頡篇 5
○婉姆款餌

北魏・長孫子澤誌

北魏・元熙誌
○受賊重餌

北魏・溫泉頌
○設甘餌以救之

【鬻】

《說文》：䰞，䅶也。从鬲芻聲。

【䰞】

《說文》：䰞，內肉及菜湯中薄出之。从鬲翟聲。

【鬻】

《說文》：鬻，㷊也。从鬲者聲。

【煮】

《說文》：煮，鬻或从火。

【鬻】

《說文》：鬻，鬻或从水在其中。

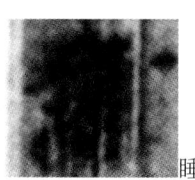

睡・日甲《生子》141
○不鬻（煮）

睡·日甲《詰》60

○處之乃鬻

關·病方374

○煴（温）鬻（煮）之

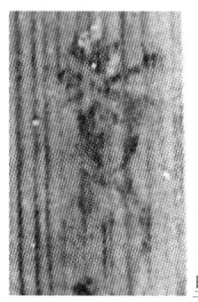

里·第八層1230

○□□煮

馬壹90_238

○煮棘（棗）

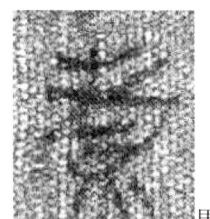

馬貳74_133/133

○煮膠以涂（塗）

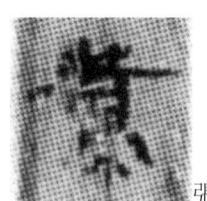

張·金布律436

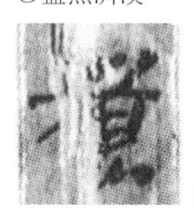

○鹽煮濟漢

銀貳2161

○乃□煮辨（辧）

敦煌簡2052

○煮三沸

東魏·蕭正表誌

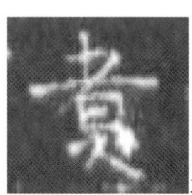

○煮海擎鍾

北周·王鈞誌

○金丹未煮

【鬻】

《説文》：鬻，吹聲沸也。从鬻字聲。

爪部

【爪】

《説文》：爪，丮也。覆手曰爪。象形。凡爪之屬皆从爪。

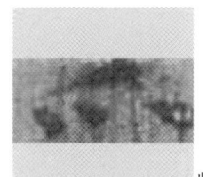

吳簡嘉禾・五・七二一
○黄爪佃田

北魏・元悌誌
○爪牙所歸

北魏・于景誌
○爪牙之寄

北魏・元熙誌
○同義爪牙

【孚】

《說文》：孚，卵孚也。从爪从子。一曰信也。

【采】

《說文》：采，古文孚从禾，禾，古文保。

敦煌簡 0135
○糧食孚盡吏士飢餒

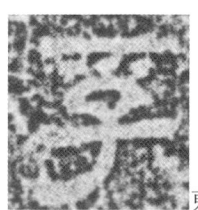

東漢・熹平石經殘石五

三國魏・曹真殘碑

西晉・臨辟雍碑

北魏・韓顯宗誌
○錫爵是孚

北周・寇熾誌

【爲】

《說文》：爲，母猴也。其爲禽好爪。爪，母猴象也。下腹爲母猴形。王育曰："爪，象形也。"

【𦥮】

《說文》：𦥮，古文爲象兩母猴相對形。

戰晚・廿三年少府戈

戰中・商鞅量

秦代・始皇詔銅橢量四

秦代・始皇詔銅橢量五

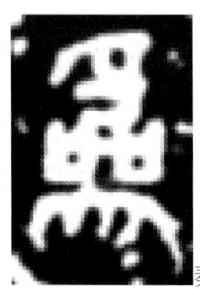

秦代・大騩銅權

秦代・始皇詔銅方升一

漢銘・熹平鍾

漢銘・綏和鴈足鐙

漢銘・竟寧鴈足鐙

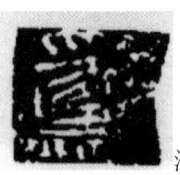

漢銘・桂宮鴈足鐙

漢銘・中宮鴈足鐙

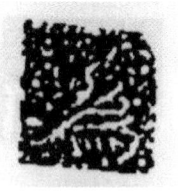

漢銘・大司農權

漢銘・壽成室鼎一

漢銘・建昭鴈足鐙一

睡・語書 4

睡・秦律十八種 113

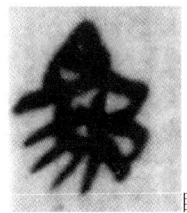

睡・效律 27

睡・秦律雜抄 42

睡・法律答問 126

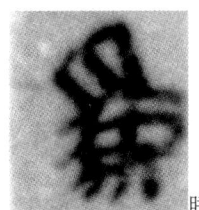

睡・日甲《盜者》81

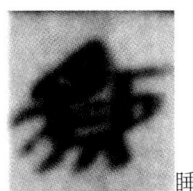

睡・日甲《詰》45

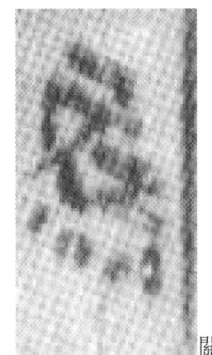

關・病方 355

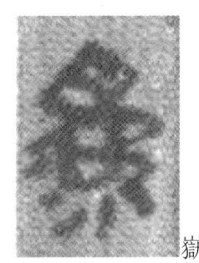

獄・為吏 82

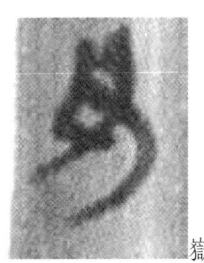

獄・占夢書 18

○丈夫為祝女子

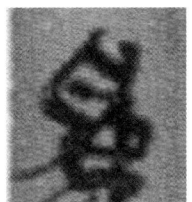

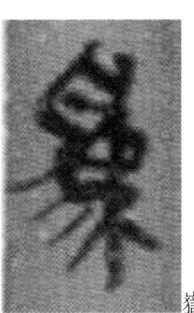

獄・數 92

獄・猩敞案 53

里‧第八層 746

馬壹 83_87

馬壹 104_37\206

馬壹 242_3 上\11 上

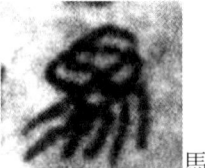

馬壹 82_51

馬壹 88_193

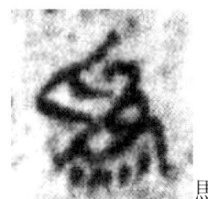

馬壹 89_222

馬壹 92_293

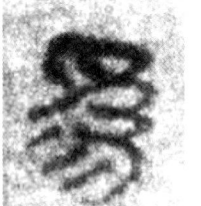

馬壹 95_13

馬壹 124_40 上

馬壹 181_121 上

馬壹 39_15 下

馬貳 7_5 下\15

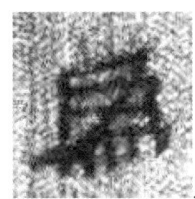

馬貳 32_20 上

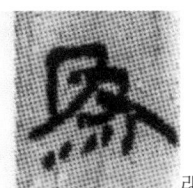

張·具律 115

張·奏讞書 20

張·奏讞書 2

張·蓋盧 45

張·算數書 148

張·脈書 9

銀壹 912

銀貳 1840

○婦立爲嗇夫冠帶劍

銀貳 1473

北貳·老子 59

金關 T24:032

金關 T02:078

金關 T06:035

○病野遠爲吏死生

金關 T30:032

○禽寇爲尉丞

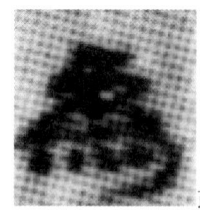

武·儀禮甲《士相見之禮》6

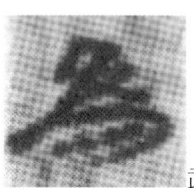

武·儀禮甲《服傳》32

東牌樓 044
○粲白爲得既亦求爲

東牌樓 039 正

東牌樓 015 正
○令人爲書

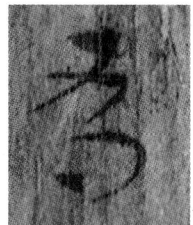

東牌樓 070 正
○内代爲改異又前通

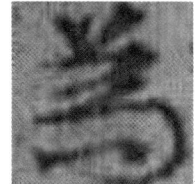

吳簡嘉禾·五·二五七

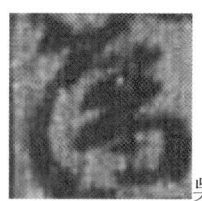

吳簡嘉禾·五·一〇八二

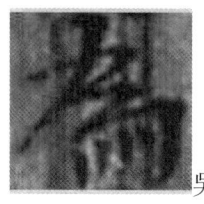

吳簡嘉禾·五·六〇六

秦代印風
○橋爲

秦代印風
○唐爲

廿世紀璽印三-GP
○立號爲皇帝

廿世紀璽印三-SY
○任自爲

漢代官印選

○犍爲太守章

漢印文字徵

○徐自爲

漢印文字徵

○王高之印自爲□猜

漢印文字徵

○任自爲

漢印文字徵

○蘇爲印信

漢印文字徵

○矣自爲

漢印文字徵

○救印自爲

漢晉南北朝印風

○□爲私印

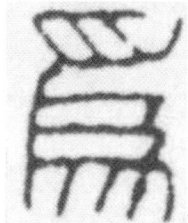

漢晉南北朝印風

○李自爲印

漢晉南北朝印風

○傅爲

漢晉南北朝印風

○莊自爲

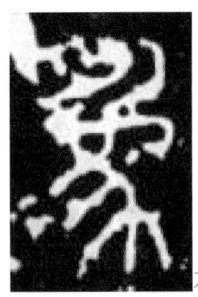

石鼓・作原

詛楚文・沈湫

○毋相爲不利

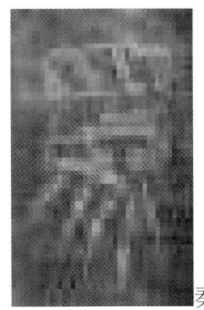

秦駰玉版

泰山刻石

瑯琊刻石

東漢・營陵置社碑

東漢・司徒袁安碑

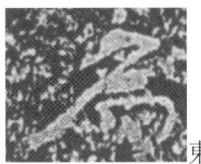

東漢・尹宙碑

東漢・趙寬碑

東漢・譙敏碑

東漢・東漢・婁壽碑陽

晉・洛神十三行

三國魏・三體石經殘・篆文

○□爲

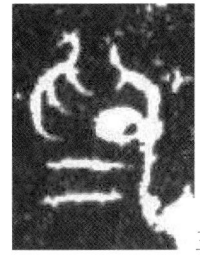

三國魏·三體石經殘·古文

○□爲

西晉·成晃碑

東晉·王康之誌

○十日葬於白石故刻塼爲識

北魏·元尚之誌

北魏·吳光誌

【爪】

《說文》：爪，亦丮也。从反爪。闕。

丮部

【丮】

《說文》：丮，持也。象手有所丮據也。凡丮之屬皆从丮。讀若戟。

【埶（蓺）】

《說文》：埶，種也。从坴、丮。持亟種之。《書》曰："我埶黍稷。"

馬壹 130_10 上\87 上

○光人執者摐兵

馬壹 87_176

○間埶（勢）

馬貳 212_5/106

○上面埶（熱）徐呴

張·蓋盧 12

○曰乘埶（勢）

銀壹 274

○權埶（勢）

銀貳 1146

○便埶（勢）利

北貳·老子 216

○埶（設）大象

武·甲《特牲》47

○埶（設）洗

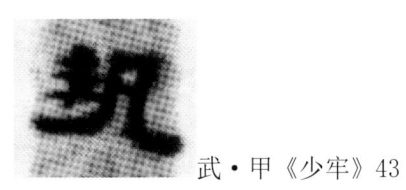

武·甲《少牢》43

○俎降埶（設）于

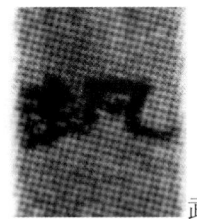

武·甲本《泰射》6

○埶（設）膳

石鼓·吳人

○埶(樹)西埶(樹)北

【𩜈（孰）】

《說文》：𩜈，食飪也。从丮𦎧聲。《易》曰："𩜈飪。"

睡·為吏 26

關·病方 375

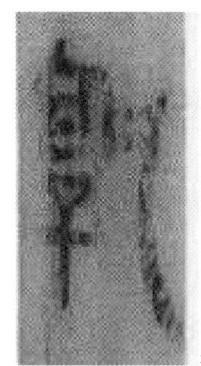

獄·學為偽書案 217

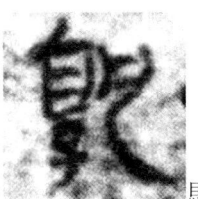

馬壹 89_219

馬壹 44_38 下

馬貳 272_157/176

張·賊律 20

張·蓋盧 7

銀壹 154

北貳·老子 21

金關 T07:003

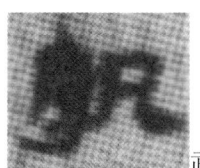

武·儀禮甲《服傳》19

武·甲《特牲》2

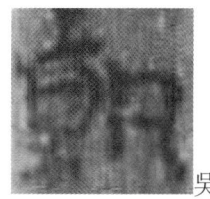

吳簡嘉禾·五·四二八

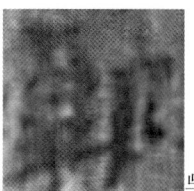

吳簡嘉禾·五·五五一

〇其孰(熟)田畝收錢八

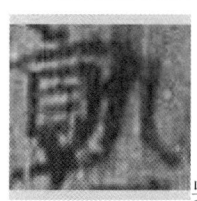

吳簡嘉禾·五·七七〇

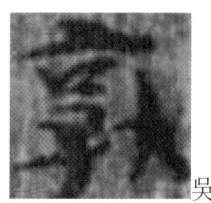

吳簡嘉禾·五·一三一

秦駰玉版

東漢·成陽靈臺碑

北魏·赫連悅誌

北魏·元信誌

北魏·元信誌

【飤】

《說文》：飤，設飪也。从丮从食，才聲。讀若載。

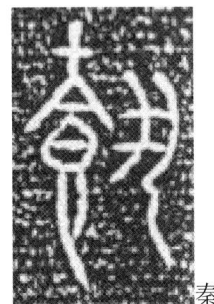

秦公大墓石磬

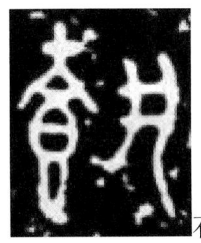

石鼓·吳人

○飤西飤北

【巩】

《說文》：巩，褢也。从丮工聲。

【㧬（㧬）】

《說文》：㧬，巩或加手。

【𢪒】

《說文》：𢪒，相跨之也。从丮合聲。

【㓁】

《說文》：㓁，擊踝也。从丮从戈。讀若踝。

【𠨍】

《說文》：𠨍，拖持也。从反丮。闕。

鬥部

【鬥】

《說文》：鬥，兩士相對，兵杖在後，象鬥之形。凡鬥之屬皆从鬥。

【鬩】

《說文》：鬩，遇也。从鬥𧢲聲。

睡·封診式84

○子丙鬩甲與丙相捽

馬壹267_6

○戰鬬（鬩）

馬壹 176_46 下

○將軍必鬥

馬壹 114_27\430

○於鬥老弱

張·賊律 31

○鬥毆（殿）變人

張·奏讞書 158

○乏不鬥律

銀壹 412

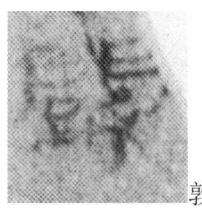

○以山鬥也

敦煌簡 2462

○鬥以劍刃刺

東牌樓 078 正

○鄧甫對鬥

東漢·趙寬碑

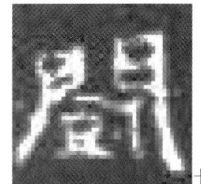

戰鬥（鬥）第五

北齊·韓裔誌

○鬭（鬥）雞走狗

北周·須蜜多誌

○江神牛鬥

【鬨】

《說文》：鬨，鬥也。从鬥共聲。《孟子》曰："鄒與魯鬨。"

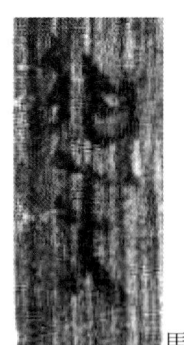

○以鬭在棺中

【闞】

《說文》：闞，經繆殺也。从鬥翏聲。

【鬮】

《說文》：鬮，鬮取也。从鬥龜聲。讀若三合繩糾。

【䦲】

《說文》：䦲，智少力劣也。从鬥爾聲。

【鬩】

《說文》：鬩，鬭連結鬮紛相牽也。从鬥㡭聲。

【鬪】

《說文》：鬪，鬮也。从鬥，賓省聲。讀若賓。

【鬩】

《說文》：鬩，恆訟也。《詩》云："兄弟鬩于牆。"从鬥从兒。兒，善訟者也。

【鬨】

《說文》：鬨，試力士錘也。从鬥从戈。或从戰省。讀若縣。

○閌勳

【鬧】

《說文》：鬧，不靜也。从市、鬥。

○處鬧弗煩

又部

【又】

《說文》：又，手也。象形。三指者，手之列多略不過三也。凡又之屬皆从又。

1376

第三卷

春晚・秦公鎛

春晚・秦公鎛

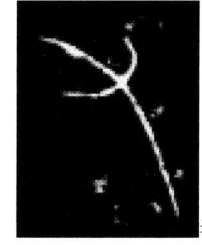

春早・秦公鎛

春早・秦公鐘

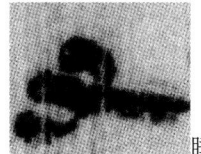

睡・日甲《稷叢辰》41

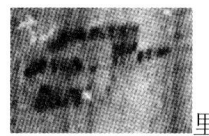

里・第八層 647

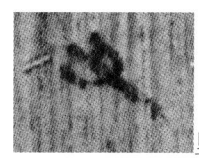

里・第八層背 2191

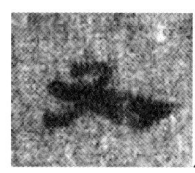

馬壹 41_23 上

馬壹 36_34 上

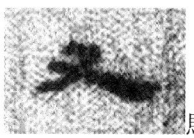

馬貳 33_19 下

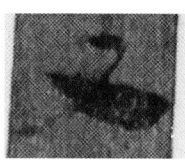

敦煌簡 0043

金關 T05:008A

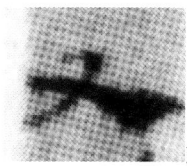

武・甲本《有司》21

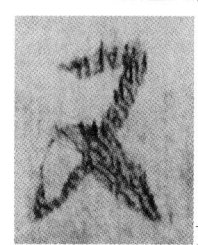

東牌樓 062 背

廿世紀璽印二-SP

〇又（右）禾

1377

歷代印匋封泥
○又(右)匋攻貮

漢代官印選
○郎中又(右)曹

石鼓·吳人

詛楚文·沈湫
○又秦嗣王敢用吉玉

秦駰玉版

懷后磬

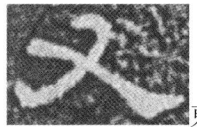

東漢·史晨後碑

東漢·史晨前碑

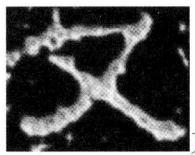

東漢·楊震碑

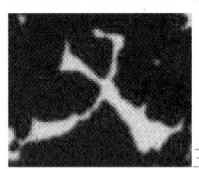

三國魏·孔羡碑
○又於其外廣爲屋宇

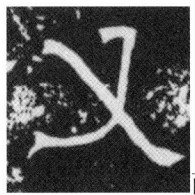

西晉·臨辟雍碑額
○皇太子又再莅之

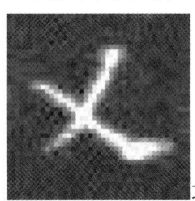

北魏·席盛誌
○又爲行臺郎中

北魏·鄭黑誌

北魏·元文誌

北魏・元詮誌

〇又以安社稷之勳

北齊・庫狄迴洛誌

北周・盧蘭誌

【右】

《說文》：㕛，手口相助也。从又从口。

戰晚・新鄭虎符

春早・秦公鐘

戰晚・二年宜陽戈二

漢銘・齊食官鈁二

漢銘・陽朔四年鍾

漢銘・右丞宮鼎

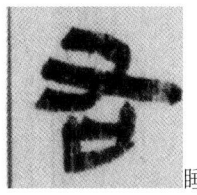

睡・日乙《入官》236

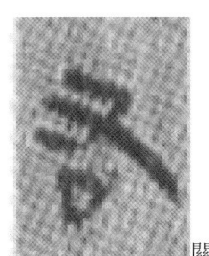

關・日書244

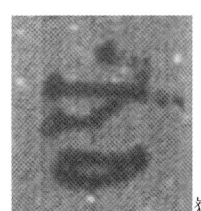

嶽・質日3410

里・第八層439

馬壹 247_5 下

馬壹 245_2 下\10 下

○左右之大吉

馬壹 12_70 下

馬貳 228_84

張·具律 88

張·蓋盧 13

張·引書 70

銀壹 348

銀貳 1848

北貳·老子 207

敦煌簡 1784

○右厭胡隧卒四人

金關 T09:148

武·甲《特牲》26

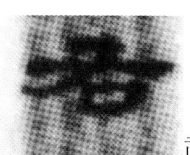

武·甲《有司》42

東牌樓 103

北壹·倉頡篇 10

○歆臾左右

歷代印匋封泥

○右宮巨心

廿世紀璽印二-SP

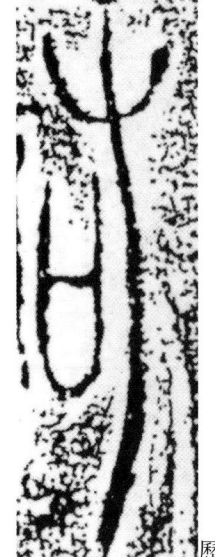

歷代印匋封泥
○右匋

歷代印匋封泥
○右敀

歷代印匋封泥
○右匋攻又

歷代印匋封泥

秦代印風

歷代印匋封泥

歷代印匋封泥
○右灶

歷代印匋封泥

秦代印風

歷代印匋封泥

秦代印風

秦代印風

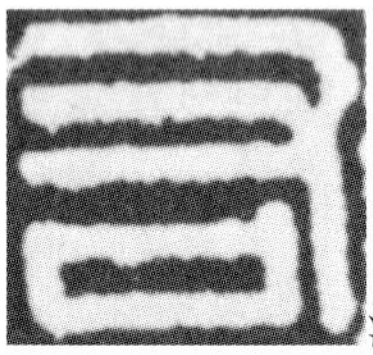

漢晉南北朝印風

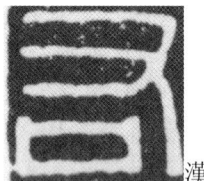

漢晉南北朝印風

漢晉南北朝印風

廿世紀璽印三-GY

廿世紀璽印三-GY

廿世紀璽印三-SP

漢晉南北朝印風

漢晉南北朝印風

漢晉南北朝印風

漢代官印選

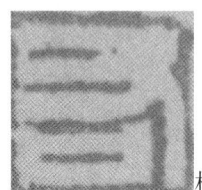

柿葉齋兩漢印萃

漢代官印選

漢印文字徵

歷代印匋封泥

歷代印匋封泥

漢代官印選

歷代印匋封泥

漢晉南北朝印風
○右積弩將軍章

漢晉南北朝印風

漢晉南北朝印風

石鼓·田車

東漢·夏承碑

東漢·曹全碑陽

東漢·成陽靈臺碑

西晉·石定誌

北魏·張正子父母鎮石
○左山右水

東魏·元玕誌

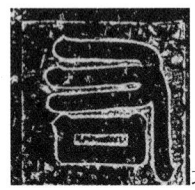

北齊·封子繪誌蓋

○右僕射

北齊·婁叡誌蓋

○右丞相

北齊·感孝頌

【厷】

《說文》：𠂂，臂上也。从又，从古文。

【肱】

《說文》：𦙶，厷或从肉。

【𠃟】

《說文》：𠃟，古文厷，象形。

漢印文字徵

○卑肱白記

漢印文字徵

○趙肱之印

北魏·元徽誌

北魏·元液誌

○股肱增愴

北魏·元乂誌

北魏·寇憑誌

○曲肱衡門

【叉】

《說文》：𢂷，手指相錯也。从又，象叉之形。

北魏·元壽安誌

○民思俾叉（乂）

東魏·元玒誌

1384

○叉(又)爲營明堂大將

【叉】

《説文》：𠂇，手足甲也。从又，象叉形。

秦文字編 461

【父】

《説文》：𤓸，矩也。家長率教者。从又舉杖。

睡・法律答問 178

睡・為吏 46

關・病方 347

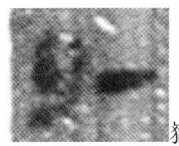

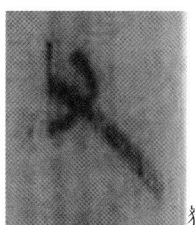

獄・為吏 85

獄・占夢書 46

獄・學為偽書案 225

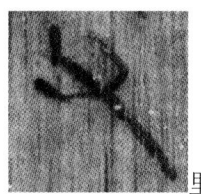

里・第八層 2257

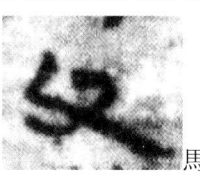

馬壹 88_208

張・賊律 38

張・奏讞書 190

張・蓋盧 46

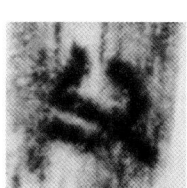

銀壹 788

北貳・老子 178

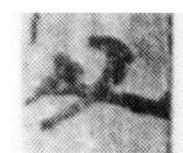

敦煌簡 0195

金關 T09:092A

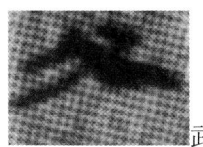

武・儀禮甲《士相見之禮》11
○弟於父兄

武・儀禮甲《服傳》20
○不知父野人曰

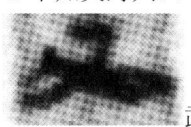

武・乙本《服傳》35
○從父昆弟

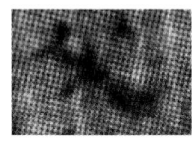

東牌樓 005

歷代印匋封泥
○新城父丞

廿世紀璽印三-GY
○西辟父老

漢晉南北朝印風
○城北單父老印

漢晉南北朝印風
○亢父令印

漢晉南北朝印風
○梁父令印

漢代官印選
○單父令印

漢印文字徵
○單父令印

漢印文字徵
○靡父樂陽

漢印文字徵
○宮父□印

詛楚文・巫咸
○圍其叔父實者冥

1386

東漢・石祠堂石柱題記額

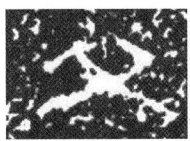

西漢・山東金鄉漢墓鎮墓文

○身體毛蚤

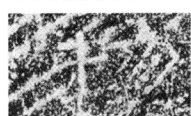

東漢・孫仲陽建石闕題記

○孫仲陽仲升父物故

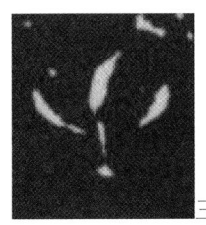

三國魏・三體石經春秋・古文

○齊侯使國歸父來聘夏

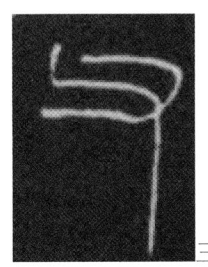

三國魏・三體石經春秋・篆文

○齊侯使國歸父來聘夏

三國魏・三體石經春秋・隸書

○齊侯使國歸父來聘夏

北齊・高百年誌

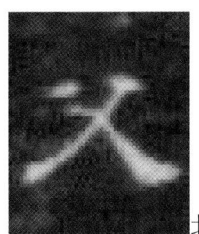

北周・王榮及妻誌

北周・高妙儀誌

【叜（叟）】

《說文》：叜，老也。从又从灾。闕。

【俊】

《說文》：叜，叜或从人。

【㕚】

《說文》：㕚，籒文从寸。

睡・為吏 21

○某叜

張・蓋盧 47

○敬長叟（叜）者

廿世紀璽印三-GY

○漢妥仟長

廿世紀璽印三-GY

○漢叟（妥）邑長

漢晉南北朝印風

○漢叟（妥）邑長

漢晉南北朝印風

○漢妥邑長

漢印文字徵

○晉率善叟（妥）仟長

漢印文字徵

○漢叟（妥）邑長

漢印文字徵

○漢妥邑長

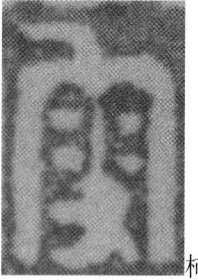

柿葉齋兩漢印萃

○虎步妥搏司馬

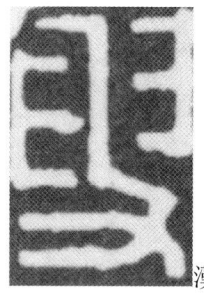

漢晉南北朝印風

○晉歸義叟（妥）侯

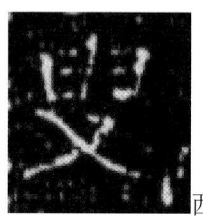

西魏・辛蓂誌

○童叟（妥）悲號

【爕】

《說文》：爕，和也。从言从又、炎。籒文爕从羊。羊，音飪。讀若溼。

春晚・秦公鎛

第三卷

柿葉齋兩漢印萃

○爕衆

北魏·元繼誌

○和風爕雨

北魏·于景誌

○以爕鼇著績

北魏·元茂誌

○位爕三槐

北魏·元引誌

○命天爕日

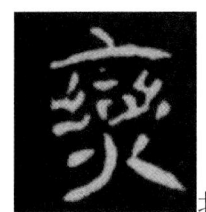

北魏·元鑒誌

○暑爕揚道風頌郁遐邇

【曼】

《説文》：曼，引也。从又冒聲。

秦代·銅車馬當顱

秦代·銅車馬當顱

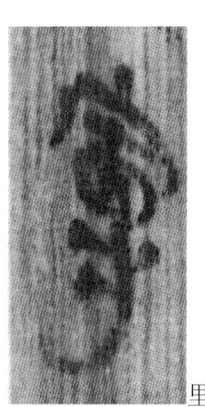

里·第八層背 1523

○郵人曼以來

馬貳 203_8

○理靡曼

1389

敦煌簡 0007A

○會左曼卿當

吳簡嘉禾・五・四四○

○吏張曼周棟凡爲布

吳簡嘉禾・五・一○

○吏張曼周棟凡爲布

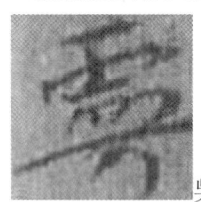

吳簡嘉禾・五・一二九

○吏張曼周棟凡爲布

吳簡嘉禾・五・二四五

○吏張曼周棟凡爲布

吳簡嘉禾・五・二六八

廿世紀璽印三-SY

○紅曼舒印

廿世紀璽印三-SY

○復曼印信

漢印文字徵

○李曼胡

漢印文字徵

○伺曼私印

漢印文字徵

○張曼私印

漢印文字徵

○曼胡宣印

漢晉南北朝印風

○王曼信印

東漢・曹全碑陰
○故鄉嗇夫曼駿安雲

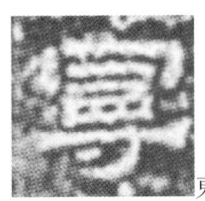

東漢・景君碑
○字伯曼

北魏・元伯楊誌
○國路曼曼

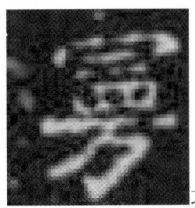

北魏・弔比干文
○途曼曼其難勝

北魏・常季繁誌
○厚夗曼曼

【夏】

《説文》：夏，引也。从又昌聲。昌，古文申。

【夬】

《説文》：夬，分決也。从又，⺕象決形。

睡・秦律雜抄 27

睡・法律答問 79
○治之夬（決）

睡・為吏 44
○夬（決）獄不正

嶽・質日 3410
○居右夬丁未丙午乙

嶽・田與案 199
○今獄夬（決）

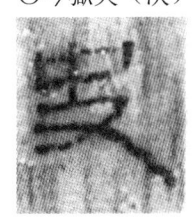

里・第八層 739
○令夬（決）

馬壹 87_186

馬壹 4_4 下

○九五夬（史）履

馬貳 36_52 上

○欲前夬（決）之兌

張・引書 109

○白汗夬（決）絕

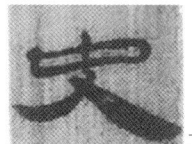

北貳・老子 58

○其國夬（缺）

漢印文字徵

○亲青夬

東漢・熹平石經殘石五

東漢・熹平石經殘石五

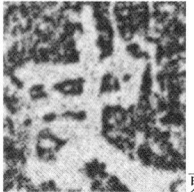

東漢・熹平石經殘石五

【尹】

《說文》：尹，治也。从又、丿，握事者也。

【𠃍】

《說文》：𠃍，古文尹。

戰晚・春成左庫戈

漢銘・尹氏洗

漢銘・尹續有盤

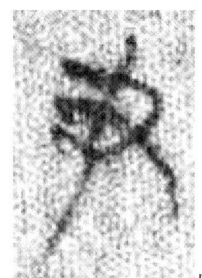

馬壹 266_7

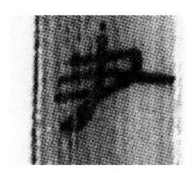

銀貳 1324

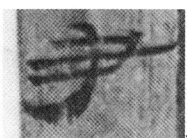

敦煌簡 0177

金關 T23:516

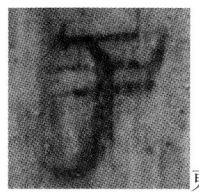

東牌樓 030 正

秦代印風

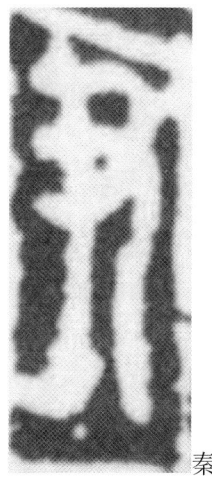

秦代印風

○尹福

廿世紀璽印三-SY

廿世紀璽印三-SY

廿世紀璽印三-SY

歷代印匋封泥

歷代印匋封泥

○吾符大尹章

漢晉南北朝印風

歷代印匋封泥

廿世紀璽印三-GP

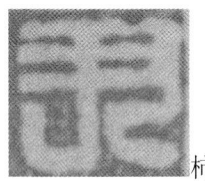

柿葉齋兩漢印萃

漢代官印選

柿葉齋兩漢印萃

柿葉齋兩漢印萃

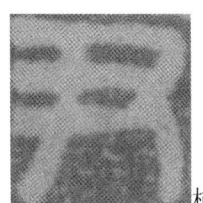

柿葉齋兩漢印萃

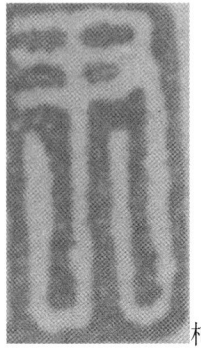

柿葉齋兩漢印萃

○尹賞

漢印文字徵

漢印文字徵

漢印文字徵

○尹□印信

漢印文字徵

○尹咸

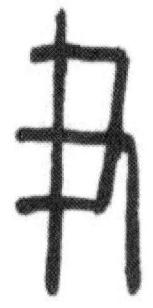

漢印文字徵

漢印文字徵

漢印文字徵

漢印文字徵

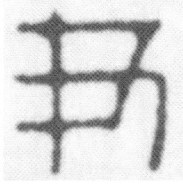

漢晉南北朝印風

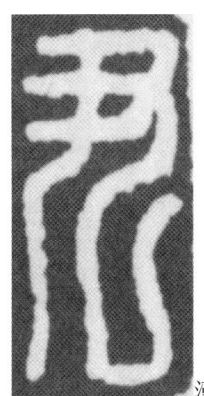

漢晉南北朝印風

○尹意

漢晉南北朝印風

漢晉南北朝印風

○尹尚私印

漢晉南北朝印風

漢晉南北朝印風

○尹當時印

漢晉南北朝印風

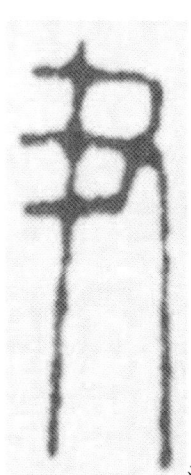

漢晉南北朝印風

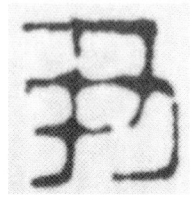

漢晉南北朝印風

漢晉南北朝印風

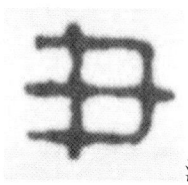

漢晉南北朝印風

東漢·司徒袁安碑

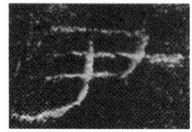

東漢·韓仁銘

東漢·尹宙碑

東漢·尹宙碑

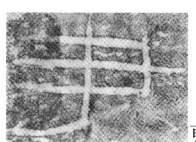

東漢·尹武孫崖墓題記

○尹武孫莫

東漢·成陽靈臺碑

西晉·石尠誌

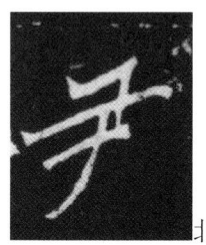

北魏·元保洛誌

○代尹郡元保洛銘

東魏·元悰誌

東魏·廣陽元湛誌

【嫈】

《說文》：嫈，又卑也。从又虘聲。

【叝】

《說文》：叝，引也。从又埶聲。

【叔】

《說文》：㞋，拭也。从又持巾在尸下。

【及】

《說文》：及，逮也。从又从人。

【⟋】

《說文》：⟋，古文及。《秦刻石》及如此。

【弓】

《說文》：弓，亦古文及。

【𢎗】

《說文》：𢎗，亦古文及。

春早·秦公鐘

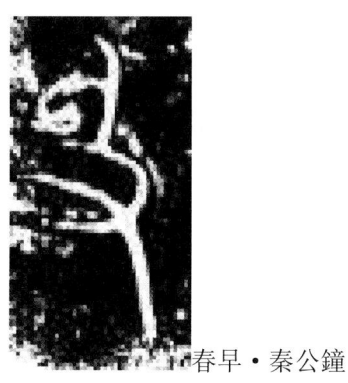

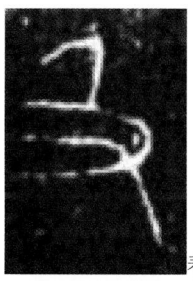

春早·秦公鎛

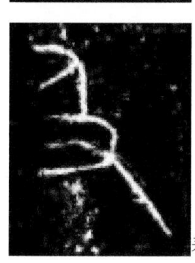

春早·秦公鎛

漢銘·陽泉熏鑪

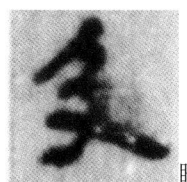

睡·語書 4

睡·秦律十八種 122

睡·效律 54

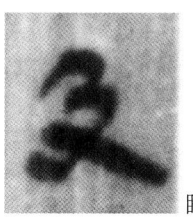

睡·秦律雜抄 29

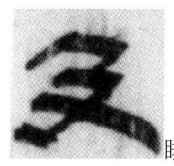

睡·法律答問 180

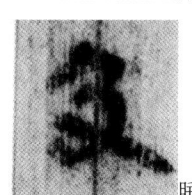

睡·封診式 71

睡·日甲《行》127

睡·日甲 151

睡·日甲《詰》57

睡·日乙 47

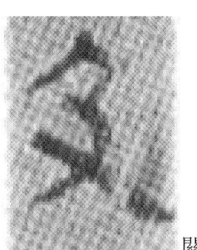

關·日書 260

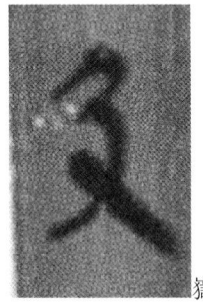

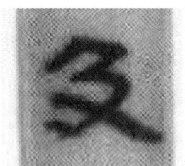

獄·數 176

獄·魏盜案 154

里·第六層 7

○買衣及予吏益僕

里·第八層 757

里·第八層 122

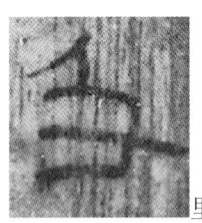

里·第八層 102

○賣牛及筋

馬壹 38_10 上

馬壹 265_6

馬貳 68_8/8

張・戶律 329

張・奏讞書 90

銀壹 812

銀貳 2144

北貳・老子 30

敦煌簡 0175

○將塗及前

金關 T10:241

○二日及吏將屯勞

金關 T01:002

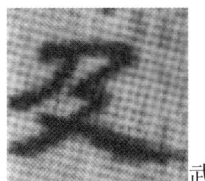

武・儀禮甲《服傳》20

武・甲《特牲》52

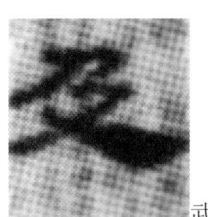

武・甲《少牢》17

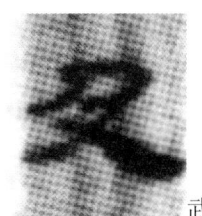

武・甲《有司》60

武・甲《泰射》45

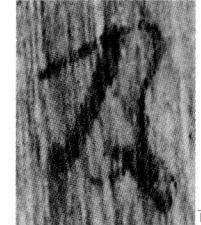

東牌樓 064 正

吳簡嘉禾・五・五八一

漢印文字徵

○許及私印

石鼓・汧殹

詛楚文・沈湫

○神巫咸及大沈久湫

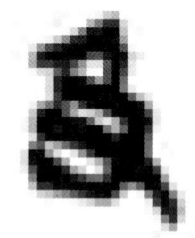

秦駰玉版

泰山刻石

東漢・曹全碑陽

東漢・史晨後碑

三國魏・三體石經尚書・古文

○高宗及祖甲

三國魏・三體石經尚書・篆文

○仲宗及高宗及祖甲及

三國魏・三體石經尚書・隸書

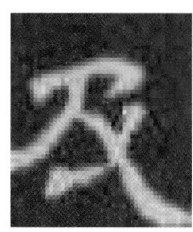

○高宗及

西晉・臨辟雍碑

北魏・元珍誌

【秉】

《說文》：秉，禾束也。从又持禾。

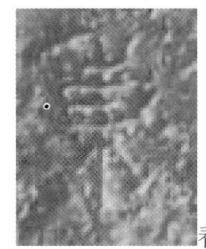

春早·秦子簋蓋

春晚·秦公簋

睡·日甲《詰》36

○椎桃秉（柄）以

馬貳 246_279

敦煌簡 0220

金關 T23:762A

○他候秉移肩水金關

漢印文字徵

○秉德侯相

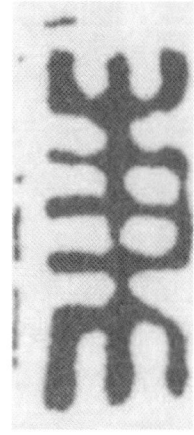

漢晉南北朝印風

○劉秉

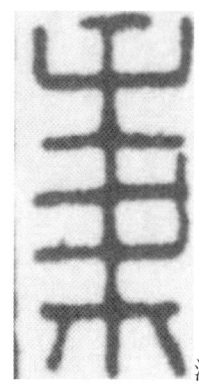

漢晉南北朝印風

○梁秉

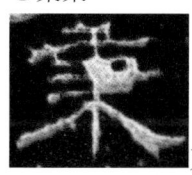

東漢·楊震碑

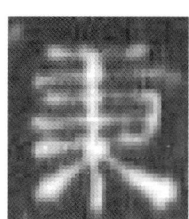

東漢·營陵置社碑

東漢・曹全碑陽

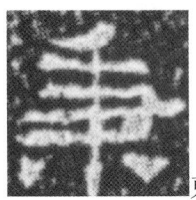

東漢・趙寬碑

東漢・從事馮君碑

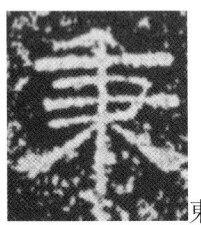

東漢・尹宙碑

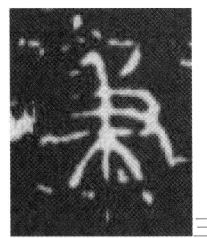

三國魏・三體石經尚書・古文
○人冏不秉德明恤少臣并（屏）侯佃（畎）

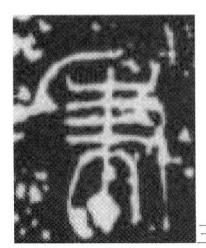

三國魏・三體石經尚書・篆文
○人罔不秉德明□少臣屏侯畎

西晉・石定誌

北魏・元進誌

北魏・穆亮誌
○秉義爲性

北魏・馮會誌

北魏・尉氏誌
○秉心塞淵

北魏・馮邕妻元氏誌

北魏・慈慶誌
○秉是純心

北魏·薛伯徽誌

北魏·元子永誌

〇王復秉律東川

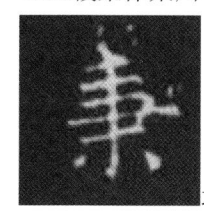

北魏·笱景誌

〇秉律之任

北魏·元鑽遠誌

〇自秉筆龍淵

北魏·元始和誌

〇秉文之舉

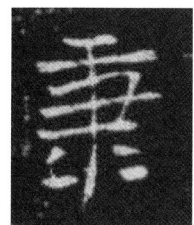

東魏·元鷲妃公孫甑生誌

〇秉心淵塞

東魏·叔孫固誌

〇內秉心口之委

東魏·陸順華誌

〇以秉其心

東魏·杜文雅造像

〇夫大覺秉不惻之智

北齊·唐邕刻經記

〇秉文經武

【反】

《說文》：反，覆也。从又，厂反形。

【反】

《說文》：反，古文。

漢銘·迎光宮鼎蓋

漢銘·蒲反田官量

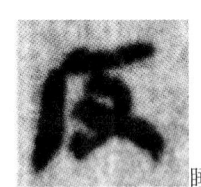

睡·日甲《歲》66
○東數反其鄉

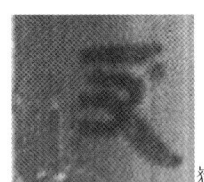

獄·占夢書9
○妻相反負者

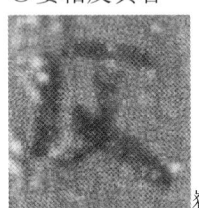

獄·數119
○籥反（返）十

獄·綰等案243
○與反寇戰

馬壹127_60下
○皆反自及也

馬壹86_166
○地盡反（返）矣

馬壹9_53上
○无咎反復

馬壹74_12
○反惡

馬貳212_8/109
○復下反之

張·賊律1
○反降諸侯

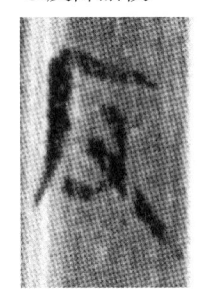

張·奏讞書129
○利鄉反新黔

張・引書 56
○辟手反而舉之

銀壹 256
○奄反

銀貳 1848
○反（返）入

銀貳 2094
○貫月反景

北貳・老子 115
○言若反和

敦煌簡 0497
○謀反

金關 T04:070
○反三日
申

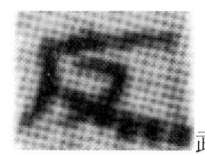

武・儀禮甲《士相見之禮》4
○賓反見

武・甲《特牲》51
○乃反位尸俎（祖）

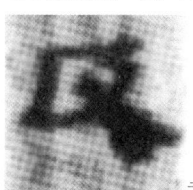

武・甲《少牢》25
○坐祝反一南面尸取

武・甲《有司》26
○興反加于汁

武・甲《泰射》55
○之興反位

廿世紀璽印二-SP
○反里成遇

歷代印匋封泥
○蒲反

1405

○蒲反丞印

歷代印匋封泥

○反巳

廿世紀璽印三-SY

○□反之

漢印文字徵

○蒲反丞印

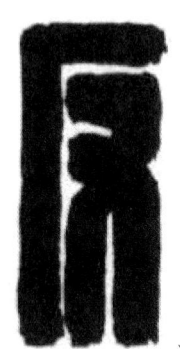

漢印文字徵

○徐反

漢印文字徵

○衛反

漢印文字徵

○賈反

漢晉南北朝印風

○張反私印

漢晉南北朝印風

○衛反

漢晉南北朝印風

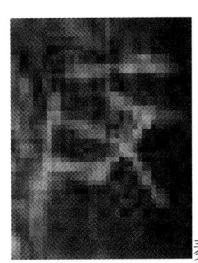

○徐反

秦駰玉版

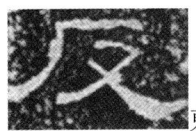

東漢・孔宙碑陽

○貴速朽之反真

東漢・史晨後碑

○蕩邪反匹（正）

西晉・石尠誌

○惠皇帝反正

西晉・孫松女誌

○既將反之於儉質

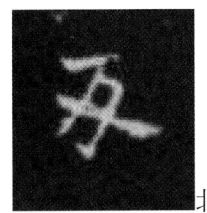

北魏・元融誌

○徐輼而反

北魏・元純陀誌

○不反扶桑

北魏・長孫盛誌

○及□興反正

北魏・元誨誌

○虛來實反

【叚】

《說文》：叚，治也。从又从卪。卪，事之節也。

【𠬪】

《說文》：𠬪，滑也。《詩》云："𠬪兮達兮。"从又、中。一曰取也。

【叔】

《說文》：叔，楚人謂卜問吉凶曰叔。从又持祟，祟亦聲。讀若贅。

【叔】

《說文》：尗，拾也。从又尗聲。汝南名收芌爲叔。

【朴】

《說文》：朴，叔或从寸。

睡・秦律十八種 43

睡・法律答問 153

睡・日甲 151

關・病方 330

嶽・數 97

馬壹 114_28\431

馬貳 222_14

銀貳 1418

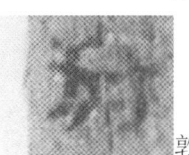

敦煌簡 0846A

金關 T03:054A
○李長叔君

金關 T30:001
○受長叔外長

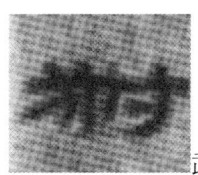

武·儀禮甲《服傳》41

○叔父

廿世紀鉩印三-SP

○叔山海印

漢印文字徵

○公上翁叔

漢印文字徵

○丁叔

漢印文字徵

○滈于叔

柿葉齋兩漢印萃

○得臺翁叔

柿葉齋兩漢印萃

○叔丘子兄

漢印文字徵

○許叔

漢印文字徵

○叔達之印

漢印文字徵

○□長叔召

漢印文字徵

○大叔河

漢印文字徵

○許翁叔

漢印文字徵

○叔印得意

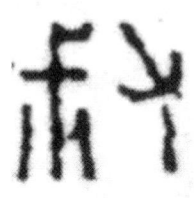

歷代印匋封泥

○叔幽海印

漢印文字徵

○高堂翁叔

漢晉南北朝印風

○戎叔

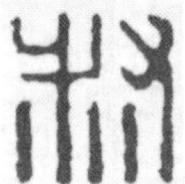

漢晉南北朝印風

○戴叔私印

漢晉南北朝印風

○中叔倉印

漢晉南北朝印風

○公叔禹印

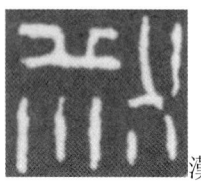

漢晉南北朝印風

○尹叔私印

漢晉南北朝印風

○叔□之印

漢晉南北朝印風

○公上翁叔

漢晉南北朝印風

○朱叔

詛楚文·沈湫
○拘圍其叔父

東漢·張遷碑陰
○長韋叔珍錢五百

東漢·禮器碑
○字叔節

東漢·曹全碑陽

東漢·禮器碑側
○丁璪叔舉五百

三國魏·三體石經春秋·篆文
○叔服來會葬夏四月丁

三國魏·曹真殘碑
○尹輦叔戴

西晉·成晃碑
○字叔明

北魏·元簡誌
○高宗之叔子

北魏·元簡誌
○皇帝之第五叔也

北魏·寇憑誌
○氏族康叔

北魏·元纂誌

北魏·元壽安誌

北魏·寇霄誌
○穆舉康叔

東魏·元玕誌
○字叔珍

東魏・陸順華誌

○誕茲明叔

北齊・皇甫豔誌

○縱叔母之救士安

【叟】

《説文》：叟，入水有所取也。从又在冋下。冋，古文回。回，淵水也。讀若沬。

秦駰玉版

【取】

《説文》：取，捕取也。从又从耳。《周禮》："獲者取左耳。"《司馬法》曰："載獻聝。"聝者，耳也。

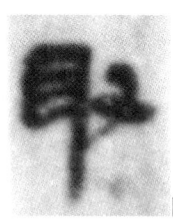

睡・秦律十八種 42

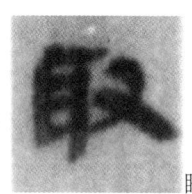

睡・秦律雜抄 11

睡・法律答問 193

睡・日甲《取妻》 155

睡・日甲 12

睡・日甲 9

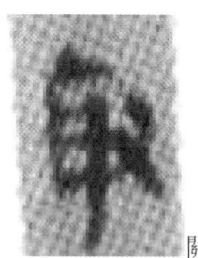

關・病方 316

獄・為吏 59

獄・數 137

獄・芮盜案 77

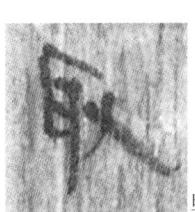

里・第八層 1221

馬壹 267_8

馬壹 9_61 上

馬壹 81_27

馬壹 242_7 上\15 上

馬貳 276_208/228

馬貳 112_65/65

張・復律 278

張・奏讞書 157

張・奏讞書 30

張・算數書 86

張・引書 40

銀壹 858

○可破取也

銀貳 1642

銀貳 1223

北貳・老子 198

敦煌簡 1862

○爲可取奉願中公如

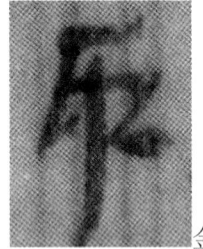

金關 T30:011

○當得取傳謁言廷移

金關 T24:084

○國爲取

武・甲《特牲》44

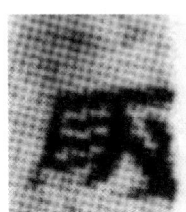

武・甲《少牢》31

武・甲《有司》65

武・甲本《燕禮》34

武・甲《泰射》44

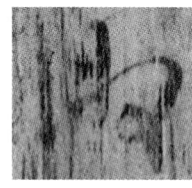

東牌樓 023 正

○苦亡取期日

魏晉殘紙

○羌女白取別之

秦代印風

○賈取

漢印文字徵

○取春

歷代印匋封泥

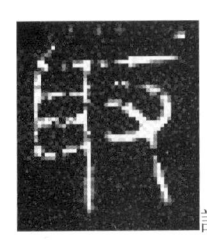

○公孫取

詛楚文·巫咸

○羲牲取誠邊城新禪

東漢·石祠堂石柱題記

東漢·劉熊碑

東漢·肥致碑

東漢·桐柏淮源廟碑

北魏·元子直誌

北魏·馮邕妻元氏誌

北魏·于景誌

○白珪取信

北魏·元肅誌

○群僚取則

北魏·王僧男誌

○皆取公給

北齊·常文貴誌

○親即取木邊山

【䇸】

《說文》：䇸，掃竹也。从又持㞢。

【篲】

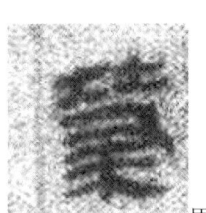

《說文》：篲，䇸或从竹。

【䨈】

《說文》：䨈，古文䇸从竹从習。

馬貳33_20下

○彗星

北壹・倉頡篇 37

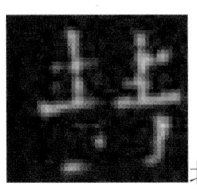

北魏・弔比干文

○搴彗星以朗導兮

東魏・李希宗誌

○擁長彗以掃除

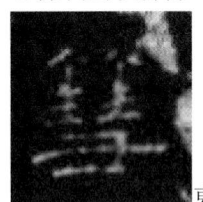

東魏・元悰誌

○擁篲趨士

【叚】

《說文》：叚，借也。闕。

【𠭴】

《說文》：𠭴，古文叚。

【叚】

《說文》：叚，譚長說，叚如此。

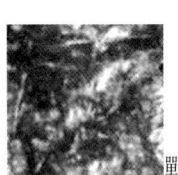

戰晚或秦代・元年上郡假守暨戈

睡・秦律十八種 105

○齋賞（償）叚（假）器者

睡・秦律雜抄 1

○嗇夫叚（假）佐

關・病方 336

○搯某叚（瘕）心

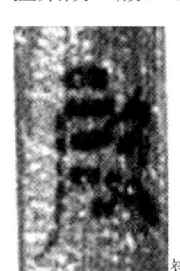

獄・為吏 10

○擅叚縣官器部佐行

獄・數 47

○室共叚（假）之

獄·尸等案40

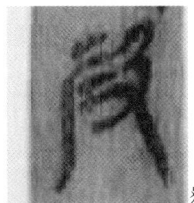

○南郡叚（假）守

里·第八層1231

○其一叚（假）令

馬壹13_90上

○亨王叚（假）于廟

馬壹7_41上

○亨王叚（假）之勿

張·行書律267

○僕者叚（假）器

張·奏讞書139

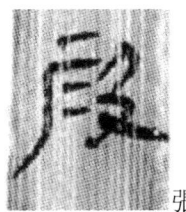

○操其叚（假）兵

張·脈書8

○音膏叚（瘕）殹

北壹·倉頡篇69

○糈姪娣叚糈合

北魏·段峻德誌

○大魏叚（段）公墓誌

【友】

《說文》：𠬪，同志爲友。从二又。相交友也。

【𦫳】

《說文》：𦫳，古文友。

【𦫔】

《說文》：𦫔，亦古文友。

漢銘·五鳳熨斗

漢銘·昭臺宮扁

1417

漢銘·元康鴈足鐙

漢銘·元康高鐙

獄·為吏85
○爲人友則不爭

馬壹4_13下
○其友

馬壹87_176
○友地不兵

銀壹747
○友之友

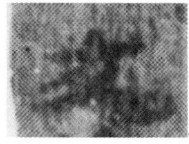

敦煌簡0845
○與親友坐

金關T07:021
○明友等敢言

廿世紀璽印三-SY
○友門婦印

廿世紀璽印三-SY
○景友印

漢印文字徵
○曹闌友

漢印文字徵
○聊印疆友

漢印文字徵
○堂印猛友

漢印文字徵

○劉友私印

漢印文字徵

○劉友印

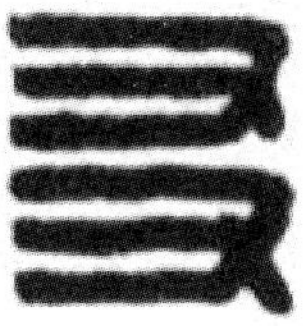

漢印文字徵

○王印賢友

漢印文字徵

○魏友

漢晉南北朝印風

○劉友印

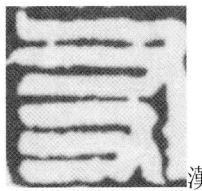

漢晉南北朝印風

○司馬猛友

漢晉南北朝印風

○魏友

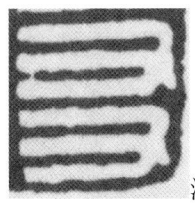

漢晉南北朝印風

○趙友之印

秦駰玉版

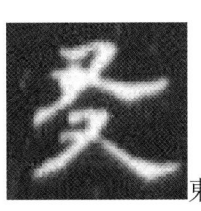

東漢・司馬芳殘碑額

○孝友穆於家庭

東漢・肥致碑

東漢・相張壽殘碑

東漢・從事馮君碑

北魏・鄁乾誌

○室友廉蘇

北魏・元宥誌

○孝友幼成

北魏・元子正誌

北魏・元子直誌

北魏・寇憑誌

○僚友痛蘭桂之摧折

北魏・元緒誌

○長慈友

北魏・崔隆誌

○北友盤嶺

北魏・元弼誌

北魏・韓顯宗誌

北魏・元理誌

○播美於邦畿孝友昭朗於

北魏・元靈曜誌

○孝友閨門

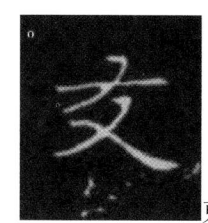

東魏・元延明妃馮氏誌

北齊・邑義七十人造像

北齊・赫連子悅誌

【度】

《說文》：度，法制也。从又，庶省聲。

戰晚・二十六年始皇詔書銅權

戰中・商鞅量

戰晚・左樂兩詔鈞權

秦代・始皇詔銅橢量一

秦代・美陽銅權

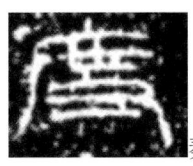

秦代・兩詔銅權三

秦代・兩詔銅橢量一

秦代・北私府銅橢量

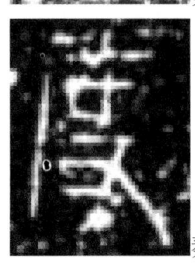

秦代・元年詔版五

秦代・始皇詔銅權三

秦代・元年詔版二

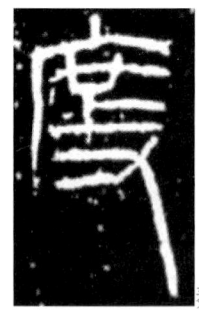

秦代・始皇詔銅橢量四

秦代・大騩銅權

漢銘・新嘉量一

漢銘・光和斛一

漢銘・新嘉量二

睡・秦律十八種 124

睡・效律 30

嶽・為吏 11

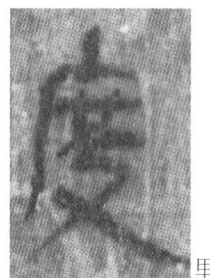

里・第八層 463

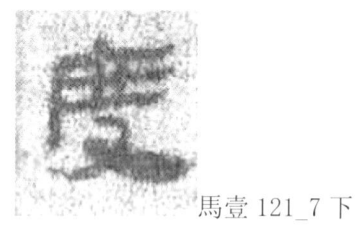

馬壹 121_7 下

張・田律 241

張・脈書 55

銀壹 921

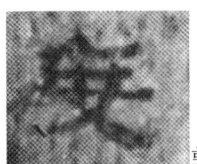

敦煌簡 1113

金關 T10:103

武・甲《泰射》42

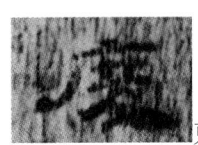

東牌樓 146

廿世紀璽印三-SP
○徐度

廿世紀璽印三-GY
○五度司馬

漢代官印選
○度遼將軍

歷代印匋封泥
○徐度

漢印文字徵
○五度司馬

漢印文字徵
○司馬度

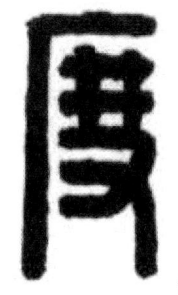

漢印文字徵
○李度

漢晉南北朝印風
○度支都尉章

東漢・成陽靈臺碑
○履規柜（矩）之度

東漢・北海相景君碑陰

東漢・肥致碑

東漢・朝侯小子殘碑

東漢・譙敏碑

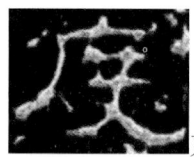

東漢・楊震碑

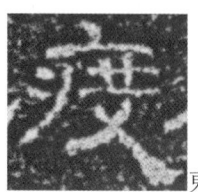

東漢・趙寬碑
○監度遼營謁者

十六國北涼・沮渠安周造像

北魏・元顯俊誌
○叔度奇聲

北魏・赫連悅誌
○沉深將相之度

北魏・元瞻誌
○相羊適度

北魏・元過仁誌

北魏・長孫忻誌

北魏・元鑒誌
○昭昭鴻度

ナ部

【ナ】

《説文》：ｦ，ナ手也。象形。凡ナ之屬皆从ナ。

【卑】

《説文》：卑，賤也。執事也。从ナ、甲。

北魏·元定誌
○內光帝度

北魏·秦洪誌
○淵度長翻

東魏·元悰誌
○風度閑遠

東魏·元悰誌
○進退有度

北齊·婁黑女誌

北齊·斛律氏誌

南朝宋·謝琰誌
○字仲度

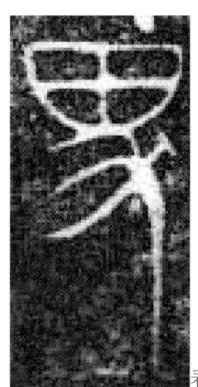

春晚·秦王鐘

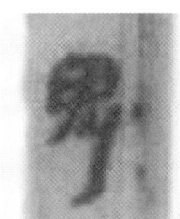

獄·同顯案 149

馬壹 89_222

馬壹 87_169

馬壹 43_41 上

馬貳 240_214

張·奏讞書 226

張·蓋廬 15

敦煌簡 0486

金關 T23:765

武·儀禮甲《服傳》20

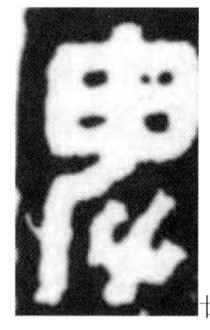

廿世紀璽印三-GY

漢晉南北朝印風

漢印文字徵

柿葉齋兩漢印萃

漢印文字徵

漢印文字徵

漢印文字徵

漢印文字徵

漢晉南北朝印風

廿世紀璽印四-GY

漢晉南北朝印風

漢晉南北朝印風

○晉鮮卑歸義侯

漢晉南北朝印風

東漢・王舍人碑

東漢・石門頌

○卑者楚惡（惡）

北朝・趙阿令造像

○清信弟子陽思卑

北魏・元仙誌

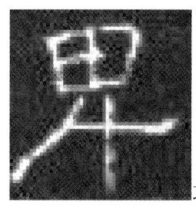

北齊・高顯國妃敬氏誌

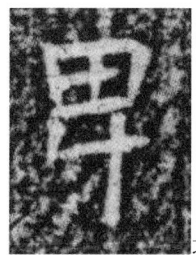

北齊・姜篡造像

史部

【史】

《説文》：𠭰，記事者也。从又持中。中，正也。凡史之屬皆从史。

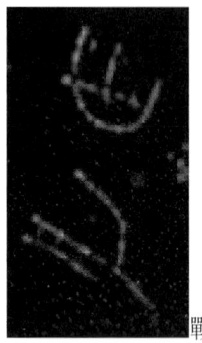

戰中・王八年內史操戈

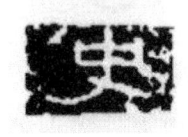

漢銘・承安公鼎二

漢銘・建武泉範二

漢銘・史侯家染梧

漢銘・陽泉熏鑪

漢銘・臨虞宮高鐙三

漢銘・橐泉宮行鐙

漢銘・大司農權

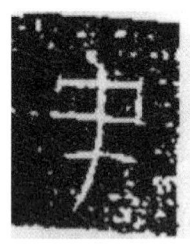

漢銘・史丁弩鐖

漢銘・建武卅二年弩鐖

漢銘・成山宮渠斗

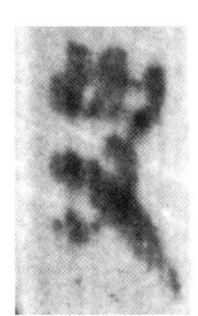

睡・編年記 14

睡・秦律十八種 190

睡・效律 55

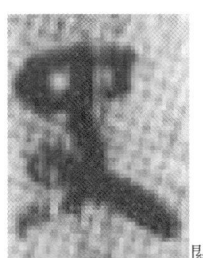

關・曆譜 48

獄・質日 348

獄・為吏 42

獄・芮盜案 65

里・第八層 1002

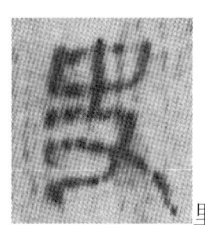

里・第八層 197

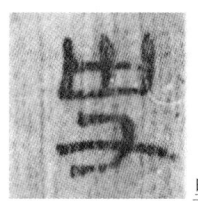

里・第八層 1529

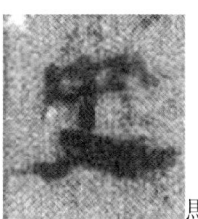

馬壹 39_17 下

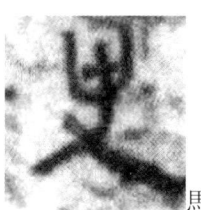

馬壹 87_175

馬壹 90_240

張・津關令 516

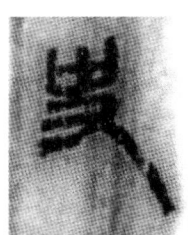

張・史律 474

張・奏讞書 92

張·奏讞書 163

敦煌簡 1261

金關 T23:206

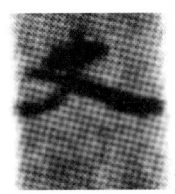

武·甲《泰射》8

武·王杖 1

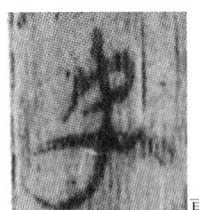

東牌樓 091

吳簡嘉禾·三七五

○庫史（吏）

歷代印匋封泥

○史胥

歷代印匋封泥

秦代印風

○史公

秦代印風

○史連

秦代印風

秦代印風

漢晉南北朝印風

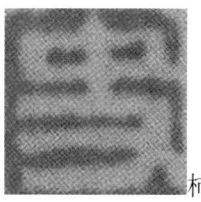

柿葉齋兩漢印萃

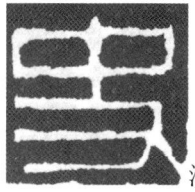

廿世紀璽印三-SY

漢代官印選

廿世紀璽印三-SY

漢代官印選

○史榮之印

廿世紀璽印三-GP

歷代印匋封泥

廿世紀璽印三-GY

歷代印匋封泥

廿世紀璽印三-SY

歷代印匋封泥

漢晉南北朝印風

歷代印匋封泥

漢印文字徵

○史儋

漢代官印選

漢代官印選

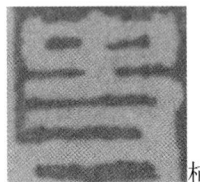

柿葉齋兩漢印萃

○武威長史

歷代印匋封泥

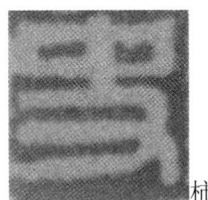

柿葉齋兩漢印萃

漢印文字徵

○史晨印信

漢印文字徵

○史晨

漢印文字徵

○蘇少史

漢印文字徵

漢印文字徵

漢印文字徵

○史富昌

漢晉南北朝印風

廿世紀璽印四-SY

○刺史之印

漢晉南北朝印風

○史郚

漢晉南北朝印風

漢晉南北朝印風

○史少齒

漢晉南北朝印風

漢晉南北朝印風

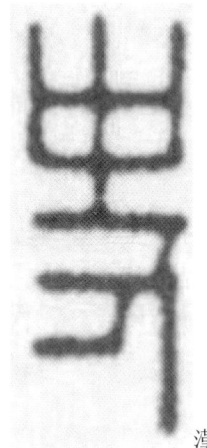

漢晉南北朝印風
○史少公
漢晉南北朝印風 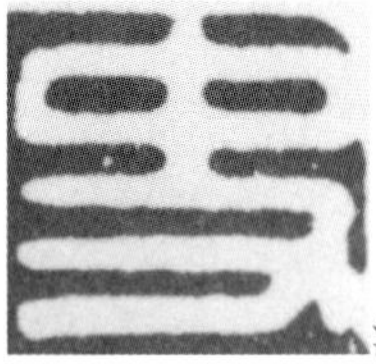
漢晉南北朝印風 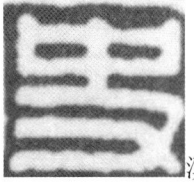
漢晉南北朝印風 
漢晉南北朝印風 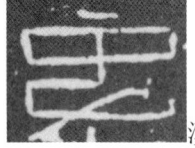
○懷州刺史印
漢晉南北朝印風 

廿世紀璽印四-GY
○懷州刺史
漢晉南北朝印風 
○史循
漢晉南北朝印風 
○史亭山
漢晉南北朝印風 
○侯史譚印

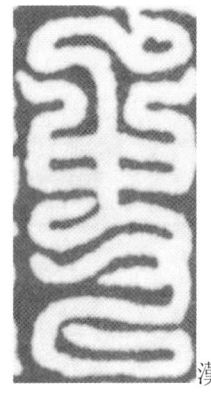

漢晉南北朝印風

〇史君嚴

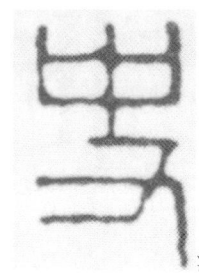

漢晉南北朝印風

泰山刻石

琅琊刻石

琅琊刻石

東漢・馮緄碑

東漢・樊敏碑

三國魏・張君殘碑

西晉・石尟誌

〇拜大將軍秦王長史

北魏・趙廣者誌

北魏・王悅及妻郭氏誌

北魏・王悅及妻郭氏誌

北魏・王悅及妻郭氏誌

北魏・王悦及妻郭氏誌

北魏・韓震誌

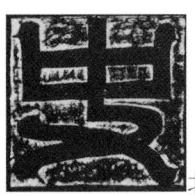

北魏・元悌誌蓋

北魏・王悦及妻郭氏誌

西魏・和照誌蓋

○魏故恒州刺史和照銘

北齊・和紹隆誌蓋

北齊・狄湛誌蓋

北齊・庫狄迴洛誌蓋

○齊故定州刺史

【事】

《說文》：事，職也。从史，之省聲。

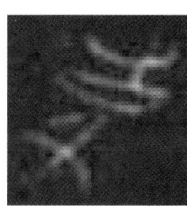

【叓】

《說文》：叓，古文事。

戰晚・八年相邦呂不韋戈

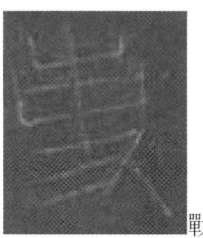

戰晚・卅年詔事戈

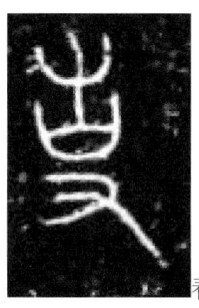

春早・秦公鎛

戰晚・五年相邦呂不韋戈

春晚·秦公鎛

西晚·不其簋

春晚·秦公鎛

戰晚·五年呂不韋戈（一）

春晚·秦公簋

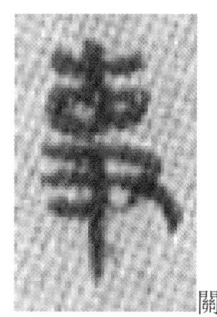

關·日書 231

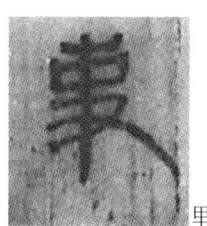

里·第八層 42

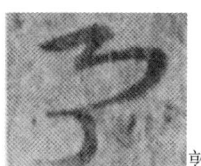

敦煌簡 0075

○以從事臣

敦煌簡 0864B

歷代印匋封泥

○□事

歷代印匋封泥

○閻陳□參立事左里敀亭區

歷代印匋封泥

○陳道立事左釜

歷代印匋封泥

○平陵陳得立事歲□□

歷代印匋封泥

○詔事丞印

秦代印風

秦代印風

秦代印風

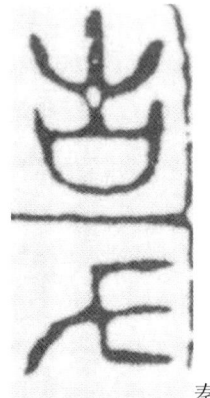

秦代印風

秦代印風

○思事

秦代印風

秦代印風

○敬事

廿世紀璽印三-SY

廿世紀璽印三-SY

漢代官印選

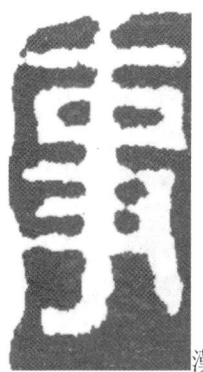

漢代官印選

漢印文字徵

漢印文字徵

漢印文字徵

漢印文字徵

漢晉南北朝印風

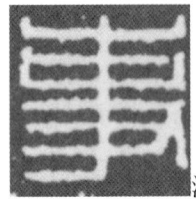

漢晉南北朝印風

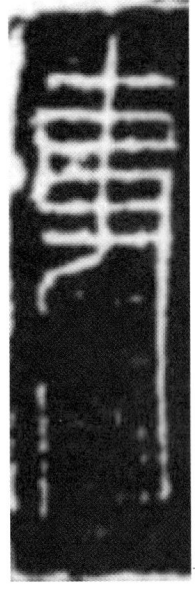

廿世紀璽印四-SY

廿世紀璽印四-SY

廿世紀璽印四-SY

廿世紀璽印四-SY

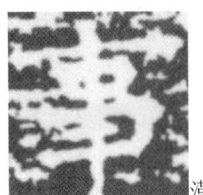

漢晉南北朝印風

漢晉南北朝印風

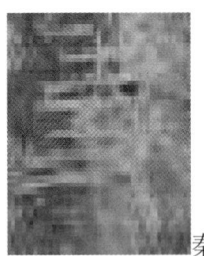

秦駰玉版

石鼓·霝雨

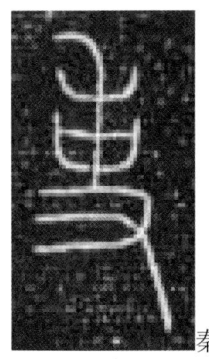

秦公大墓石磬

東漢·營陵置社碑

東漢·曹全碑陽

東漢·司徒袁安碑

東漢·從事馮君碑

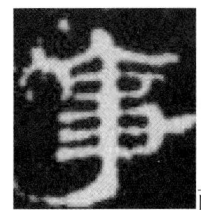

西晉·荀岳誌

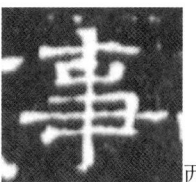

○楚王軍事

西晉·管洛誌

西晉·石尠誌

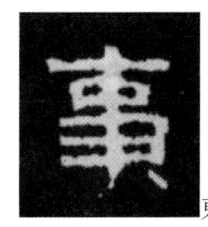

東晉·王建之誌

○孫故給事黃門侍郎都亭

支部

【支】

《說文》：𢪒，去竹之枝也。从手持半竹。凡支之屬皆从支。

【𢽾】

《說文》：𢽾，古文支。

睡·法律答問 79

獄·為吏 15

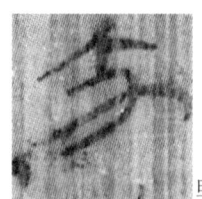

里·第八層 682

馬壹 89_212

馬壹 86_160

馬貳 34_26 上

張·奏讞書 118

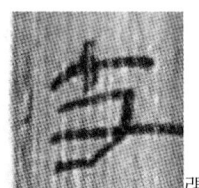

張·脈書 52

銀壹 497

敦煌簡 0100

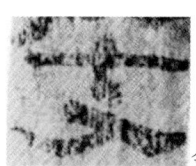

金關 T23:863

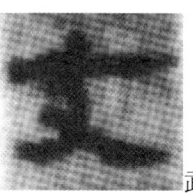

武·儀禮甲《服傳》21

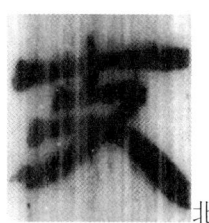

北壹·倉頡篇 20

○猷然稀支袤牒

廿世紀璽印二-SY

○支怊己

廿世紀璽印三-GP

○左譽桃支

秦代印風

歷代印匋封泥

○右礜桃支

漢印文字徵

○晉支胡率善佰長

漢印文字徵

○冀丹支

漢印文字徵

漢晉南北朝印風

○度支都尉章

漢晉南北朝印風

○晉支胡率善邑長

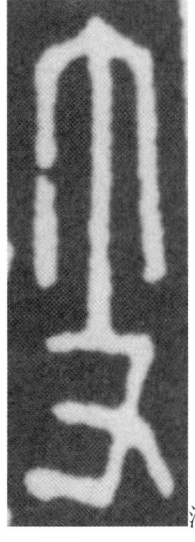

漢晉南北朝印風

○支悟已

東漢・開母廟石闕銘

○靈支挺生

北魏・元珍誌

○伯支敗績

北魏・□伯超誌

【攲】

《说文》：攲，持去也。从支奇聲。

東魏·李顯族造像

○六合攲傾

東魏·蕭正表誌

○攲器之誡

〖敳〗

秦代印風

○必敳

聿部

【聿】

《说文》：聿，手之疌巧也。从又持巾。凡聿之屬皆从聿。

【肅】

《说文》：肅，習也。从聿㐁聲。

【肄】

《说文》：肄，篆文肅。

【肆】

《说文》：肆，籀文肅。

【肅】

《说文》：肅，持事振敬也。从聿在㡀上，戰戰兢兢也。

【㿉】

《说文》：㿉，古文肅从心从卪。

漢銘·永和二年鑣

獄·為吏 18

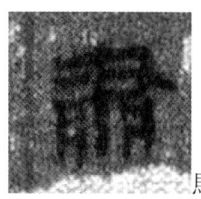

馬壹 123_29 下

北貳·老子 187

秦代印風

東漢・白石神君碑

○肅雍顯相

東漢・尚博殘碑

東漢・尚博殘碑

東漢・桐柏淮源廟碑

東漢・桐柏淮源廟碑

東漢・史晨後碑

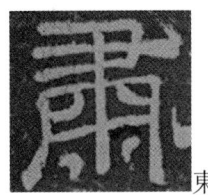

東漢・夏承碑

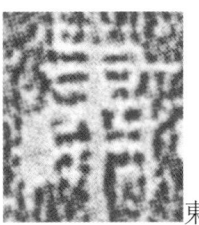

東漢・三公山碑

東晉・王丹虎誌

北魏・張整誌

○幼有明肅之稱

北魏・嚴震誌

北魏・楊胤誌

北魏・元彥誌

北魏・元朗誌

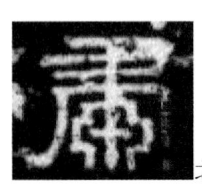

北齊·高肅碑

○王諱肅

聿部

【聿】

《說文》：聿，所以書也。楚謂之聿，吳謂之不律，燕謂之弗。从聿一聲。凡聿之屬皆从聿。

里·第八層背200

○聿聿建安

漢印文字徵

○張聿印信

漢晉南北朝印風

○張聿印信

東漢·楊叔恭殘碑

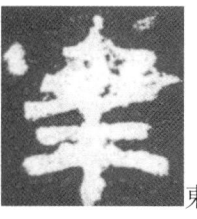

○勳列煥爾，聿用作詩

東漢·相張壽殘碑

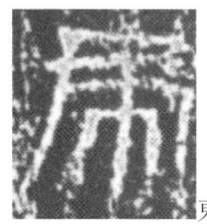

○歲聿豐穰

東漢·北海相景君碑陰

○豎建聿碑

北魏·元濬嬪耿氏誌

○上以母儀聿顯

北魏·鄯乾誌

○歲聿其徂

東魏·元季聰誌

○聿修內饋

【筆】

《說文》：筆，秦謂之筆。从聿从竹。

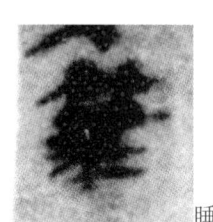

睡·日甲《詰》46

○取女筆以拓之

張·遣策39

○筆一有管

銀貳1779

○鳴畢筆

敦煌簡2401A

○亡刀筆收降

北壹·倉頡篇18

○數券契筆研筭

漢印文字徵

○筆閎信印

北魏·元廣誌

北齊·斛律氏誌

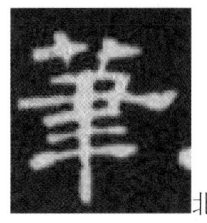

北齊·赫連子悅誌

○公丹筆在手

北齊·雋敬碑

○絕筆刊功

【肂】

《說文》：肂，聿飾也。从聿从彡。俗語以書好爲肂。讀若津。

【書】

《說文》：書，箸也。从聿者聲。

漢銘·建安元年鐵

漢銘・永和二年鐵

漢銘・大司農權

睡・效律29

獄・識劫案126

里・第五層22

里・第八層122

里・第八層背2166

馬壹80_14

馬壹37_29下

張・田律256

張・奏讞書60

張・奏讞書1

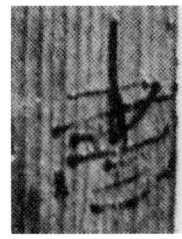

敦煌簡 1000A

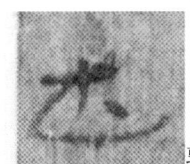

敦煌簡 0071

○前□書到趣治決已

金關 T03:013A

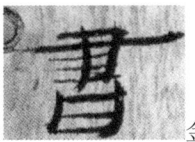

金關 T30:205

武・王杖 1

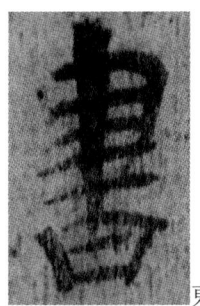

東牌樓 045

東牌樓 055 背

○耳書不

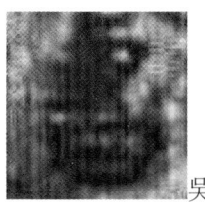

吳簡嘉禾・四・六三一

廿世紀璽印三-SY

○妾莫書

漢印文字徵

漢印文字徵

漢印文字徵

○尚書散郎田邑

漢代官印選

漢代官印選

○中書謁者僕射

漢印文字徵

漢代官印選

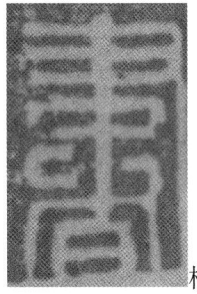

柿葉齋兩漢印萃

廿世紀璽印四-SY

○孫碩歸書

廿世紀璽印四-SY

漢晉南北朝印風

漢晉南北朝印風

漢晉南北朝印風

漢晉南北朝印風

○尚書散郎田邑

漢晉南北朝印風

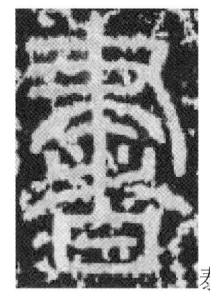

泰山刻石

琅琊刻石

琅琊刻石

東漢・夏承碑

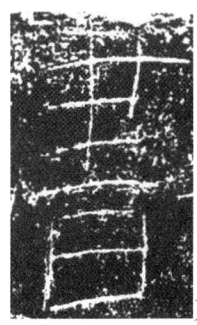

東漢・姚孝經墓磚

東漢・張遷碑陽

東漢・西南之精鎮墓刻石

○具黑漆書之

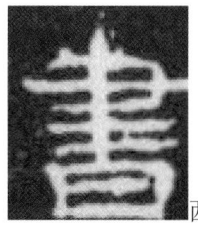

西晉・荀岳誌

北魏・元崇業誌

北魏・元晫誌

北魏・元固誌

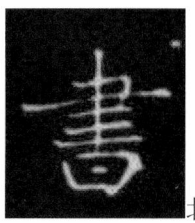

北魏・元爽誌

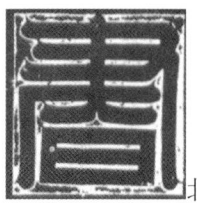

北魏・寇治誌蓋

○魏故尚書

北齊・盧脩娥誌蓋

○尚書

北齊·唐邕刻經記

北齊·雲榮誌

北周·崔宣靖誌蓋

○尚書

畫部

【畫】

《說文》：畫，界也。象田四界。聿，所以畫之。凡畫之屬皆从畫。

【𤖾】

《說文》：𤖾，古文畫省。

【劃】

《說文》：劃，亦古文畫。

戰晚·囗陽邑令戈

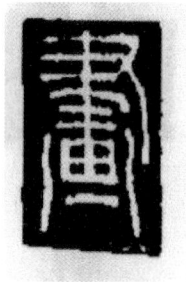

漢銘·建昭鴈足鐙一

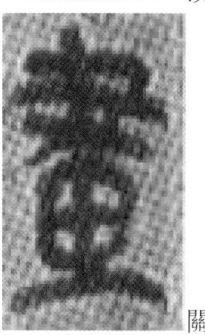

關·日書134

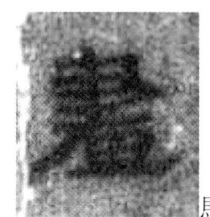

馬壹37_21下

馬貳238_189

張·遣策35

敦煌簡1714

○六人畫沙

金關 T30:186

廿世紀璽印三-GP

○畫鄉

漢印文字徵

○畫鄉

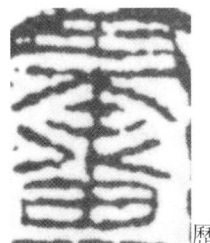

歷代印匋封泥

○畫鄉

東漢・五瑞圖摩崖

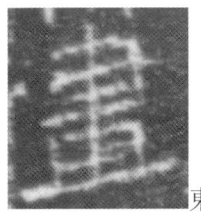

東漢・石祠堂石柱題記

東漢・景君碑

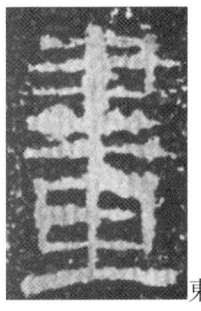

東漢・元嘉元年畫像石題記一

東晉・筆陣圖

東晉・筆陣圖

北魏・爾朱襲誌

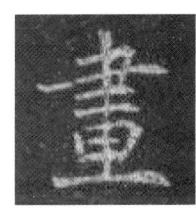

北魏・郭顯誌

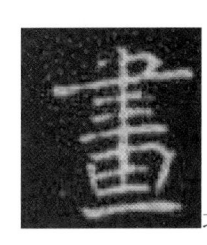

北魏・元頊誌

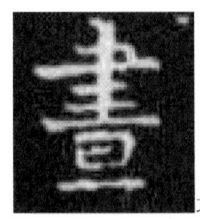

北魏·李媛華誌

東魏·叔孫固誌

北齊·赫連子悅誌

北齊·斛律氏誌

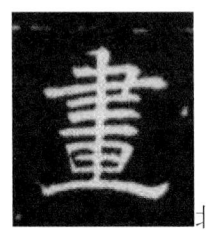

北齊·斛律氏誌

【畫】

《說文》：畫，日之出入，與夜爲界。從畫省，從日。

【書】

《說文》：書，籀文晝。

睡·封診式 95

○奸自晝見某所捕校

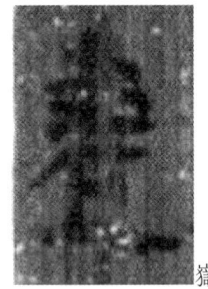

獄·占夢書 1

○若晝夢亟發

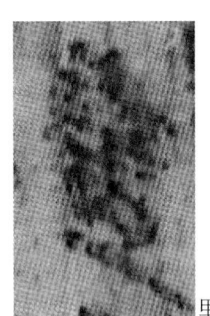

里·第八層 149

○更戍晝二甲

馬壹 15_13 上\106 上

馬壹 15_12 上\105 上

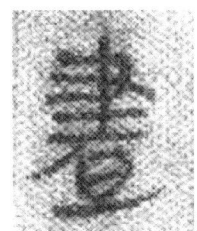

馬貳 21_24 下

張·蓋盧 16

敦煌簡 1461A
○諷誦晝夜

敦煌簡 1584

敦煌簡 1815
○中晝舉□

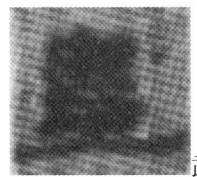

武·儀禮甲《服傳》4
○晝夜無時

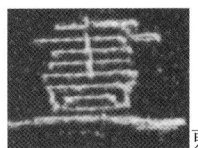

東漢·桐柏淮源廟碑

北魏·檀賓誌

北魏·宇文永妻誌

東魏·元玒誌

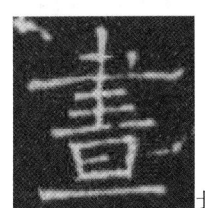

北齊·婁黑女誌

隶部

【隶】

《說文》：隶，及也。从又，从尾省。又，持尾者，从後及之也。凡隶之屬皆从隶。

【隸】

《說文》：隸，及也。从隶枲聲。《詩》曰："隸天之未陰雨。"

【隸】

《说文》：隸，附箸也。从隶柰聲。

【隸】

《说文》：隷，篆文隸从古文之體。

戰晚・高奴禾石權

戰晚・二年上郡守戈

戰晚・二年上郡守冰戈

戰晚・四十年上郡守起戈

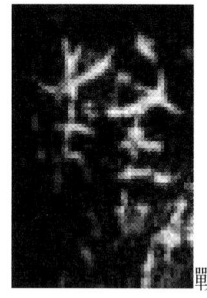

戰晚・二十年相邦冉戈

戰晚・四十年上郡守走殳戈

戰晚或秦代・元年上郡假守暨戈

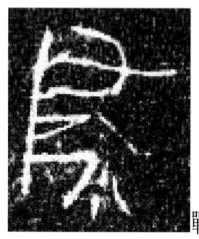

戰晚・二十七年上守墒戈

戰國・十五年上郡守壽戈

睡・秦律十八種 61

○隸臣

睡・法律答問 188

○宮隸

睡・為吏 28

獄·芮盜案 65
○臣史隸臣更不當受

里·第六層 7
○當爲徒隸

里·第八層 18
○隸臣赤

里·第八層 991
○受倉隸

里·第八層 1557
○藍稟隸妾廉

里·第八層背 1515
○丑旦隸臣

張·田律 249
○吏徒隸春夏毋敢伐

張·奏讞書 29
○明隸

敦煌簡 2005B

漢代官印選
○司隸校尉之章

柿葉齋兩漢印萃

○司隸校尉

漢代官印選

○司隸印章

東漢・司馬芳殘碑額

東漢・華岳廟殘碑陰

東漢・楊淮表記

○司隸挍（校）尉

東漢・夏承碑

○臣隸辟踊

東漢・楊著碑額

○司隸從事

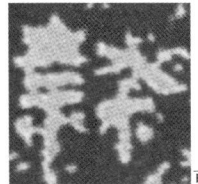

東漢・鮮於璜碑陽

東漢・石門頌

晉・司馬芳殘碑額

○漢故司隸校尉

北魏・王普賢誌

○妙嫻草隸

北魏・寇憑誌

○善草隸

北魏・王遺女誌

○雖罹禁隸

北魏・于纂誌

○氓隸仰德

北魏・元暐誌

○草隸之工

1458

北魏·寇猛誌

○司隸校尉

北齊·感孝頌

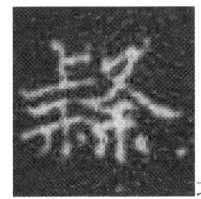

○盛工篆隸

北齊·畢文造像

○司隸校尉

北齊·傅華誌

○司隸騰芳乎晉策

臤部

【臤】

《說文》：臤，堅也。从又臣聲。凡臤之屬皆从臤。讀若鏗鏘之鏗。古文以爲賢字。

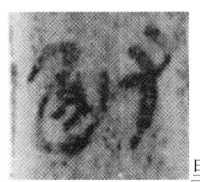

里·第五層5

○公臤丕告誘

東漢·校官碑

○親臤寶智

【緊】

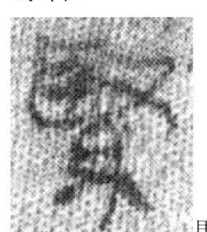

《說文》：緊，纏絲急也。从臤，从絲省。

馬壹249_1-16欄

北魏·元顯魏誌

北魏·元伯楊誌

【堅】

《說文》：堅，剛也。从臤从土。

漢銘·永平十八年鐵

漢銘·杜堅戈

睡・封診式 59

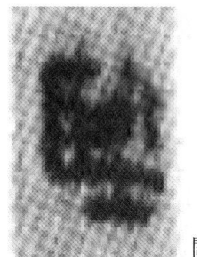

關・病方 328

馬壹 85_125

馬壹 13_84 上

馬貳 115_115/114

馬貳 39_75 下

張・賊律 1

張・脈書 7

銀貳 1082

銀貳 1152

○固甲堅兵

北貳・老子 108

敦煌簡 2394A

金關 T23:301

東牌樓 131

○郭堅壽

北壹・倉頡篇 25

○栗瓠瓜堅穀極

流沙墜簡

吳簡嘉禾・五・一九九

漢印文字徵

漢印文字徵

○邯鄲堅石

漢印文字徵

漢晉南北朝印風

○邯鄲堅石

漢晉南北朝印風

○子堅

東漢・北海太守爲盧氏婦刻石

東漢・西狹頌

西晉・趙汜表

西晉・郭槐柩記

東晉・黃庭經

北魏・邢安周造像

○道心堅固

北魏・淨悟浮圖記

○道力貞堅

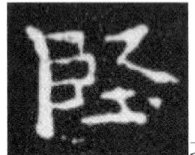

北魏・鞠彥雲誌

○遠將軍統軍本州司馬中堅將軍

北魏・元毓誌

○中堅將軍

北魏・穆彥誌

○拜中堅將軍

北魏・爾朱襲誌

北魏・張玄誌

東魏・慧光誌

【豎】

《說文》：豎，豎立也。从臤豆聲。

【豎】

《說文》：豎，籀文豎从殳。

里・第八層 1008

馬壹 84_117

馬貳 262_51/71

張・奏讞書 205

金關 T24∶198

北壹・倉頡篇 62

○視歔豎偃黽

秦代印風

秦代印風

廿世紀璽印三-SY

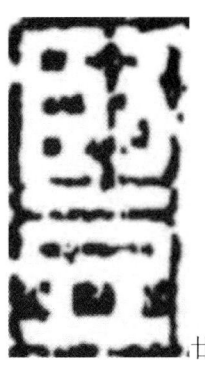

廿世紀璽印三-SY

漢印文字徵

漢印文字徵

漢印文字徵

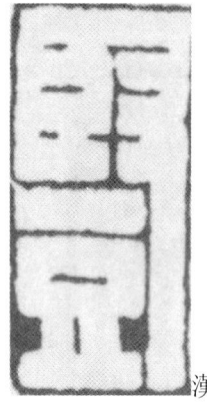

漢晉南北朝印風

漢晉南北朝印風

東漢・韓仁銘

西晉・臨辟雍碑

北魏・源延伯誌

○戎豎用微

北魏・元顥誌

○而北抗强豎

北齊・刁翔誌

○宦豎滔天

臣部

【臣】

《說文》：臣，牽也。事君也。象屈服之形。凡臣之屬皆从臣。

戰晚・二年上郡守戈

戰晚・二十七年上守𬯎戈

戰晚・高奴禾石權

西晚・不其簋

戰晚或秦代・元年上郡假守暨戈

漢銘・元延乘輿鼎二

漢銘・東海宮司空盤

漢銘・永始三年乘輿鼎

漢銘・永始乘輿鼎一

漢銘・永始乘輿鼎一

漢銘・永始乘輿鼎一

漢銘・東海宮司空盤

睡・法律答問 108

○傷父臣妾畜產及盜

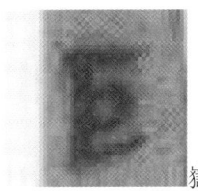

獄・魏盜案 158

○宮隸臣可（何）

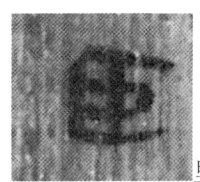

里・第八層 18

里・第八層背 666

馬壹 81_40

張・奏讞書 164

敦煌簡 0075
○廣遠臣謹便下詔書

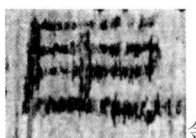

金關 T04:048

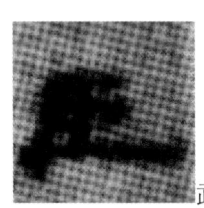

武·儀禮甲《士相見之禮》16

北壹·倉頡篇 6
○該悉起臣僕發

秦代印風
○範臣

秦代印風

秦代印風
○臣虎

歷代印匋封泥

秦代印風
○臣憙

秦代印風
○得臣

秦代印風
○杜□臣

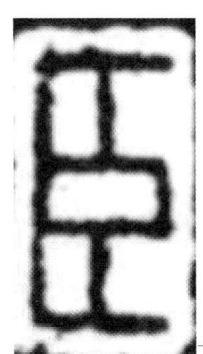

廿世紀璽印三-SY

廿世紀璽印三-SY
○臣平

廿世紀璽印三-SY
○臣觀

廿世紀璽印三-SY

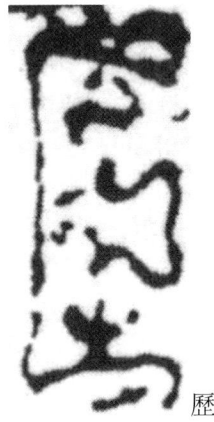

歷代印匋封泥
○臣逯

歷代印匋封泥

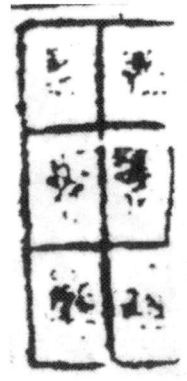

歷代印匋封泥
○臣級

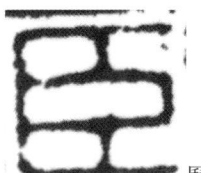

歷代印匋封泥

漢印文字徵

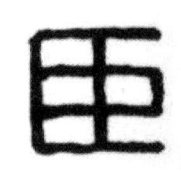

漢印文字徵
○馴臣私印

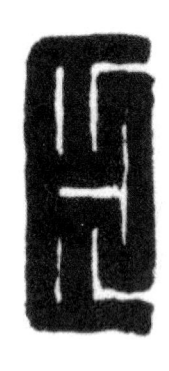

漢印文字徵

○臣魯臣

漢印文字徵

○臣勉

漢印文字徵

○臣中

柿葉齋兩漢印萃

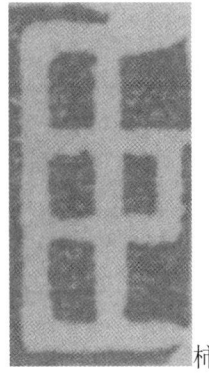

柿葉齋兩漢印萃

○臣□

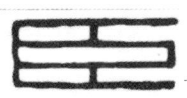

廿世紀璽印四-SY

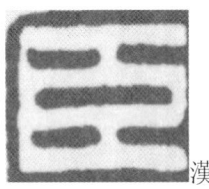

漢晉南北朝印風

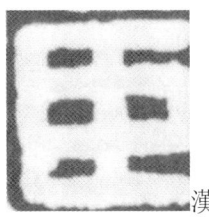

漢晉南北朝印風

○公孫忠臣

漢晉南北朝印風

○臣逢時

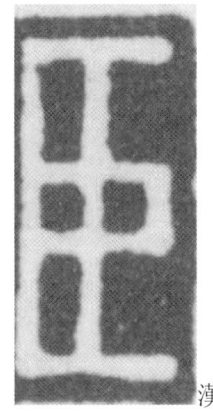

漢晉南北朝印風
〇臣成

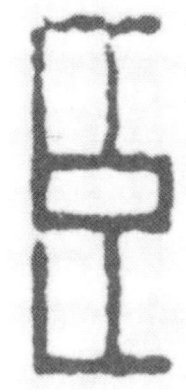

漢晉南北朝印風
〇臣禹

漢晉南北朝印風

漢晉南北朝印風

琅琊刻石

琅琊刻石

泰山刻石

東漢・乙瑛碑
〇司徒臣雄

東漢・乙瑛碑
〇臣戒愚戇

東漢・肥致碑
〇功臣五大夫

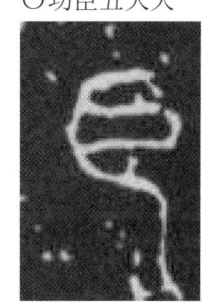

三國魏・三體石經尚書・古文
〇少臣屏侯畞

三國魏・三體石經尚書・隸書

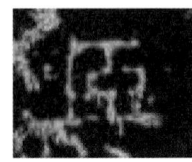

三國魏·上尊號碑
○臣等之白骨

三國魏·曹真殘碑
○豈我末臣所能備載

東晉·高句麗好太王碑
○將殘王弟並大臣十人

【𦣞】

《說文》：𦣞，乖也。从二臣相違。讀若誑。

【臧】

《說文》：臧，善也。从臣戕聲。

【臧】

《說文》：臧，籀文。

睡·秦律十八種 197

睡·效律 42

睡·秦律雜抄 16

睡·法律答問 182

睡·為吏 24

睡·日甲《盜者》69

關·日書 260

獄·為吏 83

獄・癸瑣案 30

里・第八層 560

里・第八層背 197

馬壹 270_4 下

馬壹 106_73\242

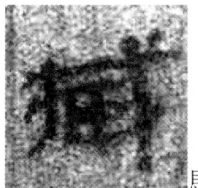

馬貳 37_48 下

張・具律 95

張・奏讞書 62

張・引書 1

銀壹 846
〇恐處臧（藏）之

銀貳 1474

北貳・老子 21

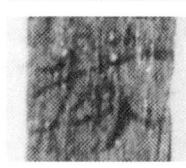

敦煌簡 0788

金關 T06:052
〇爲姑臧尉徐嚴葆與

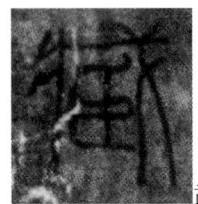

武・柩銘考釋 3

北壹・倉頡篇 48

○軍役嘉臧貿易

魏晉殘紙

廿世紀璽印二-SY

歷代印匋封泥

○宮臧(藏)

廿世紀璽印三-SY

○臧定之印

漢晉南北朝印風

漢印文字徵

柿葉齋兩漢印萃

漢印文字徵

漢印文字徵

漢印文字徵

漢印文字徵

漢印文字徵

○臧博

漢印文字徵

漢晉南北朝印風

新莽・馮孺人題記

東漢・鮮於璜碑陽

○亦古晏臧之次矣

西晉・郭槐柩記

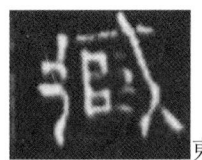

東晉・宋和之誌

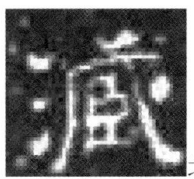

北齊・韓裔誌

○蔑臧宮之居廣陵

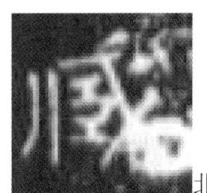

北齊・傅華誌

○終然允臧

【筬】

廿世紀璽印二-GP

○筬

殳部

【殳】

《說文》：殳，以杸殊人也。《禮》："殳以積竹，八觚，長丈二尺，建於兵車，車旅賁以先驅。"从又几聲。凡殳之屬皆从殳。

戰晚·十九年大良造鞅鐓

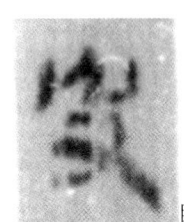

睡·效律 45

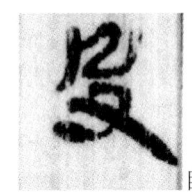

○殳戟

睡·為吏 23

○環殳

馬貳 141_24

○冶之殳（投）酒中

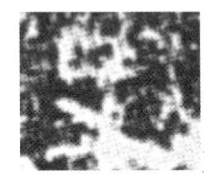

東漢·倉頡廟碑側

北魏·笱景誌

○績茂戈殳

北魏·元融誌

○奮殳刺逆

【祋】

《說文》：祋，殳也。从殳示聲。或說城郭市里，高縣羊皮，有不當入而欲入者，暫下以驚牛馬曰祋。故从示、殳。《詩》曰："何戈與祋。"

廿世紀璽印三-GP

○祋栩丞印

【杸】

《說文》：杸，軍中士所持殳也。从木从殳。《司馬法》曰："執羽从杸。"

廿世紀璽印三-SP

○杸

【㲃】

《說文》：㲃，相擊中也。如車相擊。故从殳从軎。

睡·為吏 11

○申之義以㲃（擊）畸

1474

睡·日書甲種《玄戈》59

○西南室嗀（當爲毀）

睡·日甲《玄戈》60

○精西北嗀（當爲毀）北

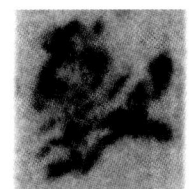

睡·日書甲種《玄戈》61

○東嗀（當爲毀）

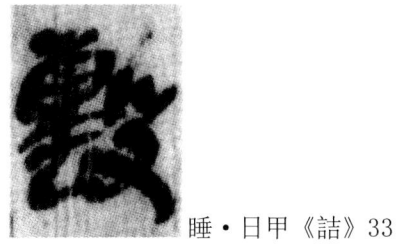

睡·日甲《詰》33

○鬼來而嗀（擊）之

睡·日甲《除》11

○名曰嗀（擊）

睡·日甲《詰》49

○便（鞭）嗀（擊）之

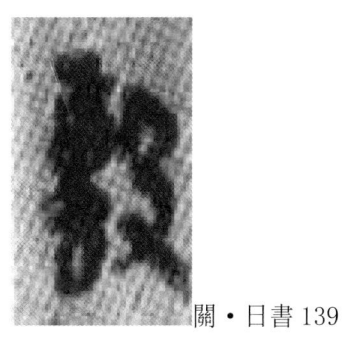

關·日書139

○攻嗀（擊）亡

獄·為吏20

○退不嗀

獄·占夢書20

○至手嗀囚吉夢人謁

獄·癸瑣案23

○它不嗀（繫）敢

里·第八層1032

○府致嗀（繫）痤

里・第八層 136

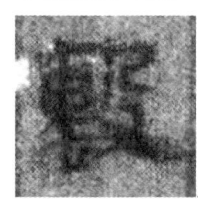

○以上縠（繫）遷

馬壹 39_9 下

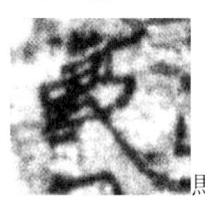

○縠（繫）于

馬壹 84_116

○縠（擊）勺（趙）

馬壹 4_2 下

○縠（擊）于苞（枹）桑

張・具律 90

○縠（繫）日

張・奏讞書 61

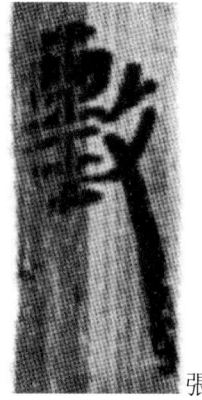

○縠（繫）母嬺亭中

張・奏讞書 159

○爲鬼薪縠（繫）

張・脈書 39

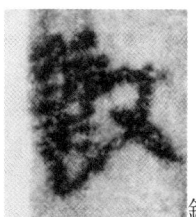

○縠（繫）於內踝

銀壹 266

○縠（擊）鈞（均）奈何

銀貳 1561

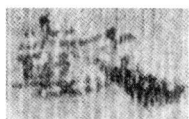

○縠（擊）此者

金關 T24:852

漢印文字徵

○毃□

【毃】

《說文》：毃，从上擊下也。一曰素也。从殳青聲。青，苦江切。

【殸】

《說文》：殸，下擊上也。从殳尢聲。

漢印文字徵

○殸費

【毆】

《說文》：毆，繇擊也。从殳豆聲。古文役如此。

【毄】

《說文》：毄，縣物毄擊。从殳肙聲。

【毅】

《說文》：毅，椎毄物也。从殳豕聲。

【毆】

《說文》：毆，捶毄物也。从殳區聲。

睡‧法律答問 79

獄‧猩敞案 52

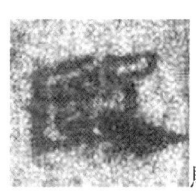

馬壹 45_59 上

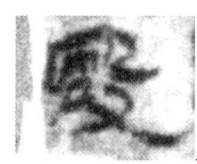

馬壹 86_161

敦煌簡 1903

武‧王杖 8

武‧王杖 5

北壹‧倉頡篇 51

○毃痍傷毆伐疕

漢印文字徵

○王毆置

1477

【殸】

《説文》：殸，擊頭也。从殳高聲。

【殿】

《説文》：殿，擊聲也。从殳屎聲。

睡·秦律十八種 14

睡·秦律雜抄 22

睡·封診式 82

獄·為吏 87

里·第八層 1516

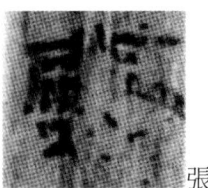

張·史律 476
○史殿者

張·奏讞書 119
○不可數其殿（臀）瘢

張·脈書 12
○在足下爲殿

敦煌簡 2130
○舍樓壓（殿）堂

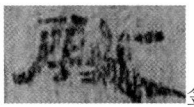

金關 T22:022
○候長殿取名

北壹·倉頡篇 54
○廷廟郎殿層屋

漢印文字徵
○殿中都尉

柿葉齋兩漢印萃
○殿中司馬

柿葉齋兩漢印萃
○殿中司馬

廿世紀璽印四-GY
○殿中都尉

廿世紀璽印四-GY
○殿中都尉

漢晉南北朝印風
○殿中司馬

漢晉南北朝印風
○殿中司馬

漢晉南北朝印風
○殿中武力司馬

東漢・西岳華山廟碑陽

東漢・西岳華山廟碑陽

西晉・石尠誌

北魏・元靈曜誌

北魏・山徽誌

東魏・嵩陽寺碑

○築立塔墅（殿）

北齊・斛律氏誌

北齊·徐顯秀誌

○每殿還師

北周·須蜜多誌

【殴】

《説文》：殴，擊中聲也。从殳医聲。

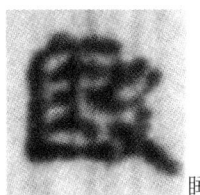

戰晚·新鄭虎符

睡·語書 9

睡·秦律十八種 115

睡·效律 18

睡·法律答問 121

睡·為吏 47

睡·日乙 51

關·日書 132

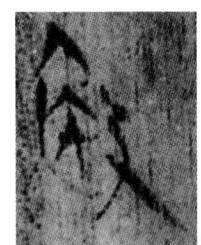

獄·為吏 6

獄·暨過案 103

里·第八層 539

馬壹 104_36\205

馬壹 121_3 下

馬貳 3_3

馬貳 65_27/61

馬貳 74_126/126

張·亡律 157

張·脈書 56

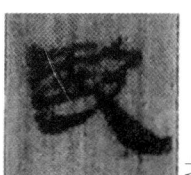

北貳·老子 124

秦代印風

○上官殴印

石鼓·汧殴

詛楚文·巫咸

○以自救殴亦應受

【段】

《說文》：𣪘，椎物也。从殳，耑省聲。

獄·數 158

○段（煅）鐵一鈞

里·第八層 785

○少內段佐卻分負各

馬壹 36_29 上

○段（殷）之无

馬貳 117_148/148

○段烏喙一斗

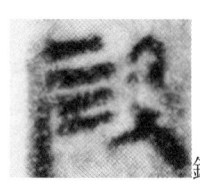

銀壹 242

○於是段（斷）齊

敦煌簡 1007

○段長賓記告幸

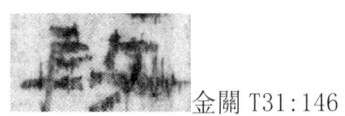

金關 T31：146

○漢里段敞年卅五

金關 T23：481A

○段子賓

金關 T10：267A

○楊里段帶

金關 T27：067

○隧卒段從

武‧甲《有司》30

○與段（腶）

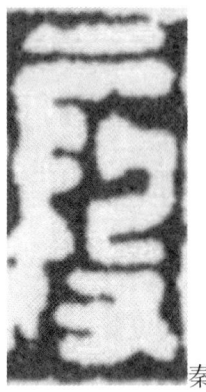

秦代印風

○段齒

秦代印風

○段慧

歷代印匋封泥

○桓段

○段可俎印　廿世紀璽印三-SY

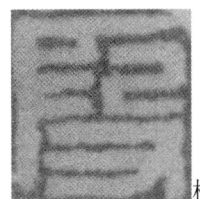

○段校　漢晉南北朝印風

○段羌印信　柿葉齋兩漢印萃

○段稱印信　漢印文字徵

○段端　漢印文字徵

○段禁　漢印文字徵

○段印逢憙　漢印文字徵

○玉段　漢印文字徵

○段襄　漢印文字徵

○段□　漢晉南北朝印風

1483

漢晉南北朝印風
○段孟賁印

漢晉南北朝印風
○段但

漢晉南北朝印風
○段毋畏印

漢晉南北朝印風
○段妹

漢晉南北朝印風
○段志

東漢・石門闕銘
○段本東州

西晉・臨辟雍碑
○博士京兆段溥

北魏・封魔奴誌
○段（殷）勤拯生之計

北魏・慈慶誌
○贈物一千五百段

【殸】

《说文》：殸，擊空聲也。从殳宮聲。

【殺】

《説文》：殽，相雜錯也。从殳肴聲。

睡・秦律十八種 40

關・病方 314

馬貳 111_53/53

○若鹿殽

銀壹 302

○秦於殽潰秦軍

漢印文字徵

○殽匡私印

三國魏・三體石經春秋・隸書

○于殽

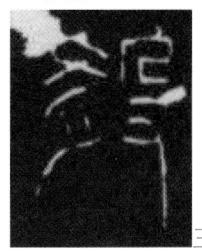

三國魏・三體石經春秋・篆文

○于殽

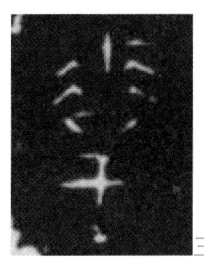

三國魏・三體石經春秋・古文

○于殽

【毅】

《説文》：毅，妄怒也。一曰有決也。从殳豙聲。

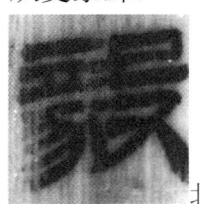

北壹・倉頡篇 4

○勇猛剛毅

漢印文字徵

○張毅

漢印文字徵

○公孫毅印

漢晉南北朝印風

○武毅將軍印

漢晉南北朝印風

○武毅將軍印

東漢・趙寬碑

東漢・行事渡君碑

○進毅綜□

東漢・王孝淵碑

○嚴己毅仁

西晉・臨辟雍碑

○東萊劉毅

北魏・劉賢誌

○蕃君梟雄果毅

北魏・張寧誌

○趙戚樂毅之亡

北魏・元朗誌

○果毅早聞

北魏・劇市誌

○弘毅之風□默

北魏・奚真誌

○氣略勇毅

北魏・員標誌

○英毅栝囊仁倫

【㱿】

《說文》：㱿，揉屈也。从殳从㫃。㫃，古文叀字。廄字从此。

1486

【役】

《説文》：役，戍邊也。从殳从彳。

【伇】

《説文》：伇，古文役从人。

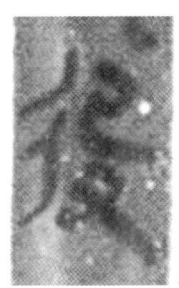

獄·為吏 74

里·第八層 1099

馬壹 138_11 上/153 上

銀貳 2101

北壹·倉頡篇 48
○軍役嘉臧

馬壹 107_103\272
○伇（役）人之道

馬壹 85_128
○遂伇（役）之三

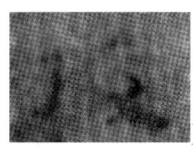

東牌樓 005

東漢·校官碑
○復役三年

東漢·曹全碑陽

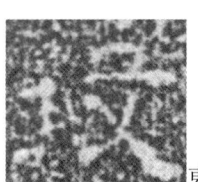

東漢·熹平石經殘石四

北魏·元茂誌

北魏·崔隆誌

北魏·長孫盛誌

北魏·元瞻誌

○繼以涇川之伇(役)

北魏·元愍誌

○冒哀從伇(役)

北魏·長孫子澤誌

○遷延之伇(役)

北魏·元誨誌

○同遷延之伇(役)

【毅】

《說文》：𣪠，毅改，大剛卯也。以逐精鬼。从殳亥聲。

〖毄〗

秦代印風

○家毄

〖毇〗

秦文字編 517

秦公大墓石磬

〖殻〗

戰晚·丞相啓狀戈

○殻陽

〖殿〗

北壹·倉頡篇 40

○娓殿轡娛

殺部

【殺】

《說文》：𣪩，戮也。从殳杀聲。凡殺之屬皆从殺。

【𣫺】

《說文》：𣫍，古文殺。

【𣪩】

《說文》：㪔，古文殺。

【𣪩】

《說文》：𣪩，古文殺。

睡·秦律十八種 7

〇禁所殺犬皆完入公

睡·法律答問 108

睡·日甲《稷叢辰》40

睡·日甲 104

睡·日甲《詰》33

獄·魏盜案 164

馬壹 267_7

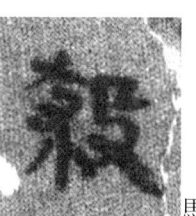

馬壹 77_82

馬壹 81_34

馬壹 178_65 下

馬壹 98_81

馬貳 11_8

〇攻伐殺廖（戮）

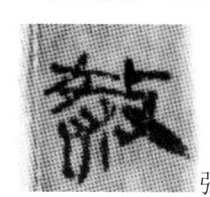

張·賊律 20

張·奏讞書 94

張·奏讞書 92

張·脈書 50

銀壹 242

銀壹 914
○外弗能杀（殺）

銀貳 1744

銀貳 1829

銀貳 1908

北貳·老子 102

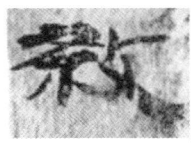

金關 T23:412

金關 T24:719

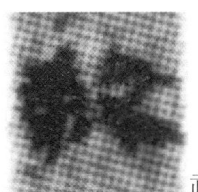

武·甲《特牲》10

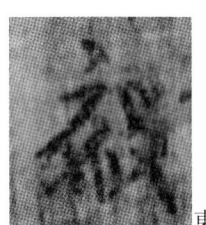

東牌樓 078 正

北壹·倉頡篇 52
○寇賊盜殺捕獄

魏晉殘紙
○欲相殺

漢印文字徵

○天帝殺鬼之印

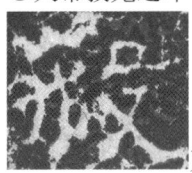

東漢·熹平石經殘石一
○弟招殺陳世□

三國魏·三體石經尚書·隸書
○亂罰無辜殺無□

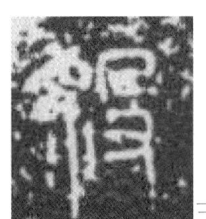

三國魏·三體石經春秋·篆文
○濮楚師敗績楚殺其大夫得

三國魏·三體石經尚書·古文
○殺無□

北魏·元乂誌

北魏·慧靜誌

三國魏·三體石經春秋·古文
○布（殺）其大夫旱（得）

【弒】

《說文》：弒，臣殺君也。《易》曰："臣弒其君。"从殺省，式聲。

東漢·曹全碑陽
○弒父篡位

北齊·婁叡誌
○主弒國顛

几部

【几】

《說文》：几，鳥之短羽飛几几也。象形。凡几之屬皆从几。讀若殊。

【凣】

《說文》：凣，新生羽而飛也。从几从彡。

【鳧】

《說文》：鳧，舒鳧，鶩也。从鳥几聲。

漢銘·苦宫行燭定

馬貳 284_290/288

○土梟十

馬貳 268_121/138

○熬梟一笥

馬貳 210_85

○舉梟雁

張·引書 64

○危坐梟沃

廿世紀璽印二-GP

○梟口江

廿世紀璽印三-SY

○橋梟

北魏·元彝誌

○望梟燈而涕洴

寸部

【寸】

《說文》：㝨，十分也。人手卻一寸，動䘑，謂之寸口。从又从一。凡寸之屬皆从寸。

漢銘·苦宫行燭定

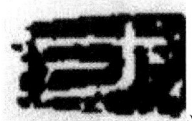

漢銘・延壽宮高鐙

漢銘・新嘉量一

睡・秦律十八種 51

睡・秦律雜抄 9

獄・數 130

里・第八層 550

馬壹 120_5 上

馬貳 238_189

馬貳 130_36

張・市律 258

張・奏讞書 162

張・算數書 153

銀壹 839

銀貳 2144

北貳・老子 91

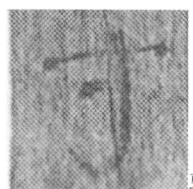

敦煌簡 1285

金關 T06:135B

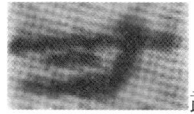

武・儀禮甲《服傳》8

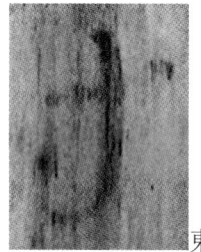

東牌樓 143 正

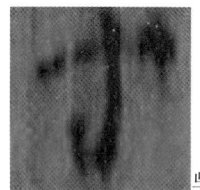

吳簡嘉禾・四・二二九

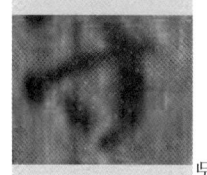

吳簡嘉禾・四・一六五

西漢・李后墓塞石

東漢・叔原舉治黃腸石

○長二尺八寸

西晉・孫松女誌

北魏・元演誌

北魏・穆紹誌

【寺】

《說文》：寺，廷也。有法度者也。从寸之聲。

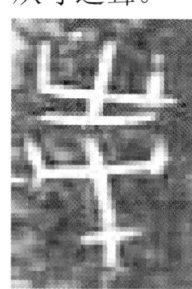

戰晚或秦代・寺工矛一

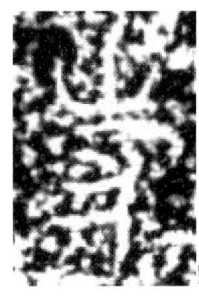

戰晚·上造但車軎

戰晚·十九年寺工鈹

戰晚·二年寺工聾戈

戰晚·囗年相邦呂不韋戈

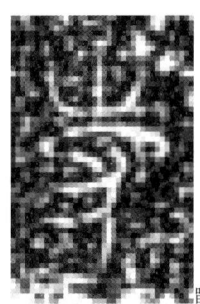

戰晚·廿一年寺工車軎

戰晚·囗年寺工聾戈

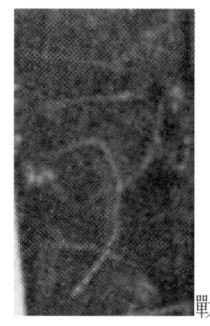

戰晚·十九年寺工鈹

漢銘·內者未央尚臥熏鑪

漢銘·西漢永光四年鐙

睡·秦律十八種 182

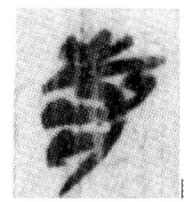

睡·日甲《詰》59

馬壹 96_29

馬壹 246_1 上

○五日寺（蚩）尤

馬貳 216_2/13

張·賊律 4

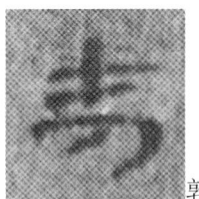

敦煌簡 1365

○官所寺舍

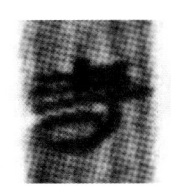

武·甲《泰射》42

廿世紀璽印二-SP

廿世紀璽印二-GP

○寺

歷代印匋封泥

○寺

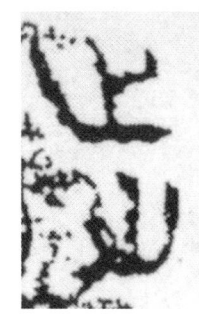

歷代印匋封泥

○寺昌

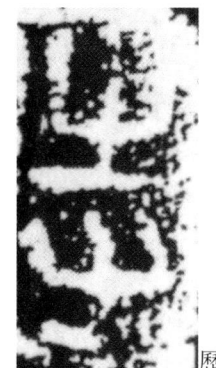

歷代印匋封泥
○寺嬰
廿世紀璽印三-GP 
○寺工之印
歷代印匋封泥 
秦代印風 
歷代印匋封泥 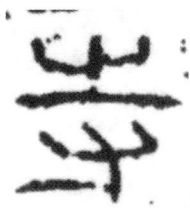
漢印文字徵 

石鼓·田車
東漢·曹全碑陽 
東漢·曹全碑陽 
東漢·曹全碑陽 
東漢·楊著碑額 
北魏·靈山寺塔銘 
北魏·暉福寺碑額 
○暉福寺碑
北魏·李伯欽誌

北魏·慈慶誌

北魏·元純陀誌

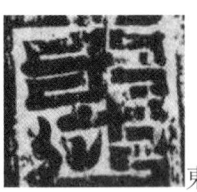

東魏·凝禪寺浮圖碑
○凝禪寺三級浮圖之頌碑

東魏·李顯族造像

北齊·法懃塔銘

【將】

《說文》：將，帥也。从寸，牆省聲。

漢銘·劉金弩鐖

漢銘·張君夫人馬

漢銘·張君後夫人馬

睡·秦律十八種 84

睡·秦律雜抄 13

睡·法律答問 208

獄·芮盜案 71

里·第八層 223

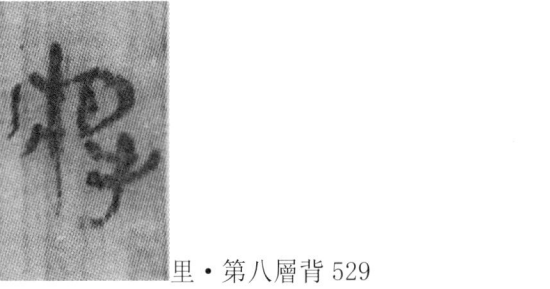

里・第八層背529

張・脈書40

馬壹137_58下/135下

銀壹435

馬壹48_9下

銀貳1196

北貳・老子8

馬貳211_99

敦煌簡1448

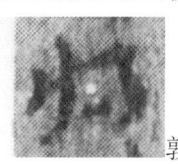

敦煌簡0085
○虞支將諸亡國

張・捕律140

金關T06:174
○將軍□

金關T01:173
○□將訾家車廣都

張・蓋盧32

1499

武·儀禮甲《士相見之禮》1

東牌樓 035 背

東牌樓 031 背

○中郎將

魏晉殘紙

秦代印風

歷代印匋封泥

○小殿將

秦代印風

秦代印風

秦代印風

秦代印風

廿世紀璽印三-GY

○將軍之印章

漢晉南北朝印風

○虎牙將軍章

漢晉南北朝印風

○中部將軍章

1500

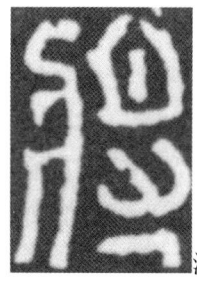

○禽適將軍章
漢晉南北朝印風

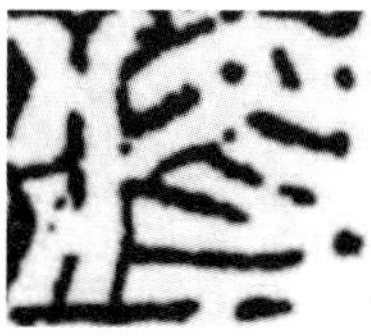

漢晉南北朝印風

廿世紀璽印三-SY

○蘇將軍印
廿世紀璽印三-SY 

○將文憙印

漢晉南北朝印風

○廣武將軍章

廿世紀璽印三-GY

○中左偏將軍

廿世紀璽印三-GY

○裨將軍印

漢晉南北朝印風

○牙門將印章

廿世紀璽印三-GY

○偏將軍印章

廿世紀璽印三-GY

○騎部曲將

漢晉南北朝印風

○牙門將印章

漢印文字徵

漢代官印選

柿葉齋兩漢印萃

漢印文字徵

柿葉齋兩漢印萃

柿葉齋兩漢印萃

柿葉齋兩漢印萃

○車騎將軍

柿葉齋兩漢印萃

○牙門將印章

漢印文字徵

○裨將軍印

漢印文字徵

○廣漢大將軍章

漢印文字徵

漢印文字徵

○立節將軍長史

漢印文字徵

柿葉齋兩漢印萃

漢代官印選

○大司馬驃騎將軍

漢代官印選

漢代官印選

○大司馬大將軍

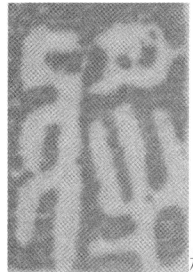

柿葉齋兩漢印萃

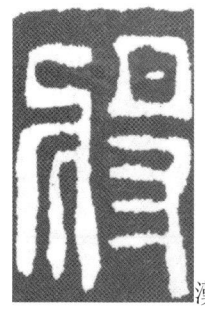

漢代官印選

○太保車騎將軍

漢代官印選

○將屯將軍

漢代官印選

漢代官印選

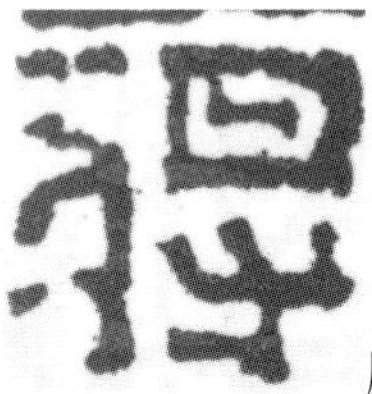

歷代印匋封泥

○中郎將印

歷代印匋封泥

○中郎將印章

歷代印匋封泥

歷代印匋封泥

柿葉齋兩漢印萃

漢代官印選

廿世紀璽印四-GY
○鎮遠將軍章

廿世紀璽印四-GY
○立義將軍

漢晉南北朝印風

漢晉南北朝印風

漢晉南北朝印風
○張將之印

漢晉南北朝印風
○鎮北將軍章

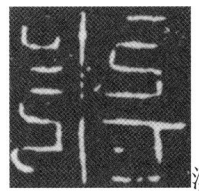

漢晉南北朝印風
○冠軍將軍印

漢晉南北朝印風
○張幹將

漢晉南北朝印風
○安北將軍印

1504

漢晉南北朝印風

詛楚文・巫咸

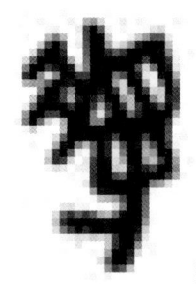

○將欲復其褋蠋

秦駟玉版

東漢・孔宙碑陽

東漢・馮緄碑

東漢・賈仲武妻馬姜墓記

東漢・元嘉元年畫像石題記二

○新婦主待給水將

東漢・武氏左石室畫像題字

○楚將

東漢・司馬芳殘碑額

東漢・成陽靈臺碑

東漢・曹全碑陰

東漢・夏承碑

東漢・衛尉卿衡方碑

○將授緄職

東漢・楊著碑額

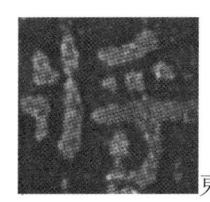

東漢・楊統碑陽

○拜車騎將軍從事

東漢・孔宙碑陽

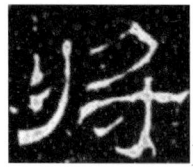

東漢・楊震碑

東漢・楊震碑

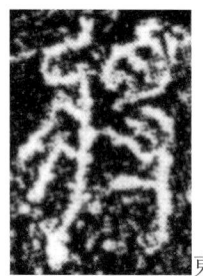

東漢・少室石闕銘
○詩將作掾

東漢・譙敏碑

晉・鄭舒妻劉氏殘誌
○奴中郎將鷹揚將軍并州刺

晉・趙府君闕
○晉故振威將

三國魏・謝君神道碑
○中郎將

三國魏・王基斷碑

西晉・徐義誌

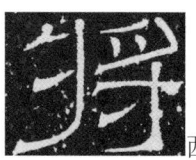

西晉・韓壽碣

西晉・趙氾表

東晉・張鎮誌
○威將軍蒼梧吳二

東晉・爨寶子碑額
○晉故振威將軍

北魏·張整誌

○立忠將軍

北魏·元煥誌蓋

○龍驤將軍

北魏·元恭誌

○左將軍

北魏·元誨誌

○兼武衛將軍

北魏·元謐誌

○征南將軍

北魏·寇憑誌

○安南將軍

北魏·鄯乾誌

○平西將軍

北魏·司馬紹誌

○魏故寧朔將軍

北魏·元壽妃麴氏誌

○揚列將軍

北魏·元羽誌

○驃騎大將軍

北魏·楊大眼造像

○輔國將軍

北魏·韓顯宗誌

○冠軍將軍

北魏·元偃誌

○使持節安北將軍

北魏·元天穆誌蓋

○黄鉞柱國大將軍

北魏·寇臻誌

○振武將軍四征都將

北魏·元願平妻王氏誌

○魏黄鉞大將軍

東魏·崔令姿誌蓋

○大魏怔北將軍

東魏·元鷙妃公孫甑生誌

○征東將軍

北齊·赫連子悅誌

○扶搖將舉

北齊·乞伏保達誌蓋

○齊故鎮將乞伏君墓誌

北周·獨孤信誌

○驃騎大將軍

北周·賀屯植誌

○驃騎大將軍

北周·匹婁歡誌蓋

○周少傅大將軍普安壯公墓誌

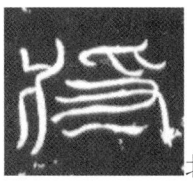

北周·董榮暉誌蓋

○周大將軍

南朝宋·劉懷民誌

○宋故建威將軍

【尋】

《說文》：尋，繹理也。从工从口从又从寸。工、口，亂也。又、寸，分理之。彡聲。此與𢿱同意。度，人之兩臂爲尋，八尺也。

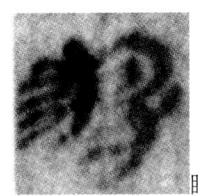

睡·日甲《稷叢辰》32
○尋（乘）衣

關·曆譜57
○未宿尋平癸巳壬辰

里·第五層7
○布四尋鈇

張·引書67
○長五尋繫

敦煌簡0227
○子知尋起居耳

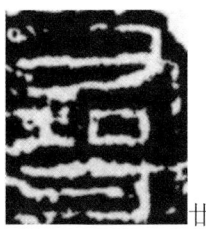

廿世紀璽印三-GY

漢晉南北朝印風

漢印文字徵

漢印文字徵

○袍休尋印

漢晉南北朝印風

東漢·夏承碑

1509

北魏・元飏妻王氏誌

北魏・始平公造像

北魏・元璨誌

北魏・元仙誌

○尋轉員外散騎侍郎

北魏・封魔奴誌

北魏・元詮誌

北魏・趙超宗誌

○尋轉車騎大將軍

北魏・趙超宗誌

○尋陽伯

北魏・元子直誌

○尋加冠軍將軍

北魏・元弘嬪侯氏誌

○尋出鎮臨濟

北魏・元欽誌

○尋轉左中郎將

北魏・趙超宗誌

○拜左中郎將尋陽伯

北魏·王翊誌

○尋轉安南將軍

北魏·于纂誌

○尋轉符璽郎中

北魏·元乂誌

北魏·元略誌

○尋轉給事黃門侍郎

北魏·元周安誌

○高岸難尋

北魏·元顯魏誌

○尋除給事中

北魏·山徽誌

○尋斑馬於秘苑

北魏·穆彥誌

○湛淡萬尋

北魏·元纂誌

北魏·元寶月誌

○峻碣重尋

北魏·元朗誌

○尋被別敕

東魏·張玉憐誌

○龜組相尋

北齊·法懃塔銘

○細入難尋

北齊·庫狄迴洛誌

○尋除征東將軍

北齊·狄湛誌

○尋加給事中

北齊·邑義七十人造像

○尋曉邑義七十人

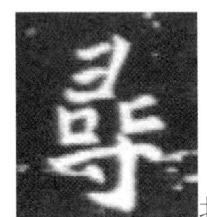

北周·張子開造像

○追尋妙狀

北周·張子開造像

○世界誰尋

【專】

《說文》：專，六寸簿也。从寸叀聲。一曰專，紡專。

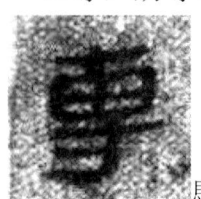

馬貳32_16上

○依薄專於崖草本

銀壹962

○兵以專壹勝

敦煌簡0087

○言不專

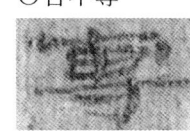

金關T24∶845

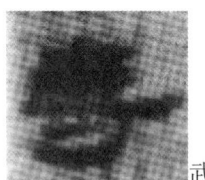

武·儀禮甲《服傳》22

○義無專用

吳簡嘉禾·五·四四一

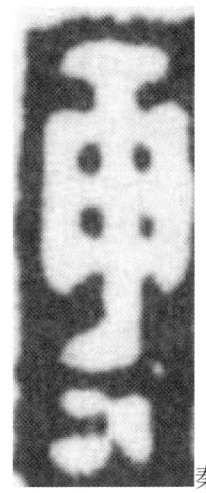

〇蝷專佃田

秦代印風

〇薛專

漢印文字徵

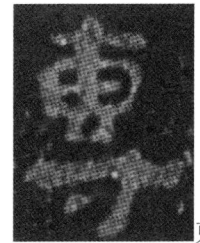

〇專芒私印

東漢·楊統碑陽

東漢·李固殘碑

北魏·王悅及妻郭氏誌

〇專城之寄

北魏·李伯欽誌

〇弱而專術

北魏·司馬顯姿誌

北魏·元瓘誌

〇專綜東觀

北魏·馮邕妻元氏誌

北齊·赫連子悅誌

【尃】

《說文》：尃，布也。从寸甫聲。

春晚·秦公鎛

春早·秦政伯喪戈之二

馬壹 257_3 下\9
○塗橪專（敷）之芙

北壹·倉頡篇 73
○肩增繒專斯

泰山刻石
○長利專訓

【導】

《說文》：䆃，導，引也。从寸道聲。

武·柩銘考釋 3
○鄉闒導里壺子梁之

吳簡嘉禾·四·四四六
○張導佃田

吳簡嘉禾·五·六四一
○謝導佃田

廿世紀璽印三-GP
○昫衍導丞

歷代印匋封泥
○翟導丞印

廿世紀璽印三-GY
○䆿官丞印

歷代印匋封泥
○䆿官䆿丞

歷代印匋封泥
○䆿官䆿丞

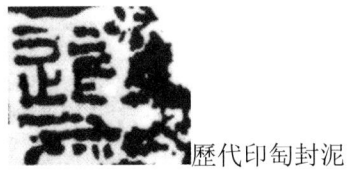

歷代印匋封泥
○導官丞印

漢印文字徵
○䆿官䆿臣

漢印文字徵
○䆿官丞印

漢印文字徵
○䆿官丞印

石鼓・作原
○導追我辭

東漢・史晨後碑
○導物嘉會

東漢・桐柏淮源廟碑
○聖禹所導

西晉・徐義誌
○導示毗匡

西晉·郭槐柩記

○導德齊禮

北魏·高衡造像

北魏·元茂誌

○導頭明尾

北魏·元朗誌

○導民庶以禮信

北魏·甯懋誌

○撫導恤民

北魏·陳天寶造像

○顯洞導之尊章

北魏·元爽誌

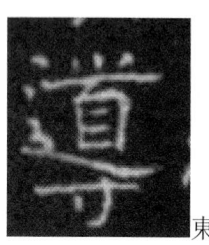

東魏·元惊誌

北齊·高百年誌

【脟】

漢印文字徵

○脟由

皮部

【皮】

《説文》：皮，剥取獸革者謂之皮。从又，爲省聲。凡皮之屬皆从皮。

【𠑽】

《説文》：𠑽，古文皮。

【𠔅】

《說文》：𤿺，籒文皮。

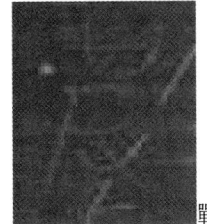

戰晚·春成左庫戈

漢銘·南皮侯家鍾

漢銘·南皮侯家鼎

睡·秦律十八種 7

○而入皮田律

睡·效律 42

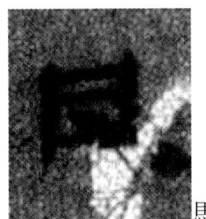

馬壹 129_68 下

馬壹 14_88 下

○或皮（罷）或汲

馬貳 71_68/68

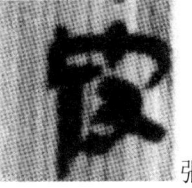

張·蓋盧 5

銀壹 686

○今皮（彼）殷

銀貳 1557

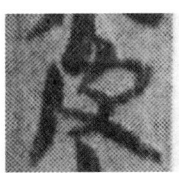

敦煌簡 0558

金關 T03∶069

○皮氏陽里

金關 T01:019

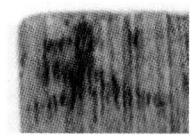

東牌樓 110

○皮席一枚

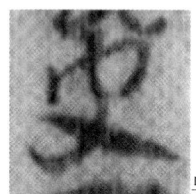

吳簡嘉禾·八三二七

○調麂皮一

吳簡嘉禾·八二九七

○有麂皮五枚

廿世紀璽印三-SY

○皮樂私印

漢印文字徵

○皮聚

漢印文字徵

○皮安漢印

漢晉南北朝印風

○皮聚

石鼓·汧殹

○丞皮淖洋

西晉·臨辟雍碑

北魏·元琛誌

北魏·石婉誌

北魏·元龍誌

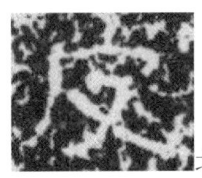

北齊·鄭述祖重登雲峰山記

北齊·唐邕刻經記

北齊·赫連子悅誌

北齊·無量義經二

北齊·□夵□揩誌

【皰】

《說文》：皰，面生气也。从皮包聲。

【皯】

《說文》：皯，面黑气也。从皮干聲。

【皸】

《說文》：皸，足坼也。从皮軍聲。

【皴】

《說文》：皴，皮細起也。从皮夋聲。

【鞁】

銀壹 242

○環涂（途）鞁（被）甲

㲋部

【㲋】

《說文》：㲋，柔韋也。从北，从皮省，从夐省。凡㲋之屬皆从㲋。讀若奐。一曰若雋。

【冄】

《說文》：冄，古文㲋。

【㲋】

《說文》：㲋，籀文㲋从夐省。

【鞼】

《說文》：鞼，羽獵韋絝。从㲋斧聲。

【褎】

《說文》：褎，或从衣从朕。《虞書》

曰："鳥獸襃毛。"

北壹·倉頡篇 17

○帴裘褐鬱屨

攴部

【攴】

《說文》：攴，小擊也。从又卜聲。凡攴之屬皆从攴。

銀貳 1554

○而攴之規而離之

吳簡嘉禾·五·一三一

○大女攴日

【啟】

《說文》：啟，教也。从攴启聲。《論語》曰："不憤不啟。"

戰晚·十七年丞相啟狀戈

睡·法律答問 30

睡·日甲《盜者》75

獄·數 173

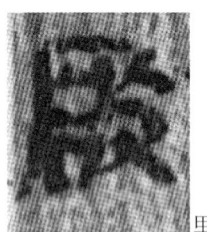

里·第八層 651

馬壹 96_30

張·奏讞書 54

張·引書 99

銀貳 1698

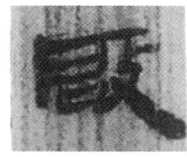

北貳・老子 146

北壹・倉頡篇 3

吳簡嘉禾・四・一八
○男子啟敘

秦代印風

秦代印風

秦代印風
○啟陵

廿世紀璽印三-SY

漢印文字徵

漢印文字徵

廿世紀璽印四-SY

廿世紀璽印四-SY
○秦元孫啟事

廿世紀璽印四-SY

○曹精期啓

漢晉南北朝印風

漢晉南北朝印風

漢晉南北朝印風

東漢・司馬芳殘碑

東漢・成陽靈臺碑

東漢・虔恭等字殘碑

北魏・元新成妃李氏誌

北魏・寇臻誌

○光啟康

北魏・元詳誌

○啟源軒皇

北魏・堯遵誌

○啟自帝唐

北魏・檀賓誌

○松扇夜啟

北魏・元暐誌

○應韓大啟

北魏・崔鴻誌

北魏・元子正誌

北魏・元子正誌

北魏・鄭君妻誌

北齊・西門豹祠堂碑

【徹】

《說文》：徹，通也。从彳从攴从育。

【徹】

《說文》：徹，古文徹。

睡・秦律十八種 10

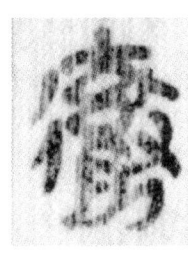

睡・為吏 48

嶽・數 64

里・第八層 1055

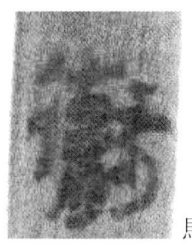

馬貳 205_32

馬貳 36_56 上

武・甲《特牲》45

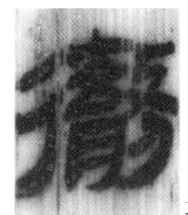

北壹・倉頡篇 47

秦代印風

○趙徹

廿世紀璽印三-SY

○李徹

漢晉南北朝印風

○延陵徹

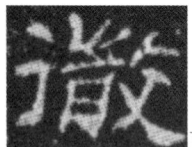

東漢・肥致碑

○譏徹玄妙

北魏・堯遵誌

○勳徹而□也

北魏・封魔奴誌

○惟馨未徹

北魏・元寶月誌

○清襟外徹

北齊・高清誌

○鑒徹窅冥

北齊・無量義經二

○方懋照曜甚明徹

【肇】

《説文》：肇，擊也。从攴，肇省聲。

東漢・衛尉卿衡方碑

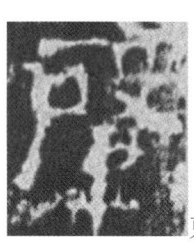

東漢・衛尉卿衡方碑

○肇先蓋堯之苗

北魏・寇慰誌

北魏·康健誌

東魏·趙秋唐吳造像

〇肇字弘基

北齊·高阿難誌

北周·崔宣靖誌

【敏】

《說文》：敏，疾也。从攴每聲。

戰晚·十五年寺工鈹

戰晚·十五年寺工鈹（二）

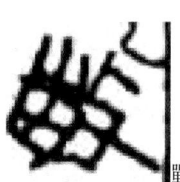

戰晚·十八年寺工鈹

漢印文字徵

漢印文字徵

柿葉齋兩漢印萃

漢晉南北朝印風

東漢·譙敏碑

東漢·趙寬碑

北魏·張孃誌

北魏·寇演誌

北魏·楊範誌

○仙里人楊範字僧敏墓

東魏·閭叱地連誌

東魏·元鷙誌

【㪣】

《說文》：㪣，彊也。从攴民聲。

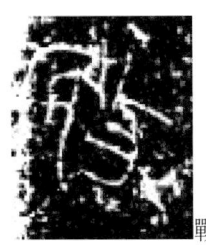

戰早·中㪣鼎

戰晚·雍工壺

睡·秦律十八種 62

○子操㪣紅

睡·日甲《詰》54

○而㪣之

【敄】

《說文》：敄，彊也。从攴矛聲。

里·第八層背 1435

○佗人敄敄

馬貳 119_204/203

○曰兔敄（鶩）

【敀】

《說文》：敀，迮也。从攴白聲。《周書》曰："常敀常任。"

歷代印匋封泥

○左里敀

歷代印匋封泥

○右敀

歷代印匋封泥
○王孫陳棱立事歲左里故亭區

歷代印匋封泥
○昌櫅陳固南左里故亭區

【整】

《說文》：整，齊也。从攴从束从正，正亦聲。

漢印文字徵
○楊整

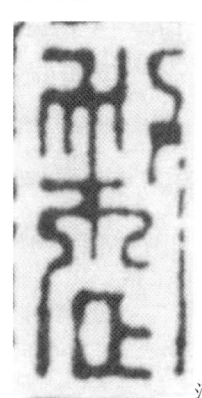

漢晉南北朝印風
○公丘整

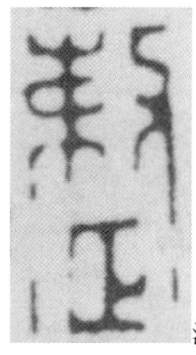

漢晉南北朝印風
○楊整

東漢·石門頌
○都督掾南鄭巍整

北魏·元液誌
○穿靈弗整

北魏·辛穆誌
○整亂繩於勃海

北魏·李媛華誌
○閨庭整峻

北魏·元崇業誌
○沖衿秀整

《說文》：敼，象也。从攴交聲。

北魏·王普賢誌
○嵩崖整其鶴駕

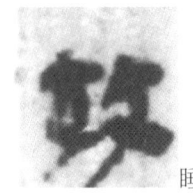

睡·秦律十八種 117

北魏·張整誌
○君諱整

睡·秦律十八種 83

北魏·元楨誌
○威（整）震西黔

睡·效律 20

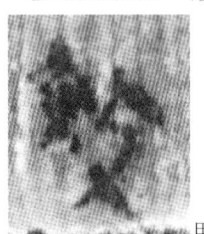

東魏·司馬韶及妻侯氏誌
○識性溫整

里·第八層 1398

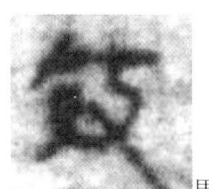

東魏·元均及妻杜氏誌
○公牆儀峻整

馬壹 82_68

北齊·高建妻王氏誌
○儀量閑整

馬壹 86_166

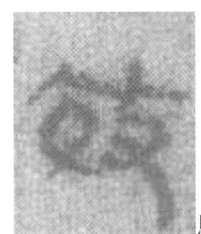

馬貳 141_4

【效】

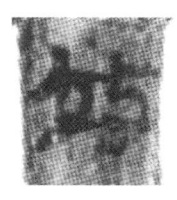

張·效律 351

銀貳 1042

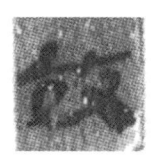

銀貳 1252

敦煌簡 1290

北壹·倉頡篇 41

○瘌效姁卧

廿世紀璽印二-SY

○陶效

秦代印風

○效上士

漢印文字徵

○縶母效印

東漢·曹全碑陽

【故】

《說文》：故，使爲之也。从攴古聲。

秦代·元年詔版五

秦代·二世元年詔版一

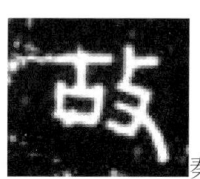

秦代·元年詔版二

漢銘·尚方故治器三

漢銘·尚方故治器二

漢銘・建昭鴈足鐙一

漢銘・建昭行鐙

睡・秦律十八種 155

睡・日甲《詰》56

睡・日甲《詰》32

關・日書 207

嶽・為吏 83

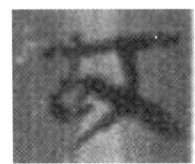

嶽・占夢書 3

嶽・芮盜案 69

里・第八層 2001

里・第八層 135

馬壹 96_27

馬壹 142_4/178 上

馬壹 259_7 下\23 下

馬壹 15_13 上\106 上

馬貳 291_365/388

馬貳 204_19

張·具律 88

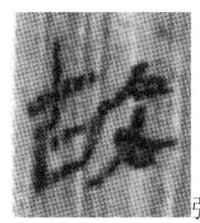

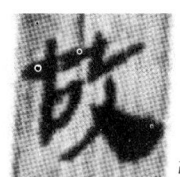

張·袜律 182

張·奏讞書 89

張·奏讞書 118

張·引書 104

銀壹 271

銀壹 158

銀貳 1225

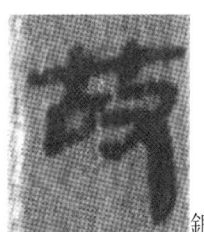

銀貳 1701

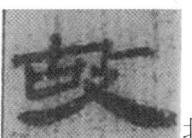

北貳·老子 17

敦煌簡 2005A

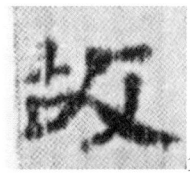

金關 T03:053

金關 T15:024A

○汗以故

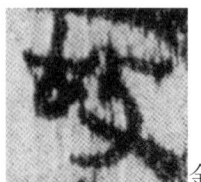

金關 T01:001

武·儀禮甲《服傳》28

東牌樓 095

北壹·倉頡篇 4

吳簡嘉禾·一四二六

廿世紀璽印二-SP

秦代印風

廿世紀璽印三-GY

〇故綬印

漢晉南北朝印風

漢印文字徵

漢印文字徵

〇韓母故

柿葉齋兩漢印萃

漢印文字徵

漢印文字徵

漢代官印選

秦駰玉版

東漢・趙菿殘碑額

東漢・圉令趙君碑

東漢・孫仲隱墓刻石

東漢・司馬芳殘碑額

晉・司馬芳殘碑額

○漢故司隸校尉

東晉・張鎮誌

北魏・元誨誌

○侍中王如故

北魏・元洛神誌蓋

北魏・穆彥誌蓋

○魏故穆君之墓誌銘

北魏・爾朱襲誌蓋

○魏故儀同爾朱君墓誌

北魏・蘭將誌蓋

北魏・元弘嬪侯氏誌

北魏・奚智誌

北魏・元天穆誌

北魏・和醜仁誌

亦聲。

![故] 北魏·元彥誌

![故] 東魏·長孫冏碑額

![故] 東魏·杜文雅造像

○故投藥隨機

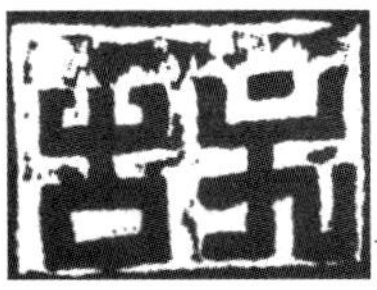

![故] 西魏·和照誌蓋

○魏故恒州刺史

![故] 北齊·徐顯秀誌蓋

○齊故大尉公

![故] 北周·董榮暉誌蓋

○故夫人董氏之墓誌銘

![故] 北周·崔宣默誌蓋

○魏故廣平王

【政】

《說文》：政，正也。从攴从正，正

![政] 春早·秦政伯喪戈之一

![政] 春早·秦政伯喪戈之二

![政] 漢銘·上林銅鑒七

![政] 漢銘·大司農權

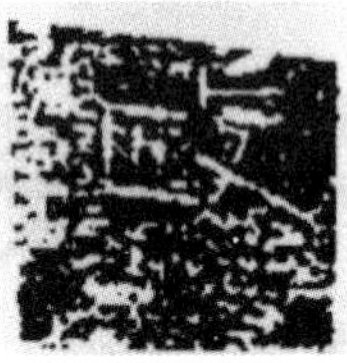

![政] 漢銘·重九十斤鑒

![政] 睡·為吏 47

![政] 睡·為吏 41

![政] 睡·為吏 13

睡・日乙《入官》237

馬壹 141_6 下/173 下

銀壹 348

北貳・老子 24

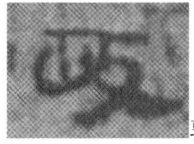

敦煌簡 1871

敦煌簡 0701

○及持政死詣吏

金關 T31:064

東牌樓 055 背

○爲政之出

魏晉殘紙

○德政

秦代印風

○範政

廿世紀鉩印三-SY

漢晉南北朝印風

漢印文字徵

漢印文字徵

1535

柿葉齋兩漢印萃

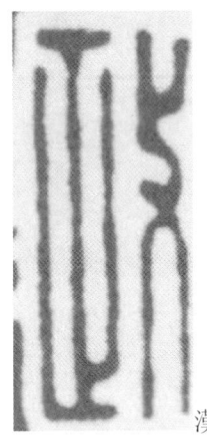

漢晉南北朝印風

秦公大墓石磬

東漢·曹全碑陽

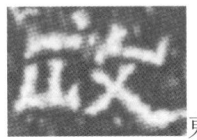

東漢·景君碑

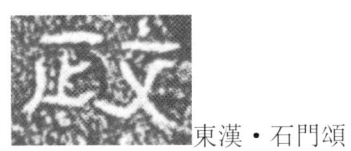

東漢·石門頌

○政與乾通

東漢·成陽靈臺碑

東漢·司馬芳殘碑額

○政化是毗

三國魏·上尊號碑

西晉·郭槐柩記

○親秉國政

北魏·元鸞誌

北魏·元壽安誌

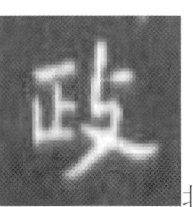

北魏·崔鴻誌

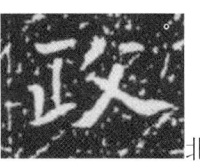

北魏·蘇屯誌

北魏·元顥誌

○既而政出權胡

北齊·逢哲誌

【攺】

《說文》：攺，敂也。从攴㠯聲。讀與施同。

【敷（敷）】

《說文》：敷，攺也。从攴尃聲。《周書》曰："用敷遺後人。"

東牌樓078正

○黃敷

漢印文字徵

柿葉齋兩漢印萃

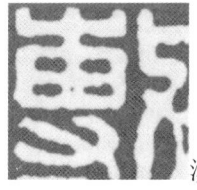

漢晉南北朝印風

東漢·執金吾丞武榮碑

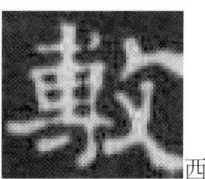

西晉·臨辟雍碑

北魏·元襲誌

○本枝爰敷

北魏·元子正誌

北魏·元平誌

○敷化岷蜀

北魏·元敷誌

○諱敷

北魏·堯遵誌

北魏·元彌誌

北齊·雲榮誌

北周·張子開造像

○玉樹敷蔭

北周·楊濟誌

北魏·吐谷渾璣誌

○惠敦(敷)道義

北魏·王紹誌

○早敦(敷)韶歲

睡·秦律十八種 167

睡·為吏 13

睡·日甲《歲》66

關·日書 132

獄·為吏 19

獄·數 193

【敟】

《說文》：敟，主也。从支典聲。

【歔】

《說文》：歔，數也。从支麗聲。

【數】

《說文》：數，計也。从支婁聲。

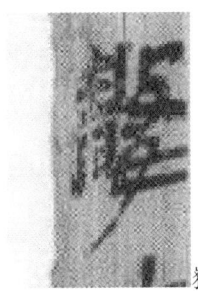

獄・癸瑣案 7	馬壹 124_43 上
 里・第五層 18	馬壹 37_39 下
 里・第八層 1067	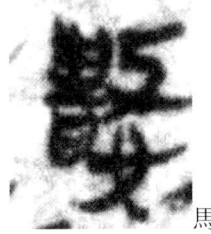 馬貳 126_155
馬壹 85_134	 馬貳 74_131/131
馬壹 36_22 上	 張・興律 403
馬壹 111_9\360	 張・收律 179
	 張・奏讞書 29

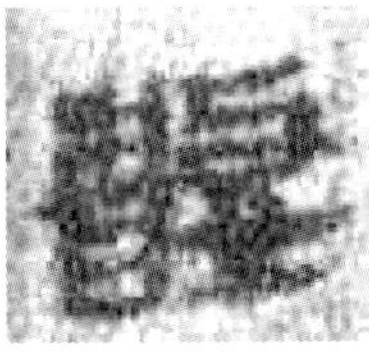

張·奏讞書 11

張·算數書 62

銀壹 518

銀貳 1325

○數合羣臣於君

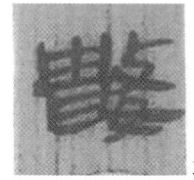

北貳·老子 192

敦煌簡 0981

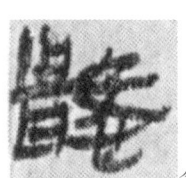

金關 T05：120

金關 T30：028A

○請知數
推奏叩

金關 T29：044

武·甲《泰射》42

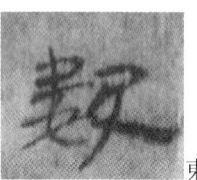

東牌樓 035 背

○磨不數承茂區區

北壹·倉頡篇 18

○黜勊羑數券契

魏晉殘紙

○數相聞

詛楚文·巫咸

○敢數楚王熊相

東漢·成陽靈臺碑

東漢・肥致碑

○行數萬里

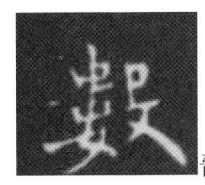

晉・黃庭內景經

北魏・元天穆誌

北魏・緱光姬誌

○數隆常準

北魏・慈慶誌

北魏・劉華仁誌

○增加千數

東魏・元季聰誌

北齊・劉悅誌

【漱】

《說文》：㵘，辟漱鐵也。从攴从涑。

【孜】

《說文》：孜，汲汲也。从攴子聲。《周書》曰："孜孜無怠。"

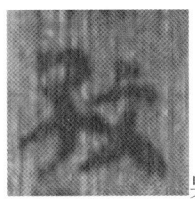

吳簡嘉禾・五・九八六

○男子潘孜

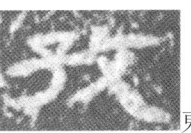

東漢・冠軍城石柱題名

○故吏軍謀掾沛國高孜孔伯

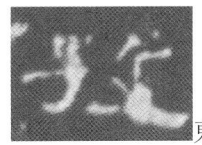

東漢・劉熊碑

○孜孜之逾

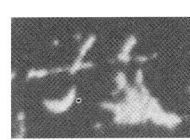

東漢・劉熊碑

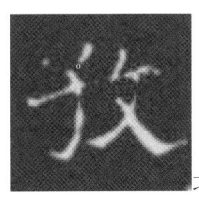

北齊・吳遷誌

○孜孜不惓

【攽】

《說文》：攽，分也。从攴分聲。《周書》曰："乃惟孺子攽。"亦讀與彬同。

【敦】

《說文》：𢾩，止也。从攴旱聲。《周書》曰："𢾩我于艱。"

【𢿭】

《說文》：𢿭，有所治也。从攴豈聲。讀若狠。

【敞】

《說文》：敞，平治高土，可以遠望也。从攴尚聲。

漢銘·陽朔四年鍾

獄·猩敞案 57

里·第八層 666

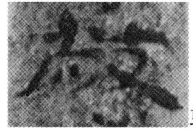

敦煌簡 0667

金關 T10:158

金關 T10:179

秦代印風

廿世紀璽印三-SY

廿世紀璽印三-SY

歷代印匋封泥

柿葉齋兩漢印萃

柿葉齋兩漢印萃

柿葉齋兩漢印萃

漢印文字徵

漢印文字徵

漢印文字徵

漢印文字徵

漢晉南北朝印風

漢晉南北朝印風

漢晉南北朝印風

漢晉南北朝印風

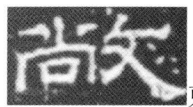

東漢・桐柏淮源廟碑

北魏・塔基石函銘刻
○顯敞之地

北魏・卅一人造像
○大路顯敞之處

東魏·唐小虎造像

○奉車都尉清敲隊主唐小虎

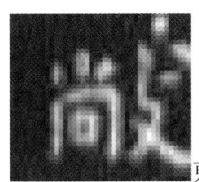

東魏·公孫略誌

【㪟】

《說文》：㪟，理也。从攴伸聲。

【改】

《說文》：改，更也。从攴、己。李陽冰曰："己有過，攴之即改。"

東牌樓 070 正

○代爲改異

魏晉殘紙

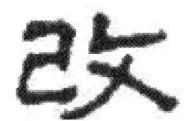

東漢·成陽靈臺碑

東漢·夏承碑

北魏·叔孫協及妻誌

○山移地改

北魏·元徽誌

○人謀忽改

北魏·馮邕妻元氏誌

【變】

《說文》：變，更也。从攴䜌聲。

漢銘·鄲偏鼎

睡·語書 5

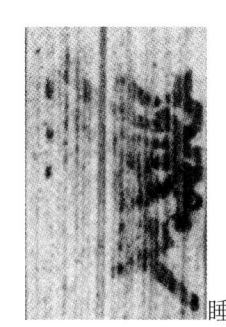

睡·封診式 85

1544

睡・為吏 40

關・日書 237

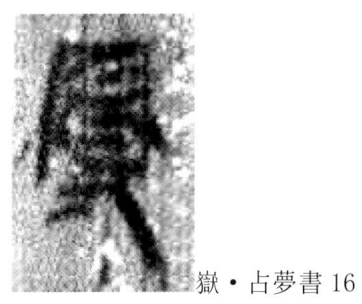

獄・占夢書 16

里・第八層 145

馬壹 140_2 上/169 上

馬壹 139_14 下/156 下

馬壹 89_217

○秦有變（變）

馬壹 82_61

馬貳 283_283/277

張・賊律 31

張・蓋盧 4

○災變（蠻）夷

銀壹 350

○車以變象之湯武作

銀貳 1001

○令數變衆偷可敗也

敦煌簡 0784

○關東變名易爲羊翁

金關 T23:797B

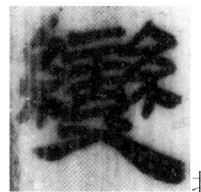

○端脩瀘變大制

北壹・倉頡篇 9

漢印文字徵

○太子率更令印

漢印文字徵

○變湯

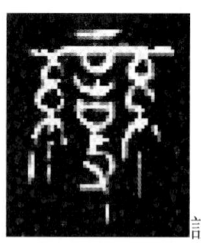

詛楚文・沈湫

○宣麥竸從變翰盟約

東漢・肥致碑

東漢・楊統碑陽

西晉・臨辟雍碑

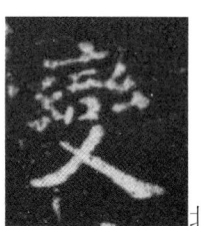

北魏・侯愔誌

北魏・元壽安誌

北魏・元熙誌

北魏・尉氏誌

【更】

《說文》：𠭍，改也。从攴丙聲。

戰晚・十三年上郡守壽戈

戰晚・十二年上郡守壽戈

戰晚・囗年上郡守戈

漢銘・大司農權

漢銘・更始泉範一

漢銘・更始泉範二

睡・秦律十八種 105

睡・法律答問 188

睡・封診式 4

睡・日甲《毀弃》120

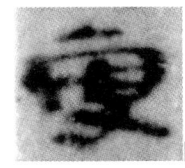

睡・日甲《詰》54

獄・芮盜案 78

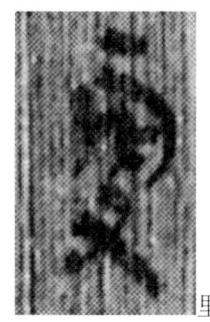

里・第六層 10

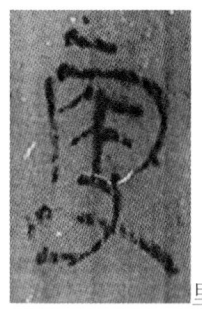

里・第八層 138

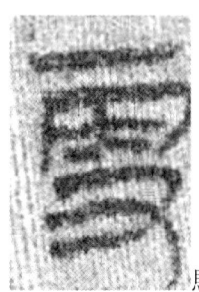

馬壹 258_7 上\23 上

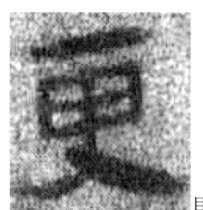

馬壹 129_67 下

馬壹 93_307

馬貳 110_35/35

張・戶律 315

張・奏讞書 111

張・蓋盧 9

張・算數書 122

張・引書 8

張・引書 11

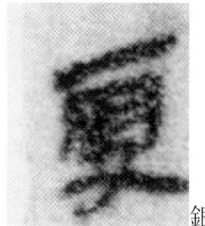

銀壹 417

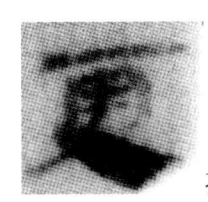

孔·日書残 48

敦煌簡 0639B
○恢更

敦煌簡 0276

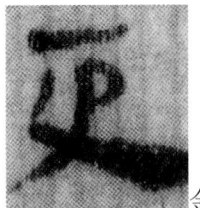

金關 T31:027

金關 T30:028A

武·甲《特牲》35

武·王杖 7

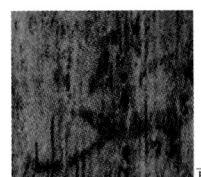

東牌樓 029 背
○文書更□但若

廿世紀璽印二-SP
○更

歷代印匋封泥
○更

秦代印風

秦代印風

秦代印風
○白更

漢印文字徵
○公乘更得

漢印文字徵

漢印文字徵
○趙更生

漢印文字徵

漢晉南北朝印風

東漢・石門頌
○更隨圍谷

東漢・石祠堂石柱題記

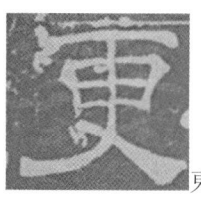

東漢・夏承碑

北魏・元端誌

北魏・譚棻誌

北魏・緱光姬誌

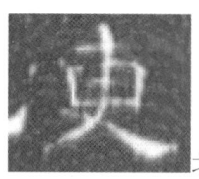

北齊・雲榮誌

北齊・魯思明造像

【敕】

《說文》：敕，誡也。臿地曰敕。从攴束聲。

春秋晚·秦公鎛

廿世紀璽印三-SY
○敕得之印

北魏·司馬顯姿誌
○正始初敕遣長秋

東魏·閭叱地連誌
○可敕並州造輻輬車

【敃】

《說文》：敃，彊也。从攴，昏省聲。

【斂】

《說文》：斂，收也。从攴僉聲。

睡·為吏7

里·第八層1454

馬壹122_21上

馬壹76_55

張·津關令501

張·蓋廬50

張·遣策30

銀貳 1897

北貳·老子 87

○舍其斂（儉）

敦煌簡 1448

○姓賦斂以理存賢近

金關 T22：003

東漢·史晨後碑

○恐縣吏斂民

東漢·張景造土牛碑

北魏·元弼誌

○青風斂吹

北魏·元汎略誌

○蕭然斂手

北魏·彌勒頌碑

○凡百干焉容斂

東魏·高盛碑

東魏·廣陽元湛誌

○貴戚斂手

【敕】

《說文》：敕，擇也。从攴柬聲。《周書》曰："敕乃甲冑。"

【敲】

《說文》：敲，繫連也。从攴喬聲。《周書》曰："敲乃干。"讀若矯。

【敆】

《說文》：敆，合會也。从攴从合，合亦聲。

【敶】

《說文》：敶，列也。从攴陳聲。

漢晉南北朝印風

漢晉南北朝印風

漢晉南北朝印風

漢晉南北朝印風

漢印文字徵

東漢·孔宙碑陽

【敵】

《說文》：敵，仇也。从攴啇聲。

馬壹 144_34/208 上
○善朕（勝）敵者弗與善用

馬壹 130_21 上\98 上
○之誰敵（適）絲

馬壹 98_70

銀壹 326
○卒乘敵

銀貳 1156
○詘（屈）信（伸）敵人衆能使

東牌樓 005
○爲妊敵男張建自

東漢·裴岑紀功碑
○克敵全師

三國魏·王基斷碑

○克敵獲俊

西晉·石尠誌

○衆寡不敵

北魏·元液誌

○君觀敵形勝

北魏·源延伯誌

○揮劍摧敵

東魏·蔡儁斷碑

北齊·徐顯秀誌

○無不陷敵

北齊·劉悅誌

○王出當敵國

北齊·石信誌

北周·若干雲誌

○破敵摧陣

【救】

《説文》：救，止也。从攴求聲。

春晚·秦王鐘

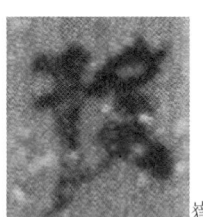

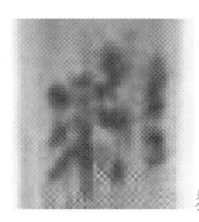

獄·數33

獄·得之強與棄妻奸案180

○救吾

里·第八層2259

○吏卒救南

馬壹 90_238

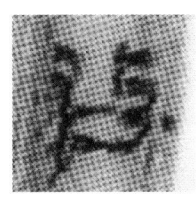

張·戶律 306

張·奏讞書 222

張·奏讞書 154

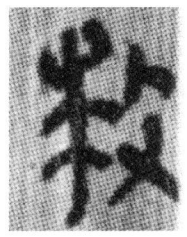

張·蓋盧 54

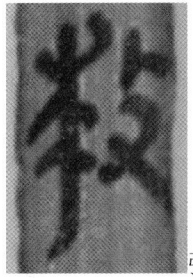

張·蓋盧 49

銀壹 296

○所以救其隋

銀貳 1576

○所必救使離其固

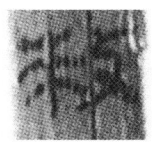

銀貳 1144

北貳·老子 193

○恒善救人而無棄人

北壹·倉頡篇 72

○私鹽救醒百

廿世紀璽印二-SY

○牧輦

漢印文字徵

漢印文字徵

漢印文字徵

○救烏言事

漢印文字徵

○救稱友

漢印文字徵

○救印萬歲

漢印文字徵

○救翁稺

漢印文字徵

詛楚文·沈湫

○以自救

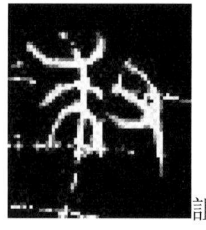

詛楚文·巫咸

○之以自救幾靈德賜劑

東漢·樊敏碑

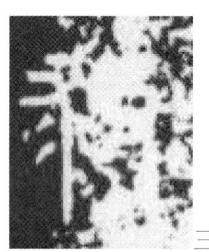

三國魏·三體石經春秋·篆文

○戍刺之楚人救衛三月丙午

三國魏·三體石經春秋·古文

○楚人救衛

北魏·于仙姬誌

北魏·慧靜誌

北魏·元恭誌

北魏·吐谷渾璣誌

○醫治無救

【敓】

《說文》：敓，彊取也。《周書》曰："敓攘矯虔。"从攴兌聲。

【斁】

《說文》：斁，解也。从攴睪聲。《詩》云："服之無斁。"斁，猒也。一曰終也。

東魏·李憲誌

○無怨無斁（懌）

北周·安伽誌

○佳城有斁

【赦】

《說文》：赦，置也。从攴赤聲。

【赦】

《說文》：赦，赦或从亦。

敦煌簡 1355

○制曰赦妾青夫

敦煌簡 639C

○山肥赦

金關 T30:219

○夫路赦年廿七

金關 T03:055

○甲子赦
令免

金關 T23:929

○德趙赦之刑

東牌樓 012

○冀蒙赦令云當虧除

睡·法律答問 153

○會赦（赦）未論

睡·為吏 1

○毋罪可赦（赦）

獄‧猩、敞知盜分贓案 45

○赦（赦）爲庶

馬壹 104_35\104

○小罪而弗赦（赦）

馬壹 81_40

○王以赦（赦）臣

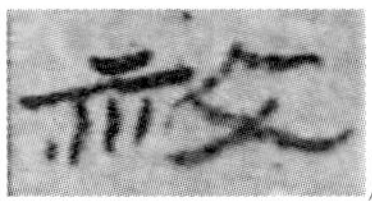

居‧EPF22.164

○皆赦（赦）除之

廿世紀璽印三-SY

○宋赦信印

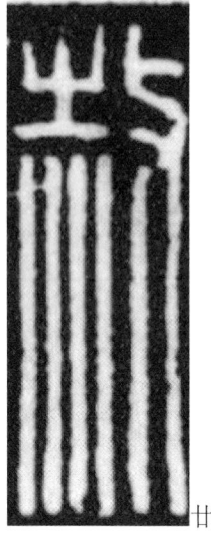

廿世紀璽印三-SY

○王赦印

柿葉齋兩漢印萃

○尹赦之印

漢晉南北朝印風

○盧赦之

漢晉南北朝印風

○朱赦

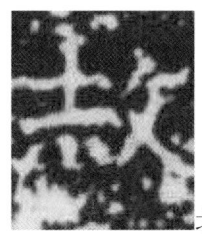

北齊·殷恭安等造像

○赦妻兒之不足

北齊·朱氏邑人等造像

○維那朱靈赦邑人朱永□

北齊·王馬造像

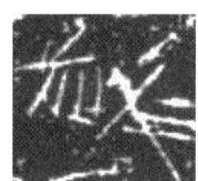

○子赦奴□世

東漢·洛陽刑徒磚

○時赦

三國魏·受禪表

○大赦天下

【攸】

《說文》：攸，行水也。从攴从人，水省。

【汶】

《說文》：汶，秦刻石嶧山文攸字如此。

馬壹 44_44 下

馬壹 3_3 上

馬貳 33_1 下

張·奏讞書 151

歷代印匋封泥

○匋人攸

廿世紀璽印三-GY

○攸丞

漢印文字徵
○徐攸

漢晉南北朝印風
○徐攸

漢晉南北朝印風
○趙攸印信

漢晉南北朝印風

東漢・東漢・婁壽碑陽

東漢・北海相景君碑陽
○攸剝不遺

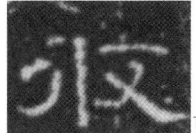

東漢・曹全碑陽
○福祿（禄）攸同攸同

東漢・孔宏碑
○和陰陽以興雨假而攸仰

西晉・臨辟雍碑

北魏・元鑽遠誌

北齊・盧脩娥誌

北齊・赫連子悅誌

北齊・赫連子悅誌

北齊・斛律氏誌

北周·華嶽廟碑

○攸攸大極

【攱】

《說文》：攱，撫也。从攴凵聲。讀與撫同。

【敉】

《說文》：敉，撫也。从攴米聲。《周書》曰："亦未克敉公功。"讀若弭。

【侎】

《說文》：侎，敉或从人。

廿世紀璽印三-SY

○紵侎

【敭】

《說文》：敭，侮也。从攴从易，易亦聲。

【敼】

《說文》：敼，戾也。从攴豈聲。

【敦】

《說文》：敦，怒也。詆也。一曰誰何也。从攴𦎫聲。

睡·語書9

睡·秦律雜抄34

睡·法律答問164

嶽·同顯案148

里·第六層4

里·第八層138

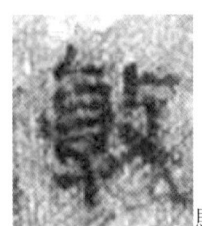

馬壹 171_4 上

馬壹 10_53 下

馬貳 70_43/43

張·奏讞書 228

張·引書 102

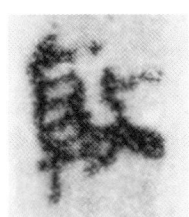

銀壹 416
○陳（敶）敦□所以攻梏

銀貳 1156

敦煌簡 1235

金關 T06:124
○敦煌

金關 T09:009A
○敦煌

金關 T28:008A

武·甲《特牲》11

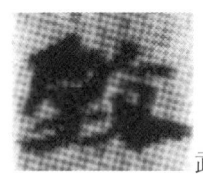

武·甲《特牲》15

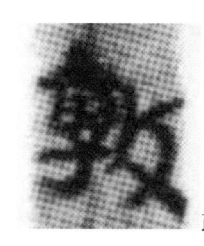

武・甲《少牢》31

北壹・倉頡篇 39

魏晉殘紙

秦代印風

秦代印風

漢晉南北朝印風

漢晉南北朝印風

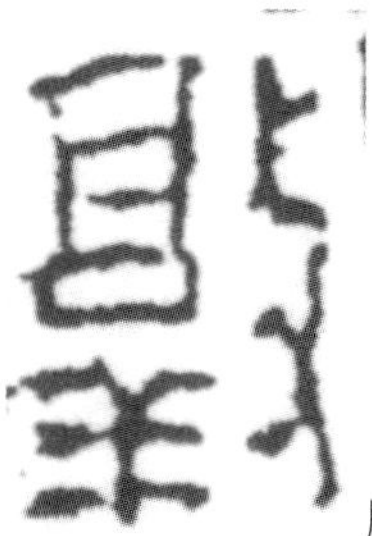

歷代印匋封泥

漢印文字徵

○敦建德印

漢代官印選

○敦煌漁澤障候

漢印文字徵

漢印文字徵

1563

漢印文字徵

○徐敦

漢印文字徵

○敦印輔賢

東漢・曹全碑陽

東漢・張遷碑陽

西晉・郭槐柩記

北魏・元彝誌

北魏・穆亮誌

北魏・慈慶誌

○練行斯敦

北魏・寇治誌

北魏・侯悎誌

東魏・司馬韶及妻侯氏誌

北齊・路崇及妻誌

【歚】

《說文》：歚，朋侵也。从攴从羣，羣亦聲。

【敗】

《說文》：敗，毀也。从攴、貝。敗、賊皆从貝，會意。

【敗】

《説文》：敗，籀文敗从䝿。

漢銘・丞不敗殘杯

睡・秦律十八種 16

睡・效律 24

睡・法律答問 158

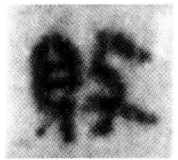

睡・日甲 1

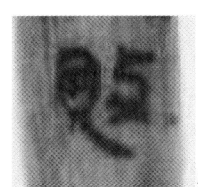

獄・為吏 71

獄・綰等案 241

里・第八層 1511

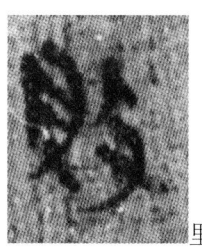

里・第八層 645

馬壹 82_65

馬貳 32_9 上

張・賊律 6

張・奏讞書 144

張・奏讞書 133

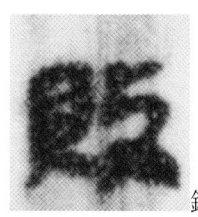

銀壹 464

銀壹 347

銀貳 1003

銀貳 1004

北貳・老子 77

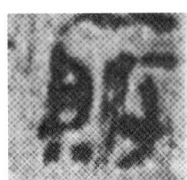

敦煌簡 1552

北壹・倉頡篇 30

○敗蠹臭腐

吳簡嘉禾・五・一〇五七

吳簡嘉禾・五・七七一

吳簡嘉禾・五・一二〇五

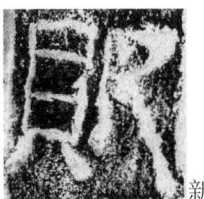

新莽・萊子侯刻石

○子孫毋壞敗

東漢・營陵置社碑

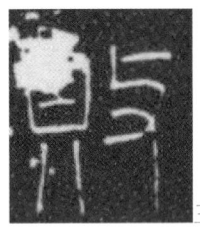

三國魏・三體石經春秋・篆文

○率師伐邾晉人敗狄于

三國魏・三體石經春秋・古文

○率師伐邾晉人敗狄于

北魏・長孫盛誌

北魏・嚴震誌

○三軍掩敗

東魏・張滿誌

【歜】

《説文》：戮，煩也。从攴从矞，矞亦聲。

【寇】

《説文》：寇，暴也。从攴从完。

睡·秦律雜抄 38

睡·法律答問 98

嶽·綰等案 243

里·第八層 2101

馬壹 8_39 下

馬壹 113_51\402

張·具律 90

銀貳 2071

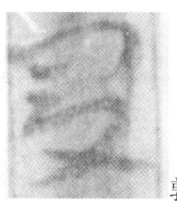

敦煌簡 0069
○寇車師殺略人民未

敦煌簡 0983

金關 T10:131

金關 T23:616

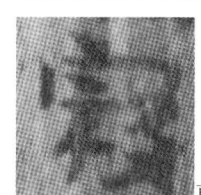

東牌樓 012
○遇軍寇租苕法賦民

北壹・倉頡篇 52

○在社埸寇賊盜

1571 吳簡嘉禾・五・六八二
○寇丘男子

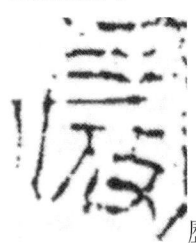

歷代印匋封泥
○谷寇丞印

漢印文字徵
○寇意

漢印文字徵
○寇鳴

柿葉齋兩漢印萃
○討寇將軍印

漢印文字徵
○寇延印信

漢印文字徵
○寇勣

漢晉南北朝印風
○殄寇將軍印

廿世紀璽印四-GY
○掃寇將軍章

漢晉南北朝印風
○掃寇將軍印

東漢・尚博殘碑

東漢・熹平石經殘石五

○負且乘致寇至貞吝

北魏・寇治誌

○寇使君之墓

北魏・寇治誌蓋

○寇使君墓誌

北魏・寇臻誌

○重臨恒農太守寇臻

北魏・寇猛誌

○寇君墓誌銘

北魏・寇憑誌

○寇君墓誌

北魏・慈慶誌

○以應外寇

北魏・元壽安誌

○外連寇讎

北魏・寇霄誌

○寇君墓誌

北魏・張玄誌

○父盪寇將軍

北魏・元朗誌

○寇賊遠迹

東魏・高盛碑

北周・寇胤哲誌蓋

○寇君墓誌銘

北周・寇嶠妻誌蓋

○寇公妻薛誌

北周·寇熾誌

○寇君墓誌

【䖿】

《說文》：䖿，刺也。从攴虫聲。

【斁】

《說文》：斁，閉也。从攴度聲。讀若杜。

【剫】

《說文》：剫，斁或从刀。

【敜】

《說文》：敜，塞也。从攴念聲。《周書》曰："敜乃穽。"

【㪤】

《說文》：㪤，㪤盡也。从攴畢聲。

【收】

《說文》：收，捕也。从攴丩聲。

睡·秦律十八種 84

睡·法律答問 195

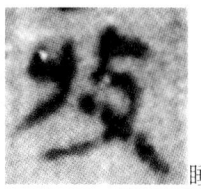

睡·日甲《秦除》16

睡·日甲《詰》53

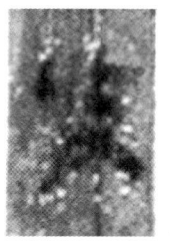

獄·為吏 69

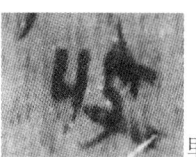

里·第八層 454

馬壹 5_30 上

馬壹 85_128

馬壹 89_221

○今收燕趙國安名

1570

張·津關令 501

張·奏讞書 212

張·引書 109

張·引書 1

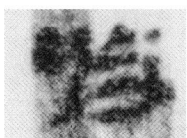

銀壹 565

銀貳 995

銀貳 1897

敦煌簡 1628

金關 T01:183

○收降隧卒李定

金關 T10:340

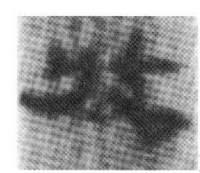

武·儀禮甲《服傳》21

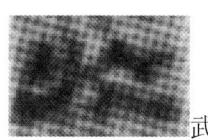

武·乙本《服傳》13

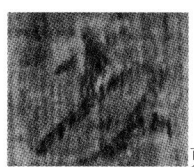

東牌樓 076

○收土受賞

北壹·倉頡篇 30

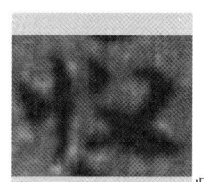

吳簡嘉禾·五·一〇四八

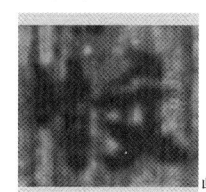

○收布

吳簡嘉禾·五·八六〇

○旱不收布

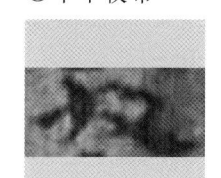

吳簡嘉禾·五·一〇二五

○收米一斛二斗

吳簡嘉禾・四・三三三
○收布六寸六分

吳簡嘉禾・五・一〇四一
○旱不收布

廿世紀璽印三-SY
○樊收私印

廿世紀璽印三-SP
○田收萬石

漢印文字徵
○陳收私印

漢印文字徵
○韓收私印

漢印文字徵
○冬收私印

漢印文字徵
○張收

漢印文字徵
○秦收

東漢・曹全碑陽
○收養季祖母

北魏・元靈曜誌
○收芳於弱年

北魏・元願平妻王氏誌
○痛收華於桂宇

北魏・元昭誌

1572

○收君封爵

北魏·元茂誌

○放筆之恩已收

北魏·于纂誌

○邊收難老

北魏·高珪誌

○遂收養之

北魏·昭玄法師誌

○固乞收退

北魏·元定誌

○掩淑收榮

【鼓】

《說文》：鼓，擊鼓也。从攴从壴，壴亦聲。

睡·為吏22

○雖有高山鼓

睡·日甲《詰》32

○擊鼓奮

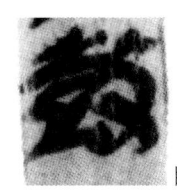

睡·日甲《詰》34

○一室中有鼓音

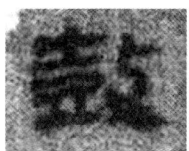

馬壹14_88下

○鼓或皮（罷）

馬貳260_23/10

○鼓者二人

馬貳258_9/9

○鼓者二人

馬貳259_22/14

○大鼓一

銀壹272

○鼓而坐之

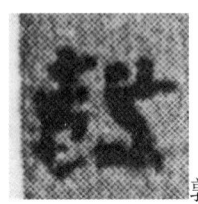

敦煌簡 1552
○利鼓一

居·ES(T119).2
○鼓枎各一

居·EPT10.33
○柖鼓諸什

居·EPT49.13B
○官鼓戟盾各一

金關 T30:235
○鼓下

金關 T10:407
○廿五鼓脯

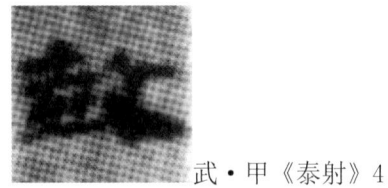

武·甲《泰射》4
○一建鼓在其南

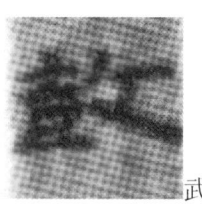

武·甲《泰射》4
○陳一建鼓

北壹·倉頡篇 33
○鼛鼓歌醲

北齊·唐邕刻經記
○靈鼉與瀘鼓俱震

【攷】

《說文》：攷，敂也。从攴丂聲。

【敂】

《說文》：敂，擊也。从攴句聲。讀若扣。

【攻】

《說文》：攻，擊也。从攴工聲。

睡·編年記 32

睡·編年記 29

睡·秦律十八種 122

睡·秦律雜抄 35

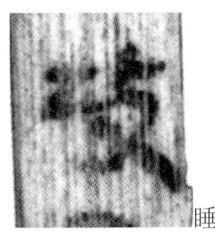

睡·封診式 28

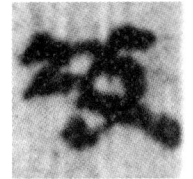

睡·日甲《土忌》104

睡·日甲《土忌》131

關·日書 139

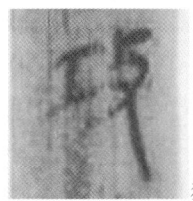

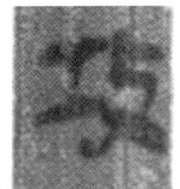

獄·為吏 86

獄·數 127

獄·多小案 88

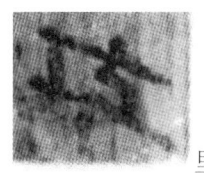

里·第八層 2133

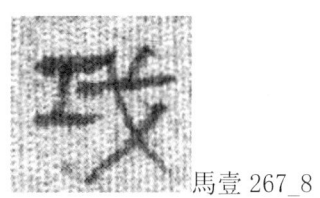

馬壹 267_8

馬壹 211_18

馬壹 85_142

馬壹 85_133

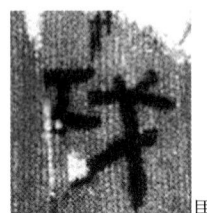

馬壹 77_71

馬貳 8_13 中\17

張·賊律 1

張·蓋盧 47

張·蓋盧 29

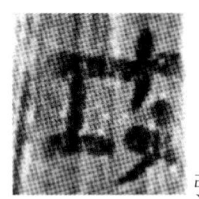

張·算數書 54

○織有攻（功）五

銀壹 166

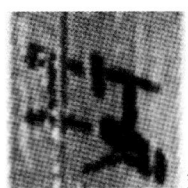

銀貳 1576

銀貳 1707

金關 T07:139

北壹·倉頡篇 62

○鼂運糧攻穿襜

歷代印匋封泥

歷代印匋封泥

○匋攻乙

歷代印匋封泥

歷代印匋封泥

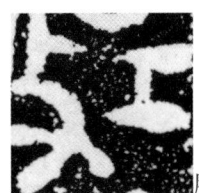

歷代印匋封泥

〇匋攻□

秦代印風

西晉·石尠誌

北魏·元天穆誌

北魏·楊濟誌

【敲】

《說文》：敲，橫擿也。从攴高聲。

【豛】

《說文》：豛，擊也。从攴豖聲。

【攱】

《說文》：攱，放也。从攴圭聲。

【𢾍】

《說文》：𢾍，坼也。从攴从厂。厂之性坼，果孰有味亦坼。故謂之𢾍，从未聲。

【斀】

《說文》：斀，去陰之刑也。从攴蜀聲。《周書》曰："刖劓斀黥。"

【敯】

《說文》：敯，冒也。从攴昏聲。《周書》曰："敯不畏死。"

【敔】

《說文》：敔，禁也。一曰樂器，椌楬也，形如木虎。从攴吾聲。

石鼓·霝雨

【敤】

《說文》：敤，研治也。从攴果聲。舜女弟名敤首。

【鈙】

《說文》：鈙，持也。从攴金聲。讀若琴。

【敽】

《說文》：敽，棄也。从攴䧅聲。《周書》以爲討。《詩》云："無我敽兮。"

【旼】

《說文》：畋，平田也。从攴、田。《周書》曰："畋尒田。"

敦煌簡 0937
○夏畋外□

歷代印匋封泥
○左宮畋

東漢・張遷碑陽
○藝於從畋

【改】

《說文》：改，毅改，大剛卯，以逐鬼魅也。从攴巳聲。讀若巳。

漢銘・新衡杆

漢銘・新嘉量一

漢銘・新嘉量二

漢銘・新銅丈

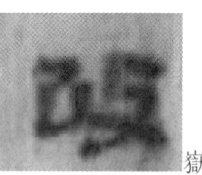

獄・得之案 183
○得之攺（改）曰

馬壹 81_39
○齊攺（改）葬

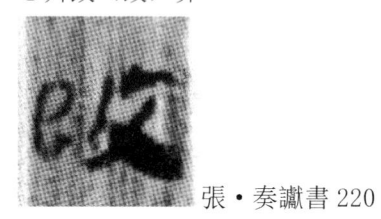

張・奏讞書 220
○欲笞攺（改）曰貧急毋作

張・奏讞書 100
○牛毛攺（改）曰

武・儀禮甲《士相見之禮》12
○面無（毋）改（改）終（眾）

1578

○西改(改)取
武・甲《泰射》46

秦代印風

○史改

秦代印風

○高改

漢印文字徵

○王改

詛楚文・巫咸

○之則冒改(改)久心

東漢・尚博殘碑

北魏・奚智誌

○改(改)爲達奚氏焉

北魏・封魔奴誌

○改(改)葬於本邑

北魏・山徽誌

○山川亟改(改)

北魏・元冏誌

○鄴城改(改)聽

北魏・高唐縣君楊氏誌

○改(改)授宮大內司

北魏・元伯陽誌

○改(改)封京兆郡開國公

北魏・公孫猗誌

○陵隰有改(改)

北齊・元賢誌

1579

○榮辱誰攺(改)

【敘（叙）】

《說文》：敘，次弟也。从攴余聲。

魏晉殘紙

魏晉殘紙

漢晉南北朝印風

○虞敘

東漢・成陽靈臺碑

北魏・穆紹誌

北魏・元子正誌

北魏・元過仁誌

【敊】

《說文》：敊，毀也。从攴卑聲。

【敓】

《說文》：敓，敊也。从攴兒聲。

【牧】

《說文》：牧，養牛人也。从攴从牛。《詩》曰："牧人乃夢。"

睡・秦律十八種 84

睡・法律答問 76

睡・為吏 17

睡・日甲《馬禖》156

馬壹 101_136

馬貳 62_15

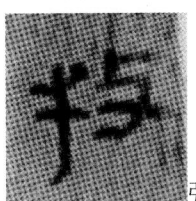

張·金布律 433

銀壹 177

銀貳 1048

北貳·老子 180

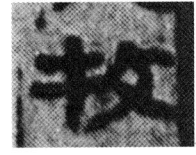

敦煌簡 2142

金關 T23:878

武·甲《少牢》27

秦代印風

○右牧

漢晉南北朝印風

漢晉南北朝印風

廿世紀璽印三-GP

○荊州牧印章

漢代官印選

漢印文字徵

○牧傷

漢印文字徵

第三卷

漢印文字徵

東漢・夏承碑

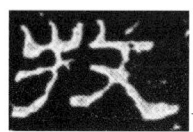

東漢・楊震碑

東晉・霍□誌

北魏・元昉誌
○司州牧

北魏・和邃誌
○朔州廣牧黑城人也

北魏・元楨誌
○基牧爾櫟

北魏・元譿誌
○司州牧

北魏・元昉誌
○司州牧

北魏・元謐誌

東魏・司馬韶及妻侯氏誌

【敕】

《說文》：敕，擊馬也。从攴束聲。

【㪟】

《說文》：㪟，小舂也。从攴算聲。

【敫】

《說文》：敫，馨田也。从攴堯聲。

〖圸〗

馬壹 242_5 上\13 上
○圸（仕）者再遷

〖敊〗

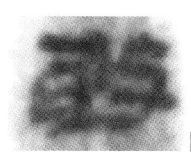

睡・日書甲種《生子》143

○敁（繫）囚

〖效〗

漢印文字徵

○侯效之印

〖敁〗

漢印文字徵

○敁

〖敱〗

石鼓·馬薦

○敱=雉□

〖敱〗

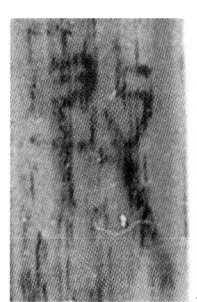

里·第八層 707

○□罰□敱

〖赦〗

春晚·秦公簋

○萬民是赦

〖敾〗

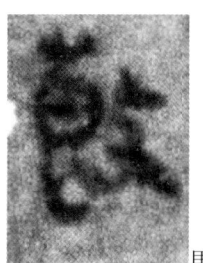

馬壹 112_33\384

○敾授失正之君

教部

【教】

《說文》：教，上所施下所效也。从攴从孝。凡教之屬皆从教。

【教】

《說文》：教，古文教。

【效】

《說文》：效，亦古文教。

漢銘·萬年縣官斗

睡・語書 2

睡・秦律雜抄 3

睡・為吏 24

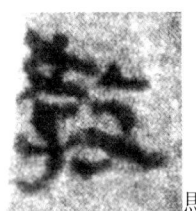

馬壹 95_14

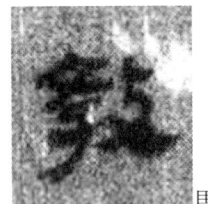

馬壹 16_6 下\99 下

馬貳 207_46

張・賊律 36

張・奏讞書 191

銀壹 443

銀壹 432

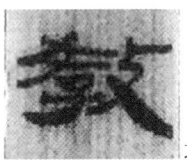

北貳・老子 20

金關 T25：176

○數教告卒令

金關 T09：008

金關 T23:415
○毋吏教使者狀

東牌樓 016 背

廿世紀璽印三-GP
○掌教大夫章

漢印文字徵
○相教

漢印文字徵
○相教

秦公大墓石磬

東漢・石祠堂石柱題記

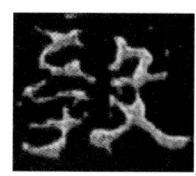

東漢・楊震碑

西晉・郭槐柩記

北魏・胡明相誌

北魏・趙光誌

東魏・閭叱地連誌

北齊・暴誕誌

北齊・唐邕刻經記

北齊·斛律氏誌

北周·盧蘭誌

【敩】

《說文》：敩，覺悟也。从教从冂。冂，尚矇也。臼聲。

【學】

《說文》：學，篆文敩省。

獄·學為偽書案 225

里·第八層 1146
○其一學甄賀

馬壹 144_28/202 上

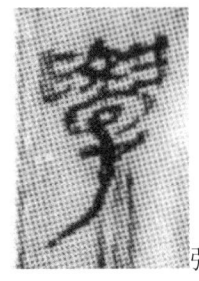

張·復律 279

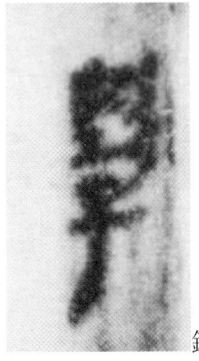

銀壹 542
○公恐學痛

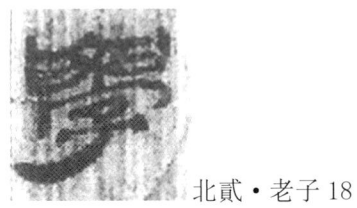

北貳·老子 18

敦煌簡 0481A
○雍設學校詳序之官

金關 T23∶883
○常負學師張卿錢五

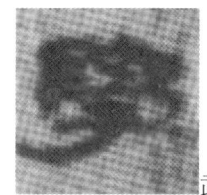

武・儀禮甲《服傳》20
〇夫及學士則知尊祖

秦代印風

漢代官印選

漢代官印選

漢晉南北朝印風

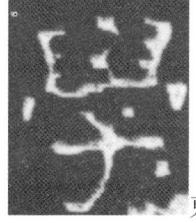

東漢・楊著碑陽

東漢・曹全碑陽

東漢・曹全碑陽

東漢・譙敏碑

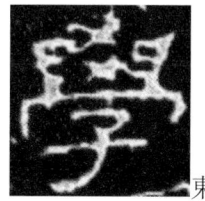

東漢・楊震碑

西晉・臨辟雍碑

北魏・元晫誌

北魏・石婉誌

北魏・韓顯宗誌

北魏·石婉誌

北魏·元願平妻王氏誌

北魏·給事君妻韓氏誌

北魏·馮迎男誌

北魏·元悛誌

北魏·元悌誌

北魏·元舉誌

北魏·元子永誌

北魏·張寧誌

北魏·李璧誌

○學師心曉

東魏·成休祖造像

北齊·高百年誌

卜部

【卜】

《說文》：卜，灼剝龜也，象灸龜之形。一曰象龜兆之從橫也。凡卜之屬皆从卜。

【卜】

《說文》：卜，古文卜。

春早·卜淦口高戈

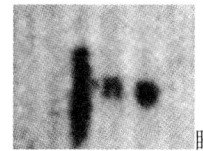

睡·秦律十八種 182
○卜史司御

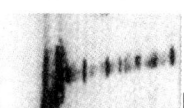

睡·法律答問 194
○耐卜隸

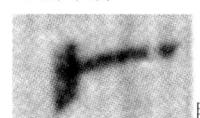

睡·日甲《毀弃》101
○以子卜筮害於上皇

睡·日乙 191
○不可卜筭

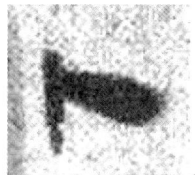

馬壹 39_18 下
○吉故卜筮

馬貳 35_23 下
○角成卜者車輪者

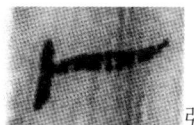

張·史律 474
○卜子年十七歲學

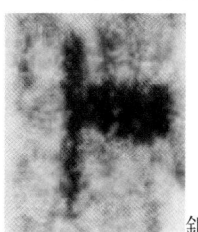

銀壹 632
○爲禹卜□□

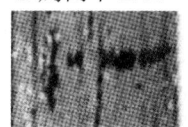

銀貳 1199
○不卜而擊也

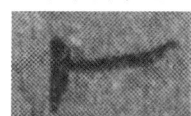

敦煌簡 1173
○卒卜年主

金關 T24∶328
○左里卜捐

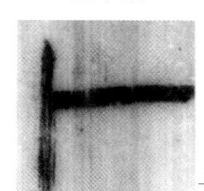

北壹·倉頡篇 52
○卜筮㕢

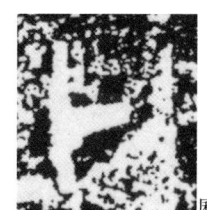

歷代印匋封泥
○咸卜里戎

廿世紀鉨印三-SY
○卜千秋印

漢印文字徵
○卜廣私印

漢印文字徵
○卜音

漢印文字徵
○卜□私印

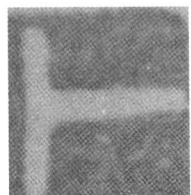

柿葉齋兩漢印萃
○卜充私印

東漢·北海太守爲盧氏婦刻石
○良辰既卜

東漢·成陽靈臺碑
○靈瑞未卜

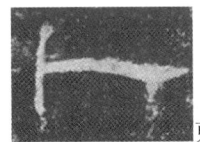

東漢·朝侯小子殘碑
○卜葬

東漢·成陽靈臺碑
○卜擇元日

東漢·白石神君碑
○卜云其吉

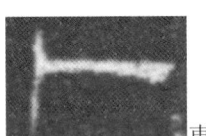

東漢·石祠堂石柱題記
○卜問奏解

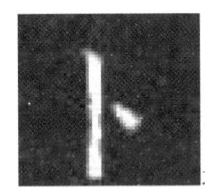

北魏·元賄誌
○昔卜商能正於西河

北魏·元譿誌
○卜窆於洛陽之西山

1590

北魏・張正子父母鎮石

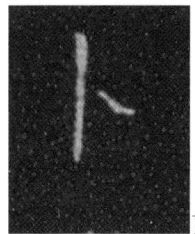

東魏・李祈年誌

○預卜獲鈕

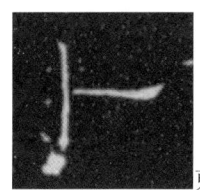

東魏・元延明妃馮氏誌

○厥初卜仕

【卦】

《説文》：卦，筮也。从卜圭聲。

馬壹 16_15 下\108 下

馬壹 15_18 上\111 上

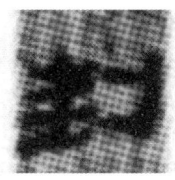

武・甲《特牲》2

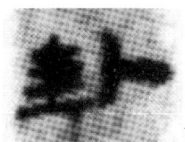

武・甲《少牢》34

東漢・熹平石經殘石四

東漢・熹平石經殘石四

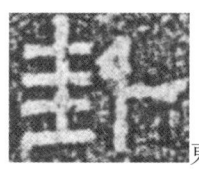

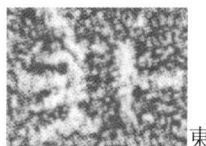

東漢・熹平石經殘石四

東漢・爲父通作封記刻石

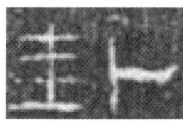

東漢・禮器碑

北齊・報德像碑

【卟】

《説文》：卟，卜以問疑也。从口、卜。讀與稽同。《書》云"卟疑"。

【貞】

《説文》：貞，卜問也。从卜，貝以爲贄。一曰鼎省聲。京房所說。

漢銘・二年酒鎗

漢銘・鄜廚金鼎

睡・秦律十八種 125

馬壹 5_27 上

北貳・老子 168

金關 T23:818

吳簡嘉禾・四・一一七
○子吳貞田六町凡十

歷代印匋封泥
○陽里貞

廿世紀璽印三-SY

漢印文字徵

漢印文字徵

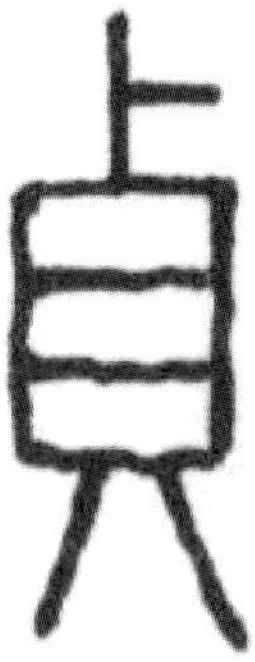

漢印文字徵

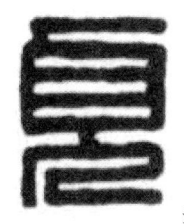

漢印文字徵

○左印貞夫

漢晉南北朝印風

○李貞之印

漢晉南北朝印風

新莽・襄盜刻石

東漢・北海太守爲盧氏婦刻石

○乃堅乃貞

東漢・建寧三年殘碑

北魏・韓氏誌

北魏・慧靜誌

北魏・劉阿素誌

○貞蘭摧春

北魏・王遺女誌

北魏・于纂誌

北魏・韓顯宗誌

北齊·高建妻王氏誌

【䚷】

《說文》：䚷，《易》卦之上體也。《商書》曰："貞曰䚷。"从卜每聲。

【占】

《說文》：占，視兆問也。从卜从口。

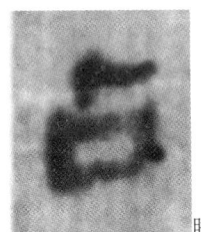

睡·秦律雜抄 32

關·日書 208

嶽·占夢書 34

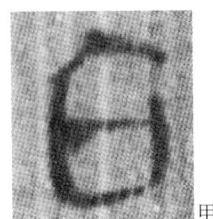

里·第八層 550

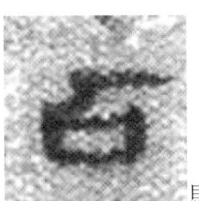

馬壹 177_74 上

馬壹 177_69 上

張·置後律 390

張·奏讞書 28

銀貳 2088

金關 T01:069

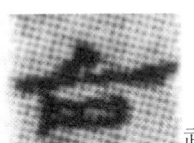

武·甲《特牲》5

○爲尸占

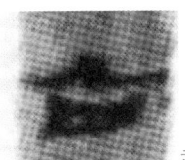

武·甲《少牢》3

○乃退占吉

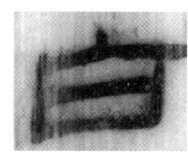

北壹·倉頡篇52

○筮卦占祟在

東漢·趙寬碑

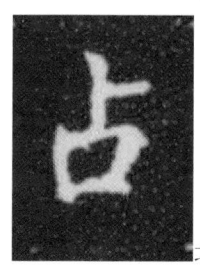

北魏·高珪誌

北魏·元襲誌

北魏·元譚誌

北魏·馮季華誌

【卧】

《說文》：卧，卜問也。从卜召聲。

【卦】

《說文》：卦，灼龜坼也。从卜；兆，象形。

【兆】

《說文》：兆，古文卦省。

漢銘·大僕鐵

北壹·倉頡篇52

○卜筮卦占

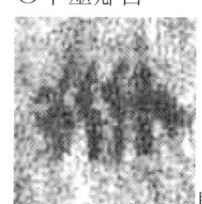

馬壹41_18上

○始夢（萌）兆（卦）而亟見

銀壹471

○自治兆

北貳·老子74

○其未兆易謀也

金關T24:954

○京兆尹

漢印文字徵

○京兆尹史石揚

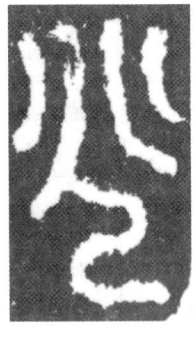

○漢代官印選

○京兆尹門下督
柿葉齋兩漢印萃 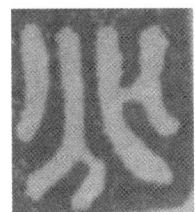

○京兆尹印
東漢・營陵置社碑 

○議曹吏劉兆
東漢・營陵置社碑 

○建立兆域
東漢・成陽靈臺碑 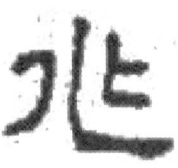

○兆舍穹精
東漢・西岳華山廟碑陽 

○訖今垣趾營兆猶存
東漢・白石神君碑 

○京兆
三國魏・曹真殘碑 

○京兆宋恢
三國魏・曹真殘碑 

○姜兆元龜
北魏・元孟輝誌 

北魏・元定誌

○京兆康王
北魏・元懷誌 

北魏・楊胤季女誌

北魏・慈慶誌

北魏・丘哲誌

〇而乾機運兆

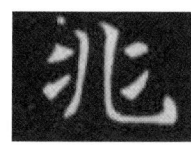

北魏・元誨誌

北魏・高照容誌

北魏・王誦妻元妃誌

東魏・元均及妻杜氏誌

東魏・趙秋唐吳造像

〇京兆

北周・李賢誌

〇褰帷兆嶽

北周・尉遲將男誌

用部

【用】

《説文》：用，可施行也。从卜从中。衛宏說。凡用之屬皆从用。

【𤰃】

《説文》：𤰃，古文用。

春早・秦公鼎

春早・秦子矛

戰晚・新鄭虎符

西晚・不其簋

春早・元用戈

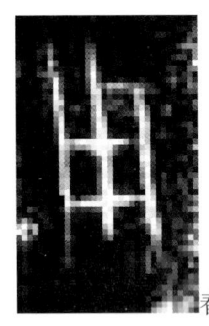

春早·囗元用戈

春早·秦子戈

春早·秦子戈

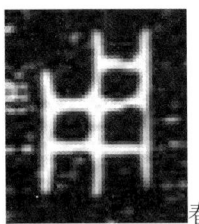

春早·秦公鼎

漢銘·建安四年洗

漢銘·光和斛二

漢銘·大司農權

漢銘·陽遂洗

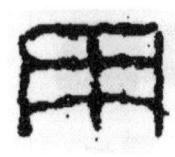

漢銘·光和七年洗

睡·秦律十八種 65

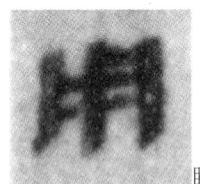

睡·法律答問 32

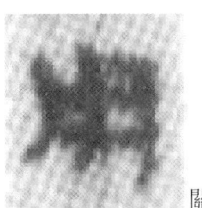

關·病方 369

嶽·數 158

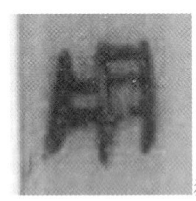

嶽·學為偽書案 232

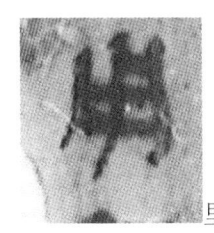

里·第八層 139

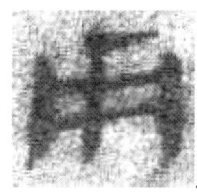

馬壹 3_3 上

馬壹 83_85

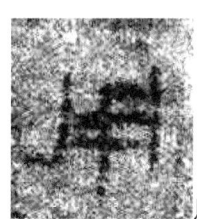

馬貳 110_34/34

張・田律 255

張・算數書 79

銀壹 434

銀貳 1848

敦煌簡 0796

金關 T30:031

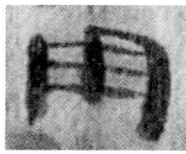

金關 T21:124

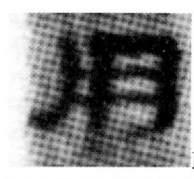

武・儀禮甲《士相見之禮》1

武・儀禮甲《服傳》22

武・甲《特牲》48

武・甲《少牢》27

東牌樓 029 背

○丞徑用不待令曹文

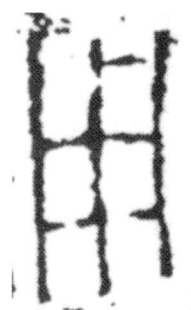

歷代印匋封泥

漢印文字徵

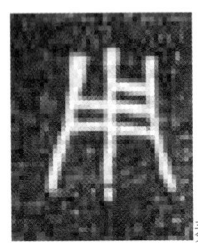

秦公大墓石磬

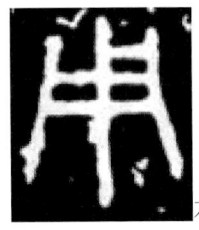

石鼓・吳人

秦駰玉版

詛楚文・沈湫

新莽・萊子侯刻石

東漢・石門頌

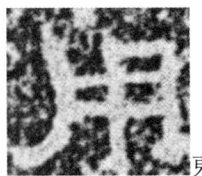

東漢・熹平石經殘石五

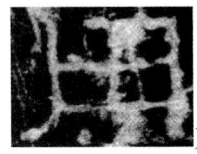

東漢・何君閣道銘

○用功千一百九十八日

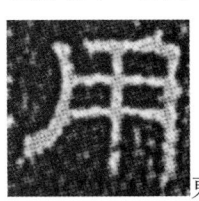

東漢・白石神君碑

東漢・譙敏碑

東漢・熹平石經殘石四

東漢・張遷碑陽

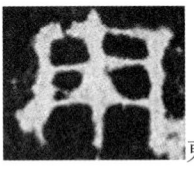

東漢・衛尉卿衡方碑

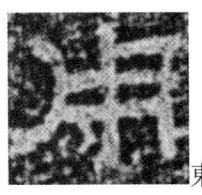

東漢・熹平石經殘石五

東漢・楊叔恭殘碑

○聿用作詩

東漢・衛尉卿衡方碑

東漢・西岳華山廟碑陽

東漢・鮮於璜碑陰

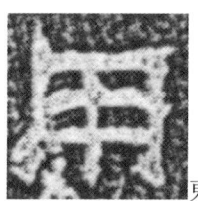

東漢・鮮於璜碑陰

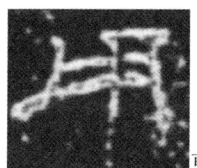

東漢・鮮於璜碑陰

東漢・桐柏淮源廟碑

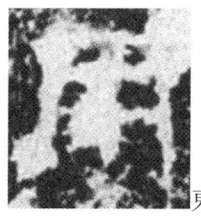

東漢・衛尉卿衡方碑

東漢・貳用等字殘碑
○貳用

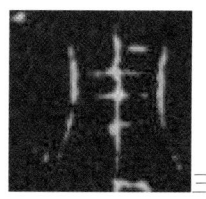

三國魏・三體石經尚書・古文
○不則用□

三國魏・王基斷碑

三國魏・三體石經尚書・古文
○用嬖（乂）厥辟

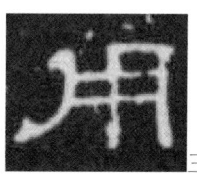

三國魏・三體石經尚書・隸書

北魏・淨悟浮圖記

北魏・慈慶誌

北魏・李超誌

北齊・赫連子悅誌

【甫】

《說文》：甫，男子美稱也。从用、父，父亦聲。

漢銘・臨虞宮高鐙一

馬貳 118_165/164
○三物甫□□

敦煌簡 1378
○甫行未知所指

武・甲《特牲》2

漢印文字徵
○姚甫始印

漢印文字徵
○陳甫始

漢代官印選
○新甫侯印

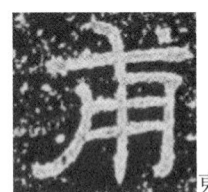

東漢・尹宙碑

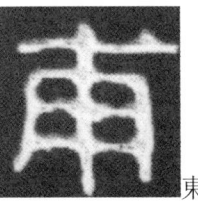

東漢・楊著碑額

東漢・禮器碑陰
○魯孔儀甫二百

東漢・禮器碑陰
○陳漢甫二百

晉・洛神十三行

三國魏・曹真殘碑

○安定皇甫

北魏·元彧誌

○甫遊竹馬

北魏·盧令媛誌

【庸】

《說文》：庸，用也。从用从庚。庚，更事也。《易》曰："先庚三日。"

睡·封診式 18

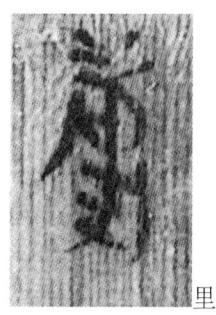

獄·為吏 86

獄·猩敝案 55

里·第八層 1245

馬壹 173_23 上

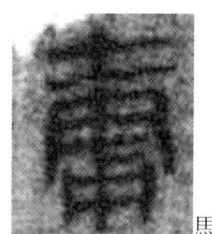

馬壹 4_7 下

張·亡律 172

張·奏讞書 111

敦煌簡 0981

金關 T23:083

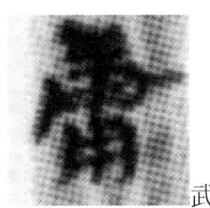

武·甲《特牲》50

廿世紀璽印三-SY

○庸母印

東漢·上庸長等字殘石

○上庸長

西晉·趙氾表

東晉·張鎮誌

北魏·元廞誌

北魏·元暐誌

北魏·公孫猗誌

北魏·郭顯誌

北魏·尉氏誌

東魏·廣陽元湛誌

北齊·狄湛誌

北齊·徐顯秀誌

【䈞】

《說文》：甯，具也。从用，苟省。

【甯】

《說文》：甯，所願也。从用，寧省聲。

敦煌簡 1983
○甯尊叩頭白記王君

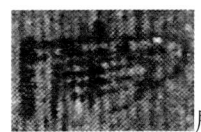

居·EPT53.175B
○甯

金關 T21:260
○城父甯里劉畢

金關 T04:043
○候長甯稚卿

廿世紀璽印三-SY
○甯少夫印

漢印文字徵
○甯喜

漢印文字徵
○甯音印

漢印文字徵
○甯嫚

漢印文字徵
○甯賽私印

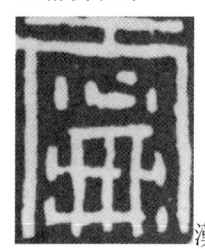

漢晉南北朝印風
○廣甯太守章

東漢·成陽靈臺碑

北魏·元爽誌

○政由甯氏

北魏·郭顯誌

○卿族斯甯

〖由〗

漢銘·元始鈁

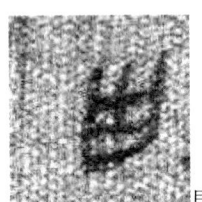

馬貳 73_106/106

銀壹 163

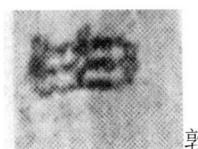

敦煌簡 0347

敦煌簡 0334

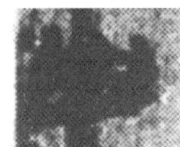

敦煌簡 1816

○中郎由廣□

金關 T10:321

○佐李由之居延

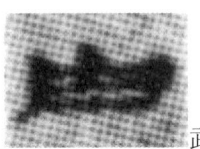

武·儀禮甲《士相見之禮》1

○見無由達某子以命

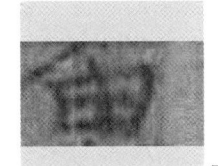

吳簡嘉禾·四·三二二

廿世紀璽印三-SY

漢印文字徵

○時由

漢印文字徵

漢晉南北朝印風

東漢・營陵置社碑

東漢・趙寬碑

東漢・西岳華山廟碑陽

東漢・石門頌

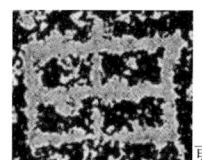

東漢・祀三公山碑

○由是之來

西晉・臨辟雍碑

北魏・元誨誌

北魏・元暉誌

北齊・傅華誌

○不同仲由之歎

〖甹〗

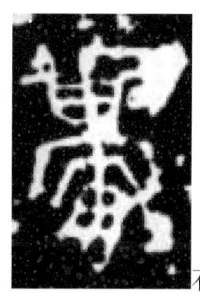

石鼓・作原

○甹鳴

爻部

【爻】

《説文》：爻，交也。象《易》六爻

頭交也。凡爻之屬皆从爻。

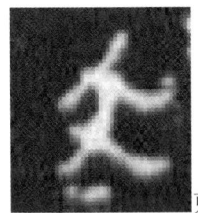

東魏・李希宗誌

○陽爻在運弛

【棥】

《說文》：棥，藩也。从爻从林。《詩》曰："營營青蠅，止于棥。"

〖希〗

秦文字編 1258

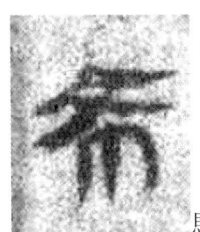

睡・日甲《盜者》71

馬壹 39_18 下

○故卜筮而希（稀）也

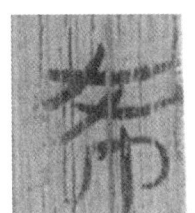

馬貳 213_18/119

張・蓋盧 37

張・引書 4

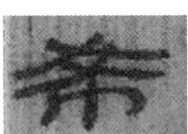

北貳・老子 14

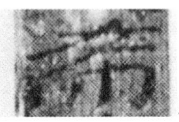

敦煌簡 0784

魏晉殘紙

漢印文字徵

○趙希

漢印文字徵

○王希

漢印文字徵

○任希德印

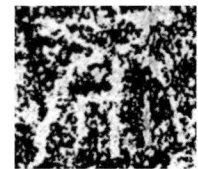

東漢・祀三公山碑

○醮祠希罕

北魏・薛法紹造像

○亦標希世之作

北魏・高衡造像

北魏・元譚妻司馬氏誌

○依希（稀）故情

北魏・長孫盛誌

北魏・青州元湛誌

○希言慎密之性

㸚部

【㸚】

《說文》：㸚，二爻也。凡㸚之屬皆从㸚。

【爾】

《說文》：爾，麗爾，猶靡麗也。从冂从㸚，其孔㸚，尒聲。此與爽同意。

馬壹 104_43\212

○女（汝）毋貳爾心

魏晉殘紙

東漢·皇女殘碑

東漢·孔彪碑陽

東漢·鮮於璜碑陽

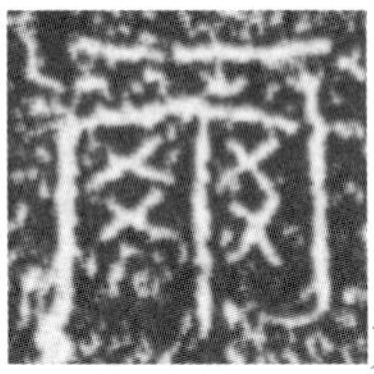

東漢·石門頌

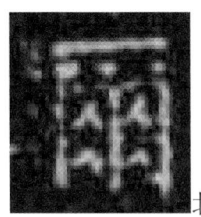

北魏·弔比干文

北魏·元洛神誌

北魏·爾朱襲誌蓋
○魏故儀同爾朱君墓誌

【爽】

《說文》：爽，明也。从㸚从大。

【爽】

《說文》：𤕤，篆文爽。

馬壹 84_118

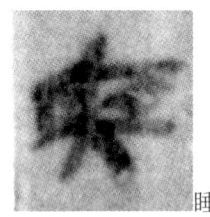

睡·日甲《詰》54
○以爽（霜）路（露）

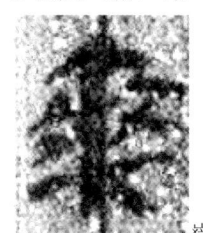

嶽·質日 3416

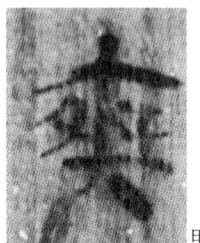

里·第八層 429

馬壹 124_43 上

北貳·老子 151

漢印文字徵

○爽印壽王

漢印文字徵

○王爽

漢印文字徵

○爽革

北魏・辛穆誌

東魏・李祈年誌

東漢・孔彪碑陽

○帥禮不爽

北魏・元爽誌

○君諱爽

北魏・元廣誌

北魏・李榘蘭誌

○三從無爽

北魏・元暐誌

北魏・元子正誌

北魏・元襲誌

○聲實無爽

北魏・李端誌

北魏・元文誌
○精爽焉如

東魏・陸順華誌
○婦德無爽

東魏・司馬韶及妻侯氏誌
○君襟情爽悟